社会转型中的
社区发展与民生福祉

周 沛 —— 著

COMMUNITY

DEVELOPMENT

AND PUBLIC WELL-BEING

IN THE CONTEXT OF

SOCIAL TRANSFORMATION

社会科学文献出版社
SOCIAL SCIENCES ACADEMIC PRESS (CHINA)

序　言

如果从 1982 年 7 月于南京大学哲学系本科毕业入职江苏省委党校哲学教研室开始算起，截止到 2020 年 6 月从南京大学政府管理学院退休，本人在学界"徜徉"了 38 年；如果算上 2020 年 6 月退休后仍"恋栈"于高校及学界，偶有演讲及文章面世，则本人"漫步"学界已逾 40 载并还在延续。

我在本科、硕士、博士期间均攻读哲学专业，受过较为严格的哲学思维训练，为后来从事社会学、社会工作、社会保障、社会福利等教学与研究打下了坚实的基础。经历过哲学思维训练，最为直接的就是能使人站位高、视野宽、思路清、逻辑强、归纳准、好琢磨，善于发现问题、研究问题乃至解决问题。本人另一硕士学位是香港理工大学授予的"中国社会工作文学硕士"，社会工作基本理念、基本价值观与专业方法的学习与训练，促使我投身于火热的社会实践之中，探索社会现象，研究社会问题，并取得了一定成果。

我的研究方向、研究内容与任教单位的学系和学科密切相关。本人先后在江苏省委党校哲学教研室、南京大学社会学系及社会工作教研室、南京大学政府管理学院社会保障系等单位从事教学与研究工作，为此，研究主题与内容大致涉及社会福利理论与实践、社会工作理念与实务、社区发展与治理，以及残疾人保障与服务等方面。

从写作的灵感和过程看，论文主要来自以下四个方面。

一是来自课程讲授的启发。南京大学一直强调"研究性教学"，本人的体会是，教学与科研是相辅相成、一体两面的过程。教师完全可以在教学中发现问题并对之进行思考、研究；亦可以在学术研究中、在教学中找到理论依据，增强研究的针对性、学科性与学术性。只要善于质疑、以敏锐的学术意识，做深入的问题探讨，就可以发现课程中有不少值得研究的问题，并能形成学术文章。我在本科、硕士、博士课程的教学中，都感悟了一些问题，写出了相应的学术文章。

二是来自社会调查的支撑。作为社会科学，社会学、社会工作以及社会保障、社会福利等学科都需要做社会调查，以拓展、充实、丰富教学与科研工作，这是社会科学研究的动力所在，也是"把论文写在大地上"之必需。结合教学与实践，本人基本每年都要做有针对性的社会调研，在调研搜集资料时有思考，在研究中有文字资料及数据做支撑，最终形成学术文章。本人曾多次带领本科生、硕士生以及博士生到江苏省的三个周庄、安徽省的小岗村、河南省的南街村、江苏省的华西村以及河南省驻马店、重庆合川区、浙江省江山市等地做调研，较好地做到了学术研究与实证研究的统一。

三是来自项目研究的促进。项目申请与研究是高校教师的重要任务之一。尽管项目申请失败的几率远远大于成功的几率，但是，项目申请书的论证，本身就是申请者的一项研究设计与实施计划。无论成功与否，申请者完全可以在此基础上做拓展性研究并产出成果。本人承担过国家社科重大招标项目、国家社科规划一般项目、教育部人文社科项目、省社科项目及其他项目多项，围绕项目主题，结合社会调研撰写学术论文，既是课题实施过程之必需，也使学术研究有成果产出，可谓一举多得。

四是来自参加学术会议与做学术报告的推动。参加学术会议，主动融入国内乃至国际学术圈，是高校教师拓宽学术视野、熟悉研究热点、了解研究动态的很好的方式。参加学术研讨会对学者有提交参会论文的要求，这就在客观上促进了他们积极撰写参会论文，既能在会议上做相应学术交流，又为会后修改、完善论文并发表做了很好的前期准备。做学术报告是学者进行学术交流的学术活动，通过学术报告的准备与交流，调动学者进行问题研究的主动性与积极性，经过完善提升而成学术论文。本人有部分论文出于此。

本人是恢复高考制度后的第二届大学生，1978年9月入南京大学哲学系，后来又带薪兼修硕士、博士课程，获得硕士、博士学位，除短暂几年在省级机关工作外，几十年都供职于南京大学。本人仅是从职业视角来界定、理解和践行学术研究，一直有工作性质决定"不得已"做学术的认识。换言之，本人并不认为我的所谓研究工作有多大的成就，更遑论对学术有多大贡献、对社会有多大作用。无论如何，把部分论文编撰出版，是对自己学术生涯做个总结，权作纪念，尽管自忖还未到学术生涯终结之时。

我乐意并期望和学界朋友，尤其是我的学生朋友做分享。我的一些文章在社会调研过程与撰写过程中，得到过部分学生的帮助，他们对我的文章也做出了贡献。与此同时，年轻学子在参与导师学术活动的同时，也受到了学术熏陶、得到了成长。不少学生朋友在学界已经取得了骄人的成就，我由衷地为他们感到高兴。如果说我对有志于及有兴趣做学术的学生有什么影响的话，那么与其说是"学术"影响，不如说是把生活和学术"混杂"在一起的态度。我曾经多次和他们"聊学术"，很不专业地认为"从生活中提炼学术""在学术中体验生活""在玩中学，在学中玩"，并得到大多数学生朋友的认可。这样，或许缺少鲜明的"历史使命感"，但能结合社会实际抓住热点问题；尤为自慰的是，能在开心中做学问而不至于被"卷"其中。

最后，我要特别感谢我的恩师胡福明先生。几年前，我与夫人前去看望他，胡老师语重心长地鼓励我将这些年写过的文章结集成书，并说："下次来看我，要带上你的论文集。"遗憾的是，他在2023年初离世，我未能在他生前完成这件事，深感愧疚。谨以此书，献给胡老师在天之灵，表达我最深的敬意与缅怀。

谨以此序，回眸四十年学术之路。

周　沛

2025年5月4日于滇池之畔

目　录

第四编　残疾人保障与服务

第五编　其他

第一编

社会福利理论与实践

论社会福利的体系构建[*]

社会福利是现代社会发展进程中的重要内容。由于概念上的认知差异以及各国、各地区之间社会历史背景的不同，人们对社会福利的理解和实施并不一致。本文试图就社会福利体系问题展开分析，期望对我国社会福利的体系构建有积极的推进意义。

一 社会福利：制度抑或体系

社会福利是一项制度还是一种体系？目前绝大多数学者支持社会福利制度说。如钱宁（2006：4）认为，社会福利是一种制度，是人类社会为达到一定的福利目标而进行的某种制度设置。范斌（2006：96~97）亦认为，社会福利制度是社会福利实践的直接表现，包括体制和政策两个层面，"社会福利制度是指国家和社会为实施社会福利所做的有关制度安排，是实施社会福利所需要的体制和政策的总和，包括一定的法律制度和社会政策"。尚晓援（2001）认为，社会福利可以从"作为状态的社会福利"和"作为制度的社会福利"两方面去理解。作为状态的社会福利实际涉及人类社会生活非常广泛的方面，包括社会问题的调控、社会需要的满足和实现人的发展潜能；而作为制度的社会福利，可以被理解为制度实体，亦可以被理解为一种"制度化的集体责任"，即一个社会为达到一定的社会福利目标所承担的集体

---
[*] 原文刊载于《南京大学学报》2007年第6期，收入本书时做了文字修订。该文是笔者2006年国家社科基金一般项目"和谐社会构建过程中新型社会救助体系研究"（06BSH048）的中期成果。人大复印报刊资料《社会保障制度》2008年第3期全文转载，人大复印报刊资料《体制改革》2008年第2期全文转载，《新华文摘》2008年第8期报刊文章篇目辑览。

责任。在现代国家大规模地承担起社会福利的责任之后，很多政府部门承担着提供某种社会福利的功能，在大多数国家和地区，已经很难把社会福利作为一种制度实体来考察。因此，有些研究者把社会福利作为"制度化的政府责任"来对待（尚晓援，2001）。

一些学者把工业化之后的西方国家以及 1949 年后的中国社会保障的发展进程看作社会福利制度的发展过程。特别是西欧福利国家的建立和发展，更说明了社会福利制度的发展脉络。"制度化的福利是真正意义上的社会福利，它使福利保障的范围从针对少数人的反贫困方案扩展到全民的教育、医疗保健、住房、就业、养老和收入保障等关系人们生活安全和生活质量诸方面的政策措施和服务上。"（钱宁，2006：5）在内容上，人们往往把社会福利制度基本等同于社会保障制度，只是在社会保障制度之外，加上了一些义务教育制度、住房公积金制度、社会服务制度等。如有学者认为，社会保障是具有经济福利性、社会化的国民生活保障系统的统称，包括经济保障、服务保障、精神保障三个层次，还包括社会救助、社会保险和社会福利等社会性保障措施。"在某种情况下，这一概念与一些国家或地区的社会福利概念范围更加接近。"（郑功成，2000：11~12）社会保障是为全体公民提供的福利性物质援助和专业服务的制度和事业的总称（史柏年，2004：5）。

笔者认为，根据社会福利的实际内涵以及我国的具体情况，可以用"社会福利体系"来代替"社会福利制度"。"社会福利体系"和"社会福利制度"不仅在概念上存在差异，而且在社会福利的具体实施中，在福利主体的确定、福利客体的认定、福利手法的选择、福利内容的实施、福利构建效果的评估等方面，都具有完全不同的特征。

根据《现代汉语词典》的释义，体系是指"若干有关事物或某些意识互相联系而构成的一个整体"。从这个角度上说，体系和系统是同一个层面或同一个意义上的概念，是一个由若干相互联系的组成部分构成的有机整体。为此，我们可以把社会福利体系看成由具有福利性和利他性特征的制度性、专业性、服务性的，能够为公民的物质生活带来保障、精神生活带来慰藉，提升他们生活质量的若干举措或手段构成的"福利整体"。

制度是指"在一定历史条件下形成的政治、经济、文化等方面的体系"。虽然仍然有"体系"二字，但是，这里的体系已经不是上面讨论体系时所具有的整体性意义。制度应该是指与社会、经济、政治、文化等紧密联系在一起的，带有全局性、宏观性、政策性、政治性、方向性的某种体制，如社会制度、宗法制度、经济制度等。社会保障就是社会经济制度中的派生制度或附属制度，因此，人们事实上完全可以运用"社会保障制度"这一概念并付诸实践。长期以来，我国就是使用的社会保障制度概念，其是在我国社会经济制度下，根据我国国情构建起来的，旨在保障公民基本生活的一种制度。

如果从目前国内大多数人对社会保障概念的理解看，所谓的"服务保障"、"精神保障"以及"专业性服务"等，明显不属于社会保障范围，而是属于社会福利的范畴。社会福利体系不等同于社会保障制度，二者之间存在明显的差异性，表现在以下几个方面。第一，责任主体不同。社会福利体系的主体是包括政府、社会、社会组织以及社区支持网络等在内的多元化综合体系，是多元化的福利主体系统；而社会保障制度（所谓社会福利制度）则是以政府为责任主体，政府承担着为全体公民提供保障和福利的责任。二者之间的区别十分明显。第二，客体/对象不同。社会福利体系的客体是包括接受社会保障在内的国民以及社会保障制度起不到作用后需要帮助和解决问题的所有群体；而社会保障制度的对象一般就是享受社会保险和社会救助的群体和一些特殊群体，如老年人、儿童以及残疾人等。从外延上看，社会福利体系的客体比社会保障制度的对象要广泛。第三，内容不同。社会福利体系所提供的福利内容涉及物质、精神以及社会服务、文化生活等，其基本宗旨和目标是提升人们的生活质量和福利水平；而社会保障制度的内容是以社会保险为基本层面、以社会救助为最低层面、以社会优抚为特殊层面的制度化体制，其主要内容是物质性的保障与援助，基本不涉及精神层面的援助和社会服务方面的内容。第四，实施方式不同。社会福利体系的内容决定了其实施方式是多种多样的，包括社会保障制度、社会工作介入、社会化服务以及社会支持网络等；而社会保障制度的手法则较为单一，主要表现为技术性的社会保险和政策性的社会救助。第五，客体/对象的责任不同。社会福利体系中的客体之责任根据福利内容的不同而不同，如接受社会福利体系中专业社会工作介入服务的服务对象，只要与社会工作者取得专业接纳关系，就不需要担负其他责任；而社会保障制度中的社会保险就需要受保对象履行一定的缴费义务才能享受。

我们讨论社会福利体系和社会保障制度的差异性是为了说明，在社会安全制度的建立和社会福利的提升这一社会发展的基本追求上，多元化的社会福利体系要比相对单一的社会福利制度（社会保障制度）的内容更为全面、手法更为多样、涉及的对象更为广泛、效果更为明显。为此，构建社会福利体系，以社会福利体系来取代基本等同于社会保障的社会福利制度，是一件十分有意义的重要工作。

二 框架结构：社会福利体系构建

参照国际经验和做法，结合我国的实际情况，笔者认为，社会福利体系应该包括一切社会化的、给所有社会成员带来实质性的满足感、幸福感，能够解决他们实际问题的制度性、专业性、服务性的体系或制度。作为社会福利体系，在具有"福利性"的前提下，我们还必须强调其"社会性"和"系统性"，因为只有具有社会化或社会性特征，福利才可以被称为社会福利；只有各种福利手段互相作用形成一个福利系统，而不是孤立的或分裂的某一项福利手段，社会福利才可以成为一个体系，而且，只有社会福利体系才能够发挥出最大的社会经济功能。由是观之，那些由单位实施的"单位福利"以及家庭提供的"家庭福利"都不可以纳入社会福利体系之中。从这种认识出发，我们认为，我国的社会福利体系主要表现在以下几个方面：①政策性、制度化的社会保障体系（包括社会保险、社会救助、社会优抚等）；②专业化、职业化的社会工作手法（包括个案社会工作、小组社会工作、社区社会工作、社会工作行政与管理等）；③网络化、多元化的社会服务（包括社区或机构的老年人服务、青少年服务、残疾人服务等特殊群体的社会化和专业化服务以及心理辅导等）；④政府公共福利体系（包括政府的公共产品提供和维护，如教育、医疗卫生等）。

社会福利体系主要由政策性和制度化的社会保障、专业化和职业化的社会工作、网络化和多元化的社会服务、政府公共福利这几个子系统构成，其内容涉及保障社会成员的基本生活、帮助社会成员解决问题、提供公共福利如教育和医疗、提升他们的生活质量和福利水平等方面，囊括了社会成员的物质生活需求和精神生活追求，也涉及社会及其成员的发展与进步，是一个较为系统和全面的福利体系。其基本特征表现为以下几个方面。第一，以保障国民基本生活并提升其生活质量与社会福利水平为基本目标追求。第二，通过政策性、制度化以及专业化和职业化的多元化手段，最大可能地使社会成员能够在社会生活中有平等的机会和机遇，能够和社会上绝大多数群体一样，共享改革开放和社会发展的成果。第三，权利和义务具有不严格对称性。与单一的社会保险等需要接受保险者承担一定的义务和责任不同，社会福利体系的权利和义务的对称性是不严格的。换言之，与社会保险等密切联系的内容，对称性较为严格，而类似于服务性的、助人自助类的社会工作与社会服务，则不需要权利和义务的严格对称。第四，非功利性和服务性。这是社会福利体系最为明显的特征。无论是社会保障、社会工作还是社会服务，其基本目标都是为社会成员提供非营利性、非功利性的社会服务，社会福利体系提供的是公共产品，以"利他主义"理念作为其基本价值取向。

可以看到，社会福利体系包括事关所有社会成员生活、工作和发展等方方面面的内容，与社会成员的生活安全、生活满足和生活幸福有着密切的内在联系。它不单单是社会的安全网，更是社会满意的推进器。

三　展开：社会福利体系各要素分析

1. 社会福利体系之一：政策性、制度化的社会保障

社会保障是社会福利体系中涉及面最广、保障性最强、对象确定性最明显、国家责任最大的社会安全制度，是社会福利体系中十分重要的有机组成部分。社会保障必须具备三个要素：一是经济福利性，即受益者所得一定大于所付；二是属于社会化行为，即由官方机构或社会中间团体来承担组织实施任务，而非供给者与受益者的直接对应行为；三是以保障国民基本生活为根本目标。其基本特质为：第一，社会保障是一种社会政策和社会制度，其基本目的是保障公民的基本生活需要；第二，社会保障制度的实施主体是政府，唯有政府才能通过国民收入的再分配，对全体社会成员实施生活保障；第三，社会保障制度以立法为基础，有法律监督和保证；第四，社会保障的对象是全体社会成员，普遍性原则是其基本的价值选择理念；第五，社会保障制度的实施，具有广义上的福利功效，是社会福利体系中基本的子系统。

正因为如此，社会保障是以国家和政府为主体，以立法为基础，以全体社会成员为对象，以特定的形式，如社会保险、社会救助等，为他们提供福利的一种社会制度。

在宏观上，社会保障与社会发展、经济发展、人的发展都有着密切的联系。"对国家而言，社会保障是社会经济发展进程中的维系、润滑和稳定机制，属于国家宏观调控机制的范畴；对于社会成员而言，社会保障则是其生存与发展的安全保障机制。因此，社会保障理论的核心即讨论社会保障制度与社会发展、经济发展、现实政治乃至道德文化之间的相互关系，而社会保障实践的关键无疑是尽可能地妥善处理好这些涉及全局与整体的宏观关系。"（郑功成，2000：179~180）社会保障的福利功能表现在四个方面。其一，社会保障的经济福利功能。社会保障主要通过经济性的给付和补偿来达到保障的目的，比如，失业保险、医疗保险、养老保险以及社会救助等保障措施，都是运用经济手段来达成的。虽然社会保障的经济补偿尚是保障人们的基本生活需要，但是，这也显然使那些不能解决自己实际生活问题的群体提升了生活质量。而且，基本生活水准本身也是一个相对的、随着时代和社会发展而发展的变量，从经济上解决基本生活问题，明显是一种福利供给。其二，社会保障的社会福利功能。从福利提供角度看，社会保障通过强调社会成员的参与机会平等，维护社会成员参与社会的公平竞争，维护社会成员的公平和公正，在一定程度上减少社会发展结果的不公平，这就是一种社会性的福利提供。其三，社会保障的特殊群体福利功能。这类特殊群体是指由于各种原因而处于贫困境地的弱势者，以及无人抚养和赡养的儿童、残疾人和孤寡老人等。我国社会保障制度体系中的最低层面是社会救助，对那些无力应对贫困或经济风险的群体，给予一定的救济。其四，社会保障的优抚福利性。针对烈军属以及其他有特殊贡献的人员及其家属在经济上、精神上以及服务上给予优待和抚恤，提升其福利性。

社会保障制度在世界范围内的真正发展是在第二次世界大战结束以后。1941年，英国伦敦经济学院院长贝弗里奇受战时内阁委托，负责起草有关战后福利制度重建的基本框架报告。1942年，贝弗里奇正式出版了题为《社会保险及相关服务》的报告（史称《贝弗里奇报告》）。此报告的革命性突破在于，把原来的救济贫民改变为保障国民最低生活标准，规定凡是由于各种原因达不到国民最低生活标准的，都有权获得社会保障，使自己的生活水平达到这个标准。社会保障在现代工业社会已经是不可或缺的社会政策和社会制度，绝大多数国家在一定的政策和制度基础上建立起一套适合自己国情的社会保障制度，在社会保障的框架内保障公民的基本生活并提升其生活质量。

由于国情不同，我国社会保障制度与西方国家社会保障制度还存在很大的差异。主要表现在五个方面。①保障理念不同。西方国家主要从人权和福利提升角度进行保障；而我国则主要从解决社会问题、保障基本生活角度进行社会保障的制度安排。②保障主体不同。西方国家的保障主体有政府、社会组织、慈善组织等；而我国则是以政府和集体为主，社会化程度还不高。③保障对象不同。西方国家的保障对象涉及多方面的阶层；而我国的保障对象则主要是参加社会保险的城市劳动者以及贫困者，广大农村居民还没有真正被纳入社会保障体系。④保障内容和水平不同。西方国家的保障内容既有社会保险型的保障，又有服务和福利的提供，已经从解决社会问题转向了追求生活质量提升，"从摇篮到坟墓"的保障就是很好的说明；而我国的社会保障内容还局限在基本的社会保险和社会救助上，福利成分不多。⑤保障实施手法不同。西方国家社会保障的实施手法和方式较多，有制度层面的政策落实，有专业人士的服务和帮助，有物质的援助，也有精神的疏导和辅导；而我国的保障手法较为单一，往往是以社会保险给付和最低生活保障金的发放为主要形式，服务性的内容和方式并不多。总之，我国的社会保障制度尚存在明显的"福利缺陷"问题，这就需要通过其他福利子系统的福利形成和提供来加以弥补。

2. 社会福利体系之二：专业化、职业化的社会工作

社会工作是在利他主义理念背景下产生的一项专门帮助人的专业和职业，是发达国家和地区社会福利制度的重要组成部分，是网络化社会服务的基本条件。如果说社会保障是社会福利体系的制度保证，是将社会安全措施（社会保险、社会救助等）落实到公民身上的政策手段，那么，社会工作就是将社会服务传递到受助者手中的一个必要中介，"是社会福利服务的发送体系"（王思斌，2004：54）。

联合国于1960年出版的《国家社会服务方案之发展》一书中指出，社会工作是一种用以协助个人及其社会环境，以使其更好地相互适应的活动（王思斌，1998：1）。其特征如下。第一，助人性。社会工作是以利他主义为指导，以科学知识为基础，运用科学方法进行的助人服务活动。从福利提供角度看，专业化和职业化的社会工作之运作和实施过程，是建立在"助人"基础之上的"服务活动"，这种服务活动的开展，是服务接受者获得福利的过程。第二，专业化。社会工作的专业化可以从三个方面来理解，一是人员的专业化。在社会救助的发展过程中，通过逐渐开办社会工作专业教育，培养社会工作专业人才，成立社会工作服务机构，组成社会工作的专业团体，培养了一大批专业人员。二是机构的专业化。在社会福利体系中，从事社会福利服务的机构必须获得合法的社会服务的专业资格，专业社会工作者必须在一个机构或组织里任职，以机构的名义从事社会工作服务。三是方法的专业化。社会工作以科学的、专门化的知识、技能和方法，调动和运用各种资源，帮助个人与群体解决各种问题。第三，职业化。社会工作的职业化是随着社会救助和社会服务的不断发展而逐渐形成的。如果我们把1601年英国的《伊丽莎白济贫法》（旧济贫法）、1834年的《济贫法修正案》（新济贫法）、1788年德国的汉堡制、1852年德国的爱尔伯福制、1869年英国的慈善组织会社、1877年美国的慈善组织会社、1886年美国的睦邻组织运动①联系起来考察，就可以较为清楚地看到，社会工作是逐渐由一些专门人士来加以实施运作的。到20世纪20年代，社会工作在原有的志愿性工作基础之上产生了受薪的行业性工作，这是因为越来越复杂的社会问题需要专门的"受薪人员"即职业工作者用专业的手法来解决。

社会工作的社会福利提供通过社会工作者的专业工作而实现，"当我们视社会工作为一种制度时，其实已涉及另外一个概念——'社会福利'"（徐震、林万亿，1999：6），社会工作专业是判断社会福利制度成熟与否的一个重要标准，社会工作具有显著的福利特征，主要表现在三个方面。首先，社会工作在社会福利体系中具有重要地位。社会工作的推进就是社会服务的组织和推行过程；社会工作专业是社会福利体系一个重要的知识基础；社会工作是社会福利体系具体化的一个过程，它通过社会福利服务的策划、

---

① 这些社会救助活动都被认为是社会工作早期发展过程中的活动。

推行和评估等一系列专业活动保障整个福利制度功能的正常发挥。其次，社会工作是社会福利体系中的服务传递者与发送体系及必要的中介。社会福利体系是一个较为抽象的社会制度，这一制度必须依赖于社会工作、社会保障等来加以支持和落实。在社会福利体系内，社会工作过程通过专业人员、服务机构等来解决相应的个人、家庭与社会层面的问题。社会工作作为一个提供资源和满足需要的过程，在确定问题和受助对象后，需要确定干预计划、筹措资源以满足受助对象的需要。社会工作在推进过程中不断改善专业方法和服务管理模式，从而提高社会福利资源的利用效率和效果（王思斌，2004：63）。最后，社会工作的实施和运作过程，本身就是一种社会福利的形成与提供过程。社会工作以"助人自助"为基本理念，在社会工作者专业性功能发挥中，服务对象必然会在多方面得到改变和改善，包括能力的提高及自助的实现。随着服务对象问题的解决、能力的提升，他们无疑获得了福利——无论在物质上还是在精神上抑或在能力上。

3. 社会福利体系之三：网络化、多元化的社会服务

除政策性、制度化的社会保障和专业化、职业化的社会工作外，社会福利体系还包括网络化、多元化的社会服务。

社会支持网络的核心主要表现在网络、支持以及构建三个方面，其功能的发挥也是建立在这一基础上的。其一，从网络角度看，社会支持网络主要表现为网络的结构特质，即网络的空间范围、人员分布、关系结构以及关系度等方面。其二，从网络支持角度看，主要体现在网络成员间的互动关系与互动内容上。互动关系特指网络成员间的互动持续性与方向性：网络成员间的支持关系是单向的还是双向的、是横向的还是纵向的、是一维的还是多维的、是简单的还是复杂的、是主动的还是被动的、是消极的还是积极的。在互动内容上，主要反映社会支持网络的具体事项，如物质支持、精神与心理支持以及其他方式的支持等。其三，社会支持网络的构建。作为与社会服务及社会工作密切相连的社会支持网络，其形成与发展不能建立在自发编织的基础上，而必须通过社会工作者的努力，调动社区各方面的资源，协调各方面的关系，积极推动社会支持网络体系的构建。

从自发形成的角度看，在传统的农业社会中，就在一定意义上存在社会支持网络。如中国古代的社会救助就是建立在血缘关系下的家庭与家族的互助互济，地缘关系下的邻里、同乡的相互照顾、共同需要，以及志趣的相互照顾等方式的基础上。地缘关系的情感——乡情，也形成和维系了人们之间的互动圈。所谓"远亲不如近邻"，就是建立在地缘关系基础上的互动圈功能之发挥的写照。

但是，在市场经济飞速发展的今天，传统的互助互济已适应不了时代的要求，社会支持网络具有时代的要求和特征。其一，网络性。相对于传统社会的家族、邻里间的救助，现代社会救助网络的结构更为复杂，关联性更为紧密，必须有计划、有组织地去构建、发展，而不能仅仅依赖其自发性地生成。其二，社会性与社区性。不同于传统社会，由于人们的工作、生活方式的社会化，所面临的问题也以社会化的形式出现，互相之间的帮助与援助跨越了血缘关系和地缘关系的范围，在社会互动的层面上展开。其三，综合性和多向性。所谓综合性就是社会支持网络中的支持涉及物质的、精神的、心理的等多方面的内容，并不是简单的亲戚或邻里间对日常生活困难的救急；所谓多向性，是指社区每一个成员在社会支持网络中并不是旁观者、被动者，而是积极、主动的参与者和实施者。社区成员能做到爱与被爱的统一、助人与被助的结合，充分体现出"我为人人，人人为我"的良好氛围。其四，网络的结构稳定性与目标长期性。在专业化社区工作的介入下，在社区群众的积极参与下，在政府及相关组织的支持、配合下，社会支持网络的结构就显得非常稳定。同时，社区成员调动社区资源来互帮互助也使得社会支持网络的目标具有长期性，一劳永逸、一蹴而就的社区救助工作在社会支持网络中是不存在的。

社会服务的多元化包括服务主体、服务对象、服务内容及服务形式的多元化。从主体看，社会服务的主要承担者是街道、社区及其相应的机构、专业社会工作者以及邻里等；从对象看，社会服务面向的是所有需要帮助和服务的社区群众；从内容看，社会服务主要包括社区照顾、老年人服务、残疾人服务、儿童服务、贫困救助服务以及社区内各种便民、利民服务；从形式看，社会服务主要包括物质帮助、心理支持、关系支持等。正是这种网络化、多元化的社会服务，为社区群众构建了十分重要的社会支持网络系统，提供并增进了社区的社会福利。

4. 社会福利体系之四：政府公共福利

政府公共福利即政府提供和实施的福利，其实施主体就是国家和政府。

在当今世界，任何一个国家和政府都不能忽视和轻视在社会福利实施中的主导和主体作用。尽管"后福利国家"时期社会福利制度强调福利供给的多元化，但是政府的责任和作用仍然是主要的。从一定意义上看，"福利国家"是一种"国家形态"和价值取向，而"政府福利"则是实现和体现这种"国家形态"和价值取向的具体操作和实施过程。

自 20 世纪 40 年代福利国家建立以来，福利提供就成为政府的主要责任之一。为此，西方国家普遍通过立法的形式，建立和完善了社会福利制度的运行机制。其内容既包括现代公共财政体系，也包括议会对政府的监督以及政府对社会福利机构、慈善机构的监管，还包括政府与社会组织的分工合作，政府向社会组织购买服务，以及政府对这些组织的必要资助。西方国家政府和其他社会福利组织分工明确、界限清楚、运作效率高，形成了一套较为完整的政府福利体系。其主要内容如下。

（1）社会保障。在绝大多数国家，社会保障的主体是政府，政府担当着社会保障的财政资助与立法监督的重要职责。因此，政府福利的主要内容之一就是为全体公民提供保障基本生活的社会保障，有学者认为，根据政府介入社会福利供给网络的程度，政府的福利供给体系可以大体分为三种类型，即政府包办型、政府主导型与政府不干预型，其划分的主要标准在于考察政府是否主动参与、是否承担直接的管理责任以及政府参与的程度（范斌，2006：196~197）。由于各国的具体国情不同，也由于政府的福利供给体系各有特点，还由于社会保障制度的主要内容和特点各不相同，因此，政府在福利供给体系中的作用也各不相同。但是无论如何，政府作为社会保障的主要责任主体是毋庸置疑的。我国的社会保障制度构建原则是"广覆盖、多层次、低水平"，这是由我国的现实社会经济发展状况决定的。我国是一个农业大国，农民占总人口的比例很大，所以需要充分考虑农民的社会保障；同时，城市中的失业下岗人员以及老龄化社会带来的老年人保障问题，无论从地域、职业还是内容来看，没有一个覆盖面很广的社会保障网络系统是不行的。由于我国社会经济发展的不平衡性较高，因此社会保障的层次和层级也需要充分加以兼顾，不可能在一个标准下解决问题。特别是在目前的情况下，我们不可能在福利水平上有多大的突破，因此，社会保障会在较长时间内处于较低的水平。

（2）特殊性的社会福利事业。这主要指以政府为主体组织和实施的老年人福利、儿童福利、残疾人福利及其机构运作。因为相对于其他群体的社会福利，弱势群体自给性或自助性程度不高，需要借助于他助性的社会福利提供才能满足需求，而政府的资助与组织就是最好的社会福利提供。政府为老年人、残疾人以及儿童等弱势群体提供的社会救助与福利供给，是绝大多数国家社会福利制度中不可或缺的部分。

（3）公共福利事业。公共福利事业是指以国家为主体，以全体公民为对象的服务性和福利性的公益性事业，包括医疗卫生、教育文化、体育健身、环境保护等，这是一种福利接受对象普遍、福利内容广泛、福利形式多样、福利功能突出的"公共产品"供给。国家和政府承担全部的或绝大多数的费用，实行免费或低费服务。与特殊性福利不同，公共福利不是局限在特定领域或范围以内，而是每一个公民在社会生活过程中都能够接受的福利；其根本目标不单是解决社会成员的基本生活问题或免除社会成员的后顾之忧，还在于促使社会成员生活质量不断提高；不仅是解决社会成员的物质生活问题，更为重要的是保证社会成员的教育、文化、健康、生活环境等方面的需求，以提高民众的综合生活质量。

公共福利事业是以政府为责任主体的公共产品供给。在非福利国家，即使其物质生活方面的福利供给水平不高，在公共福利事业上，也一定有相应的公共产品的供给，因为公共福利事业涉及社会成员的素质教育、健康卫生，涉及社会的良性发展。为此，公共福利事业应该是政府福利中极为重要的内容。在西方发达国家，政府对于公共福利的投入在整个社会福利投入中一直占有很高的比例，直接保障了社会成员能够得到良好的免费或低费教育、医疗以及休闲等服务，大幅提升了社会成员的生活质量，使其在物质生活和精神生活层面都得到很好的福利供给和福利保障。

改革开放以来，我国的公共福利得到了较好和较快的发展，社会成员的受教育机会增加，受教育程度得到大幅提高；医疗卫生事业的发展也为公民的身体健康奠定了良好的基础，人均寿命不断提高；群众性的健身场所和设备也越来越多、越来越完善；环境也得到很大的改善。社会主义和谐社会构建中的公共福利条件越来越好，人与人之间、人和社会之间、人和自然之间的和谐关系越来越好。但是，我国城乡二元社会结构造成的城乡发展差异客观上也导致在公共福利事业的发展上农村相对落后，以及某些方面的改革滞后或不彻底，导致教育、医疗等方面依然存在不少问题。为此，我国公共福利事业还需要在政府的主导下加大改革的力度，加快发展的步伐。

参考文献

范斌，2006，《福利社会学》，社会科学文献出版社。

钱宁，2006，《现代社会福利思想》，高等教育出版社。

尚晓援，2001，《"社会福利"与"社会保障"再认识》，《中国社会科学》第 3 期。

史柏年，2004，《社会保障概论》，高等教育出版社。

王思斌，1998，《社会工作导论》，北京大学出版社。

王思斌，2004，《社会工作导论》，高等教育出版社。

徐震、林万亿，1999，《当代社会工作》，台北：五南图书出版公司。

郑功成，2000，《社会保障学——理念、制度、实践与思辨》，商务印书馆。

福利国家和国家福利[*]

——兼论社会福利体系中的政府责任主体

社会福利是现代社会中一项重要的社会政策，是社会发展中的必要与重要内容，社会福利之供给与发展水平如何，在很大程度上反映了一个国家或地区经济、社会的协调、和谐发展程度。

一 福利国家：现代化进程中的基本发展理念和重要发展战略

福利国家的概念是 1945 年英国工党在其《让我们面向未来》的竞选纲领里提出来的，随着 1948 年英国工党政府艾德礼首相宣布英国已经建成"福利国家"①，"福利国家"的概念和实践便在发达工业国家流行。20 世纪 60 年代后，西方许多国家相继宣布本国已经成为"福利国家"（丁开杰、林义，2004：2）。

在概念的运用上，"福利国家"一般并不十分严格，在很大程度上，福利国家往往与社会保障制度概念有些相似并常常被混用。一般教科书把福利国家定义为"福利国家有责任保障其公民某些基本的福利水准"，认为福利国家的核心是人民享有平等的公民权利，在公民权利的理念下，由国家为公

---

* 原文刊载于《社会科学战线》2008 年第 2 期，收入本书时做了文字修订。该文是笔者给硕士生讲授"社会福利与社会工作"课程所思而作。笔者一直认为，教学与科研二者间是相互促进的，教学中和学生一起探讨问题，自然会有学术心得。《新华文摘》2008 年第 9 期报刊文章篇目辑览。

① 1948 年，英国首相艾德礼宣布，英国已经建成一个"从摇篮到坟墓的福利国家"（welfare state from womb to tomb）。

民提供必要的福利保障，就可以使每一个公民都拥有"去商品化"的地位以对抗市场的力量（钱宁，2006：193）。按照这样的理解，福利国家的形成和发展大体经历了两个阶段：工业革命前的社会保险萌芽以及现代社会保障的建立和完善。其分界线是 19 世纪 80 年代德国俾斯麦政府推行的以社会保险计划为基础的"福利国家"建设。在此后的 100 多年时间里，西方工业国家纷纷对建设福利国家进行实践和尝试，到第二次世界大战结束后，出现了一批"福利国家"。

阿萨·布里格斯在其《历史视野中的福利国家》一文中认为，"福利国家大量使用组织力量（政治和行政），至少在三个方向上努力纠正市场作用。第一个方向是保证个人和家庭的最低收入，不管他们的工作和财产的市场价值如何；第二个方向是使个人和家庭能够应对某些导致个人和家庭危机的'社会突发事件'（如疾病、老龄和失业），缩小其不安全的程度；第三个方向是不歧视公民地位或等级，确保他们在人们认可的一定社会服务内获得可得的最好水平的服务"（丁开杰、林义，2004：1）。从布里格斯的观点可以看出，他所说的前两个方向其实只是社会保障的范畴，因为其和社会保障保障公民的基本生活的目标相一致。而第三个方向在一定意义上可以看成社会福利，因为这是以提高生活质量为目标的社会服务提供。

另有学者认为，福利国家等同于社会政策意义上的福利制度，"福利国家是指通过实施社会保障和社会福利措施而实现社会目标的社会政策"（徐延辉、林群，2003），这是把福利国家看成一种社会政策，是社会保障和社会福利措施的结合。还有学者认为，福利国家是一种国家形态，这种国家形态突出地强化了现代国家的社会功能，所以它是一个政治学的概念（周弘，2001）。这是从国家的社会功能角度看待福利国家。无论是社会政策还是社会功能，都只是把福利国家看成某种制度，至于福利国家的具体内涵，是保障基本生活的社会保障还是提升生活质量的社会福利，则没有明确的界定。

丁开杰、林义（2004：3）认为，福利国家包括三层内容。一是理想的模式。福利国家是一种理想的供给模式，在这种模式中，国家承担了为其公民提供综合而普遍的福利的责任。二是国家福利。福利国家就是"国家提供的福利"或政府提供的福利，美国就是这样的典型。三是社会保护。在许多国家中，社会保护不是完全由国家提供，而是独立的个人、志愿者和政府供给的服务的综合产物,这些国家也往往被称为"福利国家"。从历史上看,研究者一般把福利国家分为两类:一类是贝弗里奇型的福利国家,即以救助贫困者和相关服务作为政府社会功能的基本出发点,进而发展到把国家的社会保护网扩大到覆盖工业社会中所有可能遭遇社会风险的人群;另一类是俾斯麦型的福利国家,即以社会保险法规为基础,以制度性的措施作为政府社会干预的基本措施,使社会各有关成员都为工业社会的风险承担责任。

艾斯平-安德森(2003:29)在《福利资本主义的三个世界》中指出:"当我们纵览世界上各种不同的社会权利和福利国家分层化时将会发现,在国家、市场和家庭之间有着各种性质不同的制度安排。由此我们还发现,福利国家的各种变量并非呈线性分布,而是根据体制类型分类的。"他认为,辨别福利国家的类型时,必须把握两个最重要的轴心:一个是劳动力非商品化程度,另一个是福利受益人的地位分布范围。从这一标准出发,艾斯平-安德森把福利国家分为三种类型。

第一种类型是自由主义福利国家,其中居支配地位的是经济调查式的社会救助、少量的普救式转移支付或作用有限的社会保险计划。给付对象主要是低收入者、依靠国家救助的受保护者。这种类型的福利资格条件十分苛刻,且通常带有羞辱性。国家运用消极的手段以保证最低限度的给付,而以积极的手段对私人部门福利计划予以补贴。这种体制的非商品化效应最低,能够有力地抑制社会权利的扩张,建立起社会分层化秩序。这一模式的代表有英国、美国、加拿大和澳大利亚等。

第二种类型是保守/团体型福利国家,也称为欧洲大陆型福利国家。该制度类型的特点是:社会权利的资格以工业业绩为计算基础,即以参与劳动市场的社会保险缴费记录为前提条件,带有保险的精算性质。这类制度最初发生在德国俾斯麦政府期间,之后扩展到整个欧洲大陆。人们的社会权利取决于每个人的工作和参保年限、过去的表现与现在的给付之间的关联程度。在这些国家里,十分强调公民的社会权利,国家完全取代市场而成为福利的主要提供者,那些私人保险和职业性额外给付只能充当配角。此类国家包括奥地利、法国、德国和意大利等。

第三种类型是社会民主型福利国家,把普救主义和非商品化的社会权利扩展到了新中产阶层。"在这些国家,社会民主制度是社会改革的主要推动力……社会民主主义者不能容忍国家和市场之间、工人阶级和中产阶级之间的二元化局面，他们寻求能促进最高平等标准的福利国家，而不是像其他国家那样只满足于最低需求上的平等……这种方案表现为高度的非商品化原则与普救主义相混合的计划……体力劳动者逐渐享受到与领薪的白领雇员或公务员同等的权利，所有的阶层都被纳入到一个普救式的保险体系中"，所有的人都依赖于这一福利制度（艾斯平-安德森，2003：30~31）。属于这类的国家有瑞典、丹麦。

我们看到，不同的学者对于福利国家的看法及其分类具有不同的观点，这不仅是由于学者之间的学术视野不同，更是由于受福利国家实践中的复杂性影响。在不同的福利国家的发展过程中，其福利理念、责任主体、受惠对象、福利内容、实施方式等均有很大的差异性，因此，对福利国家概念表述有差异亦属正常。不过，无论各国的福利制度有多大的差异，向福利国家发展以及改革福利制度以追求社会公平与公正，消除社会排斥，提升民众的生活质量，是绝大多数国家的努力方向，以至于有人把当今进行福利改革的国家称为"后福利国家"（丁开杰、林义，2004）。

毋庸讳言，从严格意义上看，我国并非福利国家，但是，如果把社会保障制度以及社会救助制度也看成社会福利制度之要素的话，在一定程度上也可以说我们正在努力构建福利国家，尽管我们所理解的福利国家概念和西方的不尽一致。我们目前努力要做的就是，在构建和谐社会的过程中，建立完善的社会保障制度，保障公民的基本生活需求并逐渐提升民众的生活质量和生活水平，使广大人民能够共享改革发展的成果，以充分体现和谐社会所要求的公平和公正。

二 国家福利：体现社会公平、公正的必要制度安排

"国家福利"就是国家提供的福利。因为国家的责任主体是通过政府来加以具体化的，政府是国家的行政机关，是代理国家行使管理经济、社会事务权力的机构，因此，"国家福利"也可以用"政府福利"的概念，即政府提供和实施的福利。毫无疑问，在福利国家，福利的提供主体均为国家和政府，如瑞典社会民主党提出的建立"人民之家"和"人民福利"，其实施主

体就是国家和政府。即使在美国这样的非福利国家，政府也承担着社会保障的主体责任，[①] 其社会救助的涉及面广，水平高。因此可以说，国家福利或政府福利是绝大多数国家政府所必须提供的，即使非福利国家甚至是贫穷落后的国家也是如此。

国家或政府是社会福利供给中最为重要的主体，在当今世界，任何一个国家和政府都不能轻视或忽视其在社会福利实施中的主导和主体作用。这一方面是因为政府是社会福利制度中的责任主体，另一方面也是因为政府掌管着社会财政，可以用行政的手段调动和运用社会财力进行福利供给。尽管"后福利国家"时期社会福利制度强调福利供给的多元化，但是政府的责任和作用仍然是主要的。从一定意义上看，"福利国家"是一种"国家形态"和价值取向，而"国家福利"或"政府福利"则是实现和体现这种"国家形态"和价值取向的具体操作和实施过程。为此，政府福利在现代福利体系中的必要性和重要性是十分明显的。

第一，政府的责任主体。社会福利中的政府责任源于近代以来国家责任的转变，近代国家的基本形态是强调国家的权力源于公民的权利，国家绝对不得干涉公民的个人自由权。国家充当着"守夜人"的角色，其公共职能被限定在公安、国防、税收等几个领域。19世纪末20世纪初，自由资本主义走向了垄断资本主义，社会分化加剧，社会问题增多，人们已经很难凭借个人或家庭的力量来抵御市场和社会的风险，这就要求政府积极干预社会事务以保护社会弱者的"生存权"和"发展权"。政府通过行政权力广泛地干预社会，为弱者提供就业、住房、培训、医疗、养老等福利资源，这就是政府的责任，"责任政府"被时代推向了前台。

第二，政府的福利"强力推行主体"。在市场经济条件下，每个人所面临的风险以及抵御风险的能力各不相同，每个人对社会支持的要求也不尽一致，少数人由于财富积聚多，有可能对社会福利没有过多的要求，而大多数人则不能在社会和市场中决定自己的命运，对社会福利的要求自然就迫切。作为政府，必须代表广大民众的利益，为他们的福祉着想，强力推行社会福利。事实上，不管是以福利型为主的国家，还是以保险型为主的国家，其社

---

① 从社会保障的角度看，很多人认为，美国的社会保障类型是"保险型社会保障制度"而非"福利型社会保障制度"。在美国的社会保障制度中，个人需要担负较大的责任。

会安全制度都是建立在法律基础之上的，这也足以说明政府强力推行主体的作用。

第三，政府的资源调动能力。社会福利的供给需要大量的物质性资助，如果仅仅依靠民间组织和慈善机构或其他组织，则远远不能解决福利供给问题，只有通过政府的力量，调动和运用整个社会的资源，动用政府财力，才可以很好地解决社会的福利供给问题。在工业化、城市化和现代化的社会，国家有广泛的税源，这就使得政府有足够的财力为民众提供社会福利。"传统社会网络无力应付市场给人们生活带来的不确定性危机，只有国家有能力运用手中的权力保护人民免于社会风险。"（钱宁，2006：193）

事实表明，无论一个国家的福利制度是什么性质和类型，无论其社会福利水平是高还是低，政府的主体和主导作用都是毋庸置疑的。

改革开放之前，在二元社会结构下，我国的城乡社会福利体系是完全不同的，政府在城市和乡村所承担的福利供给责任也完全不同。在农村，人民公社时期实行的是以家庭保障为主、集体保障为辅的保障模式，政府几乎不直接承担责任，充其量只是和集体一起承担少量"五保户"之"生老病死"的福利和保障责任。政府在城乡福利上的不同责任主体作用致使城乡居民的社会福利几乎是天壤之别，以至于惯性使然，目前农村的社会福利和社会保障仍然相当落后。

而在城市，计划经济时期的社会福利供给基本上是由政府通过"单位"来包办的，只要是城镇户口，个人无须缴纳任何费用就能享受到范围广泛的保障和福利——养老、医疗、就业、教育、住房等。"在计划体制下，政府、企业与职工之间，客观上存在着一种特殊的利益或者'信用'关系。政府和企业对职工，有一种事实上的终身就业承诺及相关的养老、医疗保障承诺；同时，也通过低工资制度对职工的劳动贡献进行了部分的'预先扣除'，并形成了一部分国有资产积累。"（国务院发展研究中心社会保障制度改革研究课题组，2001）尽管计划经济时期政府把城镇职工的福利保障全部承担了下来，真正起到了"福利责任主体"的作用，但是，这种大包大揽式的"福利兜底"方式是片面的。其一，从责任分担上看，政府和单位的大包揽，使得福利接受者缺乏自己应尽的责任，容易造成平均主义和"大锅饭"，淡化人们的自我保障意识，也容易降低社会公共资源的利用效率；其二，从范围上看，政府仅是对城镇职工的福利发挥了"责任主体"作用，而对广大农民的福利和保障，政府则基本上没有起到"责任主体"的作用。

随着市场经济体制的确立，我国社会福利的供给模式开始由"国家-单位"模式向"国家-社会"模式转变，福利和保障的社会化程度越来越高，个人和社会的作用越来越明显，福利和保障的形式也越来越多样化。农民的福利和保障越来越引起社会各方面的关注，他们正在被纳入社会安全网之中。虽然在新的福利体系中国家已经不是唯一的责任主体，但是，应该清醒地看到，无论在什么条件下，国家和政府的主体责任是不可推卸的，其主导作用是不容置疑的。

从构建完整的社会福利体系看，政府在福利供给中的主要责任如下。

第一，立法和制度设计。纵观各国社会福利制度的产生和发展历程，都是以相关的立法来推动和发展的。英国在 1601 年和 1834 年先后两次颁布了济贫法，以政府为主体对贫民进行救济，此后有一系列的法律出台。到 1948 年，英国政府颁布《国民保险法》《工业伤害法》《国民补救法》《国民医疗保健服务法》等法律，形成了一套由国家统一管理的几乎包括所有社会保障项目在内并覆盖全体国民的完整社会福利制度。又如美国在 1935 年颁布《社会保障法》，基本确立了美国的福利体制模式。在立法的基础上，政府还必须进行福利制度的设计，涉及福利理念、福利政策、福利内容、福利落实等。例如，当初瑞典的福利理念是建立"人民之家"，其福利政策的推行就建立了"从摇篮到坟墓"的社会福利体制。在既定理念和政策的指引下，其福利体系之内容无所不包，瑞典成为福利国家的"橱窗"也就是很自然的了。就我国而言，虽然自 1986 年社会保障制度改革以来政府已经出台了很多法规，颁发了很多文件，也有相应的社会政策，但是，社会保障法还没有出台，有些法规和文件还带有临时性和局部性的特征，在权威性、规范性、统一性、层次性等方面还存在一些缺陷，致使国家的责任主体作用还不是十分明确，社会保障和社会福利的实施也受到很大影响。为此，加快立法，进一步积极、科学地设计社会福利体制，是我国政府目前应该做的重要工作。

第二，财政支持。社会福利的供给主要以经济手段来达成，只有通过经济手段才能为解决社会问题、提升公民生活质量奠定坚实的基础。经济手段必须有财力支撑，财力的最大供给者和保证者当然离不开政府。换言之，政府在福利供给中具有重要的财力支持的责任，各国福利制度的运行过程莫不如此。无论是早期以济贫为主的福利制度、后来以保险与保障为主的福利制度，还是现代以福利为主的福利制度，欧美国家政府的财力支持与支撑都是毋庸置疑的。由于我国还是发展中国家，处于社会主义初级阶段，国家还不十分富裕，因此投在社会福利和保障上的财力有限，但是随着福利体制改革的不断深入，以及福利多元化的推进，我们相信，政府的责任会更加明确，财政支持的力度也会更大。

第三，监督和实施。社会福利是一种社会制度，是一种制度的制定、实施，在制度的运作过程中，需要建立健全的社会福利监控机制，才可以保证社会福利制度的良性运行。而监控机制的运行，无疑是政府的职能发挥。绝大多数国家或地区由政府部门承担着最主要的社会福利和社会保障的管理责任。即使在福利改革后一些国家将福利资金的筹集、缴纳和管理职能部分地交由私人机构，对社会福利的监督和实施也仍然是政府重要的责任和工作。因为社会福利关乎社会的发展与稳定，与绝大多数社会成员有着千丝万缕的联系，只有政府的监督和实施才能保证福利制度的顺利运行。

三 政府福利的主要内容：社会福利的展开与实施

社会福利涉及的领域是广泛的，内容也是丰富的，无论是福利国家还是非福利国家，作为稳定社会、体恤民众的重要举措，政府必然要程度不同地施与福利。为此，西方国家普遍通过立法的形式，建立和完善了社会福利制度的运行机制。其内容既包括现代公共财政体系，也包括议会对政府的监督以及政府对社会福利机构、慈善机构的监管，还包括政府与社会组织的分工合作，政府向社会组织购买服务，以及政府对这些组织的必要资助，等等。西方国家政府和其他社会福利组织分工明确，界限清楚，运作效率高，形成了一套较为完整的政府福利体系。

改革开放以后的中国，随着社会保障制度的逐渐推进，政府的福利主体作用也在增强，但是尚未建立起与现代社会福利相适应的公共财政体系和监督体系，全国人民代表大会对政府实施社会福利的推动作用和监督作用还不十分明显，政府和社会组织以及社区等福利供给主体之间的边界亦很模糊。

由于社会组织的发育不健全，在很大意义上，政府的作用就显得尤为重要。政府福利的主要内容如下。

1. 社会保障

在绝大多数国家，社会保障的主体是政府，政府担当着社会保障的财政资助与立法监督的重要职责。因此，政府福利的主要内容之一就是为全体公民提供基本生活的社会保障。有学者认为，政府的福利供给体系可以大体分为三种类型，即政府包办型、政府主导型与政府不干预型，其划分的主要标准在于考察政府是否主动参与、是否承担直接的管理责任以及政府参与的程度（范斌，2006：196~197）。

属于政府包办型的社会福利供给体系的主要有英国、瑞典等国家。此类国家推行的是"从摇篮到坟墓"的社会福利政策，政府实施的是全面干预，从通过税收融资到建立庞大的行政机构，都充当了直接管理者的角色。政府包办的方式给财政带来了沉重的负担，并且有一定的"福利病"弊端，因此受到了批评。20世纪七八十年代后，福利国家也在不断反思和改革其社会福利制度，寻求既能避免高福利对政府财政的压力和对就业市场的消极影响，又不至于降低人们现有的福利水平的社会福利模式。

政府不干预型的社会福利供给体系是指政府没有直接出面建立起系统化、正规化的制度体系。在一些发展中国家，由于各种原因，政府不愿或无力承担社会保障的责任，但迫于国内社会问题的压力或世界福利发展趋势等，不干预型的政府也会以某种方式逐渐介入社会保障领域。

政府主导型的社会福利供给体系是介于政府包办型和政府不干预型之间的一种模式，政府遵循的是"有所为，有所不为"的原则，其代表是原联邦德国的社会保险制度和新加坡的公积金制度。在这些国家，政府都以一种积极的姿态介入社会福利领域，不但承担了制度设计、监管以及财政兜底等责任，而且根据经济社会发展的需要不断地对社会福利保障项目、水平等进行调整。从发展趋势看，此类国家都倾向于一种政府主导型的社会化福利保障制度，即政府不是直接承担所有的供款和管理等责任，而是作为一个引导者，通过调动企业、个人、社会等多方面的力量来提供福利保障。政府不是完全放弃对社会福利的管理，而是以另一种方式来承担责任。

由于各国的具体国情不同，政府的福利供给体系各有特点，社会保障制度的主要内容和特点各不相同，因此，政府在福利供给体系中的作用也各不相同。但无论如何，政府作为社会保障的主要责任主体是确定的。

我国的社会保障制度构建原则是"广覆盖、多层次、低水平"，这是由我国的现实社会经济发展状况决定的。我国是一个农业大国，农民占总人口的比例很大，所以需要充分考虑农民的社会保障。同时，城市中的失业下岗人员以及老年化社会带来的老年人保障问题，无论从地域、职业还是内容来看，没有一个覆盖面很广的社会保障网络系统是不行的。由于我国社会经济发展的不平衡性较高，因此社会保障的层次和层级也需要充分加以兼顾，不可能在一个标准下解决问题。特别是在目前的情况下，我们不可能在福利水平上有多大的突破，因此，社会保障会在较长时间内处于较低的水平。不管我们社会保障的起点多低，难点多大，国家的责任主体地位是不可动摇的。因为建立一套体系完整、制度健全、水平适度并有序发展的社会保障制度，将是中国经济社会协调、和谐与持续发展的必要且重要的条件，也是满足全体人民共享国家改革发展成果的基本途径。

从我国的社会保障体制运行看，政府的作用主要表现在以下两个方面。

第一，社会救助。社会救助的责任主体是政府，经费来源于政府，被救助者不需要承担任何附加责任。社会救助是任何国家社会保障制度中不可或缺的部分，即使目前的社会保障改革有从普遍性到选择性转变的倾向，政府也不会，也不可能放弃社会救助的责任。即使在自由化程度很高的美国，尽管其保障和福利水平相对来说不高，社会救助也发挥着很大的作用，不少低收入的个人和家庭能够从中获得较好的甚至很好的救助和帮助，从食品补助到住房补贴、低收入房租豁免等无所不有（杨冠琼，2000）。

我国的社会救助主要表现为最低生活保障制度。20世纪90年代末在城镇推行低保，为弱势群体的生活提供了保障，解决了他们的实际问题。在广大农村，由于不少地区地方政府财政困难，只有少数经济较为发达地区的农村才推行最低生活保障制度，而大部分农村地区的农民没有享受到基本的保障。2006年12月，中共中央举行农村工作会议，首次明确提出了要积极探索建立覆盖城乡居民的社会保障体系，在全国范围建立农村最低生活保障制度，这是一项有利于社会和谐与稳定的重大工程。

我国农村最低生活保障体系的大规模建立仍然任重道远，截至2005年底，按照农村人均年纯收入在 85 美元或 683 元人民币以下的标准，全国农村没有解决温饱问题的绝对贫困人口还有 2365 万人；若按照农村人均年纯收入在 684~944 元的标准，相对贫困人口还有 4067 万人。这两项加起来总计 6432 万人。① 由于各地最低生活成本和城乡人均收入水平差距很不一样，各地需按照自身的条件，建立并完善城乡最低生活保障体系，实现全国百分之百的覆盖，这就需要各级政府承担重要的责任。如果我们仔细观察各国的社会保障制度，以最低生活保障制度为名称或者类似名称的制度并不多见，多数国家采取的是形式多样的社会救济。这些国家不采用多种救济形式与最低生活保障制度的组合，是有一定道理的。这是因为落实到个体头上，救济价值总额很可能很高，往往容易造成有劳动能力的低保人员不工作反而比去工作更划算，导致工作者与不工作者的相对收入结构的扭曲。

由于救济和补助形式五花八门，透明度较为缺乏，著名经济学家、诺贝尔经济学奖得主弗里德曼就提出一个"负所得税"方案，建议用"负所得税"来取代各种各样的救济和补贴。所谓"负所得税"，就是政府对收入未达到规定水平的家庭所得的补助，其补助额就是所规定人均收入水平与该家庭人均收入之间的差额。之所以称"负所得税"，是因为一般的"正所得税"是政府对家庭所得的征税，而"负所得税"则是政府对家庭的反向支付。弗里德曼的方案无疑就是最低收入保障方案。但是，这里应该注意到，弗里德曼的方案也同样摒弃了多种救济形式与最低生活保障制度的组合。因此，我们有必要注意不要使最低生活保障制度导致相对收入扭曲问题。

还应该注意，最低生活保障制度作为一种救济形式，也有别于扶贫。救济是一种社会福利，是对困难群体的生活扶助。而扶贫则是与市场兼容的，是对可扶持者提高自身经济和收入能力的扶持和促进。建立农村最低生活保障制度是维护农民作为公民应当享有的生存权利的需要，是实现社会稳定、构建和谐社会的需要，是健全农村社会保障体系、改革和完善传统农村社会救济制度的需要，是市场经济发展的客观要求，也是促进农村经济发展的需要。中共中央决定在全国范围内建立农村最低生活保障制度，是党和政府关心人民群众的具体体现，彰显了党和政府统筹城乡发展的坚定决心，体现了

---

① 　数据来源于《第一财经时报》2006 年 12 月 26 日。

党和政府立党为公、执政为民、"以人为本"的执政理念，也体现了政府的福利主体作用。

第二，社会保险。作为我国社会保障体系中的基本子系统，社会保险对公民的养老、失业以及医疗、工伤等起着十分重要的保障作用。从福利供给主体看，政府的作用主要表现在两个方面。其一，政府的政策制定与监督。社会保险是在既定的社会政策下，通过立法手段建立社会保险基金而对公民在遇到特殊情况时给予的经济补偿。在社会保险的实施过程中，政府在社会政策的框架下，还必须对社会保险的运作进行监督，包括资金的筹集和应用的监督。其二，资金的支持。尽管社会保险的资金来源于国家、单位和个人三者，但是，国家的主体作用和政府的福利供给是极其重要的。特别是对于一些欠发达地区以及没有单位或单位效益很差的个人来说，政府为其社会保险适度"买单"是必需和必要的，只有这样才能体现政府的福利主体地位和主体作用。

2. 特殊性社会福利事业

这里讨论的特殊性社会福利并非一般意义上的社会保险，如养老保险等，而是在社会保险之外的，必须由国家及政府单一负责的福利。特殊性社会福利事业主要指以政府为主体组织和实施的老年人福利、儿童福利、残疾人福利及其机构运作。政府为老年人、残疾人以及儿童等弱势群体提供的社会救助与福利供给，是绝大多数国家社会福利制度中不可或缺的部分。尽管有市场运作及商业福利事业的介入，但是，作为特殊人群的社会福利，政府的责任是不可推卸的，主体地位是明确的。

之所以把老年人、残疾人和儿童福利作为特殊性社会福利事业，是因为相对于其他群体的社会福利，其自给性或自助性程度不高，需要借助于他助性的社会福利提供才能满足需求，而政府的资助与组织就是最好的社会福利提供，其主要表现在政府的资金投入与监督实施两个方面。

第一个方面是资金投入。特殊性社会福利事业的资金投入属于"财政性社会保障基金"，其来源于国家税收，通过经常性预算和财政拨款的形式形成，直接体现着国家在社会福利上的责任。在西欧和北欧等福利国家，财政性社会保障基金规模十分庞大，一般财政预算的30%~50%被用于社会福利开支。而在现阶段的中国，由于社会保险基金在财政系统之外运行，政府财政直接承担的社会保障拨款只限于救灾济贫、公务员保险、军人保障及官办福利事业等，其规模在国家财政预算中所占比重还不到10%（郑功成，2000：332）。其中的"官办福利事业"就是以老年人福利院、残疾人福利院以及儿童福利院为主的"特殊性社会福利事业"。在比例本来就很小、数额本来就很少的政府财政拨款里，涉及所谓的"官办福利事业"的财政资金投入必然更加有限，这也在很大程度上制约了特殊性社会福利事业的发展。

从福利国家或社会保障的类型看，我国建设完善的社会保障制度之根本目的并不是构建如同北欧那样的"福利国家"，尽管如此，社会保障的责任主体无疑是政府，政府的财政拨款成为筹措社会保障资金的一个固定的、主要的来源渠道。因为没有国家和政府的财政做后盾，就很难建立起健全的社会保障制度和社会福利体系。即使建立了相应的社会保障制度和社会福利体系，倘若缺乏政府的财政支持，也难以得到健康的发展。很明显，政府的财政支持和资金投入水平决定着社会保障制度和社会福利体系构建与运行的成功与否。

特殊性社会福利事业之特殊，在于福利对象不能通过自身的力量解决自己的问题。比如老年人、残疾人以及失依儿童等群体，就十分需要专门的机构与专门的工作人员对他们进行专业性的照顾和服务。在社会化程度很高的现代社会，家庭的功能已经在很大程度上弱化，不可以寄希望于老年人、残疾人等问题在家庭内得到很好的解决，必须在专业化、社会化的制度框架下由政府作为责任主体，在社会政策的引导下加以解决。在我国的社会保障制度体系中，一直就有狭义上的，特指老年人、残疾人、儿童等方面的社会福利事业，各地也有数量不等的各种福利机构，而且费用都是由政府财政提供。但是，随着我国进入老龄化社会以及老龄化程度越来越高，随着残疾人权益的提高和就业难度的加大，随着流动人口增加带来的生育问题的增加，原有的福利院机构模式已经不适应时代的要求，特别是规模小、数量少、经费紧张的问题必将越来越突出，为此，政府加大财政拨款和资金投入的力度是十分重要的。

第二个方面是监督实施。政府加大财政拨款和资金投入的力度，为特殊性社会福利事业"买单"，并不意味着政府需要直接经营特殊性福利机构，此类服务性机构可以在政府的指导和监督下实行社会化和专业化运作，政府只需要起监督实施的作用。为此，发挥社会组织的作用就显得十分必要。在中国香港，官方有"社会福利署"专司福利供给和福利服务工作，民间有"社会服务联会"协调与整合专业性的服务机构，在政府的支持、资助和监督下，负责福利计划的具体施行，充分发挥了其专业化和社会化服务的作用。内地关于特殊人群的社会福利主要由民政部门负责，福利院的行政管理人员也由民政部门任命和管理，是一种"官办福利"。尽管这种管理模式对特殊人群的福利起到了很大的保障作用，但是总的来说并没有凸显专业化和社会化的特征，不能适应新形势下对福利事业的要求。民政部门的主要作用就是制定好社会政策，对社会组织加以指导和监督，发挥好社会组织的专业化和社会化的作用，把特殊性社会福利事业推向新的高度。

3. 公共福利事业

公共福利事业是指以国家为主体，以全体公民为对象的服务性和福利性的公益性事业，包括医疗卫生、教育文化、体育健身、环境保护等，这是一种福利接受对象普遍、福利内容广泛、福利形式多样、福利功能突出的"公共产品"供给。国家和政府承担全部的或绝大多数的费用，实行免费或低费服务。与特殊性福利不同，公共福利不是局限在特定领域或范围以内，而是每一个公民在社会生活过程中都能够而且必须接受的福利，其根本目标不单是解决社会成员的基本生活问题或免除社会成员的后顾之忧，还在于促使社会成员的生活质量不断提高；不仅是解决社会成员的物质生活问题，更为重要的是保证社会成员的教育、文化、健康、生活环境条件等方面的需求，以提高民众的综合生活质量。

公共福利事业就是以政府为责任主体的某种公共产品供给。在非福利国家，即使其物质生活方面的福利供给水平不高，在公共福利事业上，也一定有相应的公共产品的供给，因为公共福利事业涉及社会成员的素质教育、健康卫生以及社会的良性发展。为此，公共福利事业应该是政府福利中极为重要的内容。在西方发达国家，政府对于公共福利的投入在整个社会福利投入中一直占有很高的比例，直接保障了社会成员能够得到良好的免费或低费教育、医疗以及休闲等服务，大幅提升了社会成员的生活质量，使其在物质生活和精神生活层面都得到很好的福利供给和福利保障。

新中国成立以来，特别是改革开放以来，我国的公共福利也不断得到较好和较快的发展。社会成员的受教育机会增加，受教育程度得到大幅提高；医疗卫生事业的发展为公民的身体健康奠定了良好的基础，人均寿命不断提高；群众性的健身场所和设备也越来越多，越来越完善；环境也得到很大的改善。社会主义和谐社会构建中的公共福利水平越来越高，人与人之间、人和社会之间、人和自然之间的关系也越来越和谐。但是，我国城乡二元社会结构造成的城乡发展差异性，在客观上也导致公共福利事业在农村地区的相对落后，以及某些方面的改革滞后或不彻底，导致教育、医疗等方面依然存在不少问题，公共福利事业还需要在政府的主导下加大改革的力度，加快发展的步伐。

就城乡差距而言，我国广大农村的教育、医疗、环境保护以及其他与此相关的福利事业在总体上还十分落后。农民子弟因学费及家庭困难等原因而辍学及失学的现象屡见不鲜，教育的公共福利功能并没有在部分农民子弟身上得到很好的发挥。由于经济困难而看不起病，"小病熬""大病拖"甚至错失医疗机会的事例也时有发生，很多农民还没有被真正纳入医疗保险体系，更不用说享受公共福利。在其他方面，农村的公共福利供给总体上还处于"福利缺失"或"福利不够"的状态。鉴于此，在社会主义和谐社会构建以及社会主义新农村建设中，政府必须加大公共产品供给力度，提高公共福利的水平，切实把农村的教育和医疗以及其他相关公共福利事业作为一项制度建设好，让广大农民能够享受到公共福利。

就医疗这一公共福利而言，无论是城市还是农村，在医疗体制的改革上还存在不少问题，社会各界也对这个问题做了不少探讨。我们认为，撇开医疗体制改革中的具体问题，首要的是需要树立一种观点，即医疗卫生事业是关系到国民健康、关系到千家万户、关系到社会良性发展的"公共福利事业"，而不是简单的"看病吃药"。这就要求政府从社会政策的角度，而不是从市场的角度来看待医院的布局问题、医疗设备的配置问题、医生的待遇问题、药品的购买规范问题等，其中，政府的资金投入和监督是必需的，也是重要的。即使在城市社区中，也有不少的低收入者陷入了"有病无钱看""小病成大病"的怪圈，他们所能接受的社会福利仅是政府提供的最低生活保障，也只能依靠这些来维持基本生活，而公共福利中的医疗卫生福利供给对他们来说作用甚微。要改变这种现象，必须全社会共同努力，而加大政府的公共福利供给力度是最为重要的。

参考文献

丁开杰、林义，2004，《后福利国家》，上海三联书店。

范斌，2006，《福利社会学》，社会科学文献出版社。

国务院发展研究中心社会保障制度改革研究课题组，2001，《中国城镇失业保障制度改革
　　的回顾与前瞻》，《管理世界》第 1 期。

考斯塔·艾斯平–安德森，2003，《福利资本主义的三个世界》，郑秉文译，法律出版社。

钱宁，2006，《现代社会福利思想》，高等教育出版社。

徐延辉、林群，2003，《福利制度运行机制：动力、风险及后果分析》，《社会学研究》
　　第 6 期。

杨冠琼，2000，《当代美国社会保障制度》，法律出版社。

郑功成，2000，《社会保障学——理念、制度、实践与思辨》，商务印书馆。

周弘，2001，《福利国家向何处去》，《中国社会科学》第 3 期。

社会福利视野下的发展型社会救助
体系及社会福利行政[*]

  《中华人民共和国社会救助法（征求意见稿）》把社会救助界定为：国家和社会对依靠自身努力难以满足其生存基本需求的公民给予的物质帮助和服务。建立社会救助制度，承担为公民提供社会救助的基本责任，为社会救助的实施提供必要的物质条件和组织保障，是国家和政府义不容辞的主体责任。本文探讨的是，在社会福利视野下，发展型社会救助的基本目标如何跟进与提升，内容体系如何加强与扩展，管理制度如何创新与增效，以适应社会经济快速发展条件下低收入社会成员的福利增进需求。

一　由生存到发展：社会福利视野下发展型社会救助的目标与定位

  现代社会救助是在社会救济基础上发展而来的社会政策和社会制度，是社会保障制度与社会福利体系中最低层面的子系统。社会救济古已有之，任何一个统治阶级和统治者出于统治和社会安定的需要，总要实施一定的社会救济；一些宗教团体和慈善机构出于宗教教义的需要，也会对社会上的困难者实施一定的接济。直至今天，以慈善机构为主所进行的社会救济在各国都还起着十分重要的作用（童星，2008：279）。社会救济的直接功能是"救济"与"救急"，是对因各种原因遇到特别困难的部分社会

 * 原文刊载于《南京大学学报》2012 年第 6 期，收入本书时做了文字修订。该文为江苏省教育厅哲学社会科学重点资助项目（2011ZDIXM006）之中期成果。人大复印报刊资料《社会保障制度》2013 年第 3 期全文转载，人大复印报刊资料《社会工作》2013 年第 3 期全文转载。

群体给予物质性的接济以使其渡过难关。之所以说是"部分"社会群体，是因为社会救济不可能接济到社会上所有的困难者，而只能是部分贫困者。这里遵循的是"选择性原则"，其目标定位无疑是"基本生存"。与制度化的社会救助相比，社会救济仅仅是一种应急性的措施，具有"临时性""补救性"的属性。

社会救助是政府通过法律和政策，对社会上的低收入者及困难人士给予物质救助为主的保障制度。社会救助的主体是政府，客体是社会上的所有弱势者。低收入水平和困难程度是能够得到救助的唯一标准。之所以说是"所有"弱势者，是因为只要符合救助标准，任何社会成员都能接受政府的救助，这里遵循的是"普遍性原则"。与社会救济相比，社会救助具有"制度性""规范性""常态性""保基本"的特征属性。

不管是临时性与补救性的社会救济，还是制度性与常态性的社会救助，都是以现金等物质性手段维持被救助者的基本生活，是生存型目标定位。人们不可能通过救济与救助来"改善生活条件，提高生活质量"，这是由社会救济之临时性"救急"、社会救助之制度性"济贫"的特征决定的。社会救助仅是通过物质性手段解决被救助者的基本生存问题，一般不涉及改善生活条件、提高生活质量的问题，也不会用社会服务的形式及精神层面的形式来解决被救助者的其他问题，从这一角度看，社会救济与社会救助二者之间的目标追求是一致的。

社会救济与社会救助的生存型目标定位，是社会经济欠发达背景下的价值选择，表现为救助项目单一、救助水平低下、救助方式简单、救助效果欠佳。如果说以社会组织为主体的社会救济之"临时性"、"救济性"与"救急性"等特征决定了其只能是生存型目标定位的话，那么，以第一部门政府为主体的社会救助之"制度性""规范性""常态性"等特征则决定了社会救助必须"与时俱进"，超越"生存型"而向"福利型"及发展型社会救助目标提升。本文认为，在"大福利"之福利追求的大背景下，转换思路，从"发展型福利"的视角来审视和运作社会救助，在理论上是十分必要的，在实践中也是可行的。

"大福利"是一个内容相当广泛、水平相对较高的福利体系。"大福利"有四层含义：一为全民普遍享有；二为跨部门、跨地区、跨身份的无差别或小差别享有；三为内容多样化，包括保障、救助、慈善等；四为主体多元，有政府、企业及民间组织等。"大福利"的"大"，就是普遍、开放、协调与整合（景天魁，2010）。本文认为，所谓"大福利"，应该是与时俱进，以不断"改善生活条件，提高生活质量"为目标追求。所谓"与时俱进"，是指随着社会经济的发展，包括社会救助在内的福利也要在内容、水平及手法上有相应的改善和提升。所谓"改善生活条件，提高生活质量"，是指社会福利目标要超越"保障基本生活"的定位，上升到更高的目标追求。美国学者怀特科、费德里科（2003：58）认为：社会福利的目标就是帮助人们在所处的环境里发挥更有效的作用。这不仅是指满足人们的基本生存需求，如充足的营养食物、衣服、住房、医疗保险、清洁的空气和水，而且要满足人们必不可少的良好的心理和良好的社会需要。对福利的追求，是任何个人和群体都孜孜以求的，是发展型社会福利的核心内涵。

社会救助是社会福利体系中的一个重要组成部分，是最低层面的社会福利举措。从大福利视角看，在社会经济飞速发展、国力不断增强、人们的物质文化需求越来越高的今天，如果仍然固守社会救助的"生存型目标"，仅为被救助者提供基本生存保障，无疑落后于时代发展的步伐。提升社会救助的目标，变"基本生存型"为"改善生活型"乃是我们应该做到，而且可以实现的目标。"发展型福利"从更为广泛的意义上来讨论社会福利，是一种十分"与时俱进"的全新福利理念与目标追求。卡恩（Alfred Kahn）和罗曼尼克因（John Romanyshyn）指出，应该从更为广泛的意义上来讨论社会福利，这就是发展型福利。他们认为，即使是制度型社会福利，也仅仅是把社会福利作为预防或矫正社会问题的制度，而发展型福利的视角则要求社会建立起一套旨在提高人们生活质量和满足人类发展需要的福利制度，而不是仅仅去解决社会问题（参见范斌，2006）。从这一观点看，我们对属于社会福利体系中最低层面的社会救助，也并不能仅是采取事后补救的方法，给予救助对象简单的维持基本生活的保障，而应该在满足弱势者基本生存需求的基础上，不断地向包括物质、精神、服务等的高层面的发展型福利发展。从这一角度看，社会救助应该摒弃生存型目标定位，向高层面的发展型福利目标追求转变。

二 由单一到多元：发展型社会救助与层级分析

社会救助从生存型到发展型的目标定位转变，需要突破现有已经制度化的、以最低生活保障制度为代表的低水平物质救助框架，在救助主体、救助内容、救助手段等方面构建一个发展型社会救助体系。

1. 发展型救助的若干"转变"

现行社会救助在理念上把被救助者看成被动、消极、单向、唯一物质性的接受者，把被救助者置于"被救助"的位置，忽视了被救助者本人改变现状的内在主动性和积极性。我们认为，必须把"以人为本""助人自助"作为发展型社会救助体系的基本理念，以"与经济社会发展水平相适应"为基本原则，变消极救助为积极救助。具体要注意以下几个方面的转变。

其一，从补救型向发展型救助理念的转变。传统的社会救助一般是消极意义上的事后补救性措施，即在社会成员遭受贫困后，给予基本生活救助。改变社会救助的基本理念，从消极、单一的补救型社会救助向积极、多元的发展型社会救助转变，其目的就在于提高被救助者自身的能力，帮助他们最终摆脱贫困。必须以发展的观念推行社会救助，注重弱势者的能力提升、资产建设与资本积累，以增强其克服困难的能力。

其二，从政府为主向社会共同参与的多元主体转变。毫无疑问，政府是社会救助的主要责任主体，古今中外概莫能外。但是，受财力及多种因素的影响，政府提供的社会救助在项目、水平及方式等方面均会有诸多限制，表现为项目偏少、水平低下、方式单一，很难有效改变被救助者的贫困状况。仅仅依靠政府，不仅救助面不广，救助水平难以提升，而且容易使社会组织与社会团体游离于社会救助之外，救助的社会化程度低，社会资源不能得到有效的调动和运用。从福利的社会化视角，要不断加大社会力量投入社会救助的力度，构建包括政府、社区、社会组织等在内的多元化社会救助主体系统。其中，政府承担政策制定、经费投入、监督落实的责任主体作用；社区承担组织实施、具体运作的操作主体的作用；各类社会组织承担整合资源、提供专业服务等辅助主体的作用。

其三，从单纯物质救助向多元化救助的转变。传统的社会救助对象往往是"三无"人员和少数特殊人群，救助内容和救助方式往往是以单一的现金和实物救助来维持其基本生活。随着社会转型时期社会问题和社会矛盾的日益凸显，人们在救助实践中逐渐认识到，仅仅靠单纯的物质救助，并不能从根本上解决贫困问题，更不能增强被救助者自身的能力。因而，必须改变基本救助理念和基本目标，把单纯物质救助发展成为多样化的多元救助，如精神救助、能力救助、权利救助等新的救助类型，以期在保证被救助者基本生活的同时，注重"人的发展"，变"输血"为"造血"。

其四，从微观层面向宏观层面的转变。社会救助涉及面广，具有复杂性和多样性的特征，是横跨社会、政治、经济、管理、人口等多个领域的制度。在早期的社会救助中，无论是政府组织、教会还是慈善人士，都往往是从微观角度解决贫困者个人的贫困问题；随着政府将治理贫困视为自身责任，其开始从社会政策的宏观层面干预贫困问题，包括整个社会救助理念的转变、社会救助政策的制定、社会救助的管理及实施等。

其五，从单一方式向多样化方式的转变。传统的社会救助一般以物质救助及现金救助方式为主，表现为形式单一、关系单向，不利于全方位改善被救助者的生活状况。新型社会救助方式要在传统物质救助及现金救助方式的基础上，配合以心理救助、权利救助、网络救助等方式。心理救助的核心是"助人自助"，帮助被救助者增强战胜困难、走出困境的信心，以达到自己帮助自己的目的；权利救助的核心是增权或赋权，即提升人的内在能力，改善其外在环境。以增权理论为指导，促进社会弱势者自我发展所需的个体增权、人际关系增权和社会参与增权等，以达到能力提升和资源网络建设的目的。

2. 社会救助内容层级

社会福利视野下社会救助的目标提升，必然要求救助内容的相应扩展，在救助水平上有一个由低到高的层级系列。

第一层级，基本生活层面的社会救助。针对不能依靠自身力量解决基本生活问题的特殊困难群体，为他们提供保证基本生活的救助，目前最为典型的就是城乡居民最低生活保障制度及农村五保户制度。作为现代社会保障和福利制度的"最后一道防线"，基本生活层面的社会救助是缓解贫困，实现社会"底线公平"的重要举措。政府作为该层级最为核心的责任主体，起着政策制定、资金拨付、监督落实的重要作用。与此同时，其他救助主体如社区、各种社会组织，从不同方面，以不同方式支持此类家庭和群体在低保的基础上得到一定程度的生活提升。

第二层级，综合层面的社会救助。通过多种途径，使低保对象逐步跳出"生存陷阱"而过渡到综合层面的社会救助。所谓"综合层面的社会救助"，就是在基本生活之外，配套以"基本医疗、基本教育、基本住房等方面的救助与社会支持"（中国发展研究基金会，2009）。综合层面的社会救助可以防止各种救助措施向低保户过于"聚集"的问题，避免资源浪费；也有利于科学认定低保边缘户，使之能够得到相应的救助。由是观之，综合层面的社会救助的特点表现在两个方面：一是扩大了救助内容，从单一低保到多项救助，体现出社会救助的综合性特征；二是延伸了救助对象，从低保户到低保边缘户直至特殊困难户群体，体现出社会救助的灵活性与人性化特征。

第三层级，特殊层面的社会救助。针对残疾人、老年人、妇女儿童等特殊群体的特殊需求，根据特殊政策而采取的特殊社会救助。以残疾人为例，我国目前有各类残疾人 8300 万人，涉及 2.6 亿家庭人口（中国残疾人联合会，2011），由于身智方面的障碍，他们在就业、生活等方面面临比健全人多得多的困难，各类需求也更为复杂和紧迫，需要社会各界的关怀与关爱。残疾人社会救助需要在一般性救助的基础上，制定更为人性化和特殊的政策加以特殊救助。如很多地方把残疾人低保标准提高到高于健全人低保的若干个百分点，就是明显的特殊层面的社会救助政策。再以老年人为例，在我国老龄化程度越来越高的今天，因老致残、因老致病、因老致贫的因素也越来越多，很多没有养老金或养老金不足的老年人及其家庭极易陷入贫困，社会各界要格外关心他们，给予包括服务在内的各种救助。概括来看，特殊层面的社会救助的特点表现在两个方面：一是对象的特殊性，针对的是残疾人、老年人等特殊贫困群体；二是救助内容、标准及方法的特殊性，是不同于一般性救助的特殊社会救助。

第四层级，能力及服务层面的社会救助。这是以"非物质救助"为主要特征，而又被目前社会救助所忽视的救助层级。该层级救助的特点表现为两个方面：一是救助的非物质性，不以现金、实物等救助为特征，而是包括服务在内的救助；二是被救助者的能动性，通过能力建设，为被救助者改变现状提供内在的动力和能力。通过"助人自助"手法，帮助被救助者树立克服困难的信心，提升被救助者的内在能力；通过改善其外在环境，促进社会弱势者自我发展所需的个体增权、人际关系增权和社会参与增权等层面，以达到能力提升和资源网络建设的目的。逐步建立一个城乡一体化的，以物质救助为基础，以服务救助、发展型救助为补充的公正、全面、高效的现代社会救助新体系。从物质救助、服务救助到发展型救助，形成一个从低级形态到高级形态不断深化的序列。

3. 发展型社会救助体系救助方式的多元性

针对我国现行社会救助方式单一、被动的问题，发展型社会救助方式应该是制度性救助方式与非制度性救助方式相结合、物质救助方式与非物质救助方式相结合、"他助"与"自助"相结合。

制度性救助方式在我国主要表现为城乡最低生活保障制度、灾害救助制度、城乡医疗救助制度、教育救助制度等一系列制度，这些制度构成了我国社会救助的主体，无论对于我国社会的现在还是将来，其重要性都毋庸置疑。发展型社会救助在以政府为主体的制度性救助的基础上，进一步要求发挥非制度性救助的重要作用。非制度性救助方式并非经过相关法律法规或者社会政策确立，而是由民间和社会团体组织的各种社会救助活动，是一种调动社会资源，发动社区群众自发组织的互助互帮网络。非制度性救助方式在我国社会救助体系中发挥着越来越重要的作用。

我国现行社会救助体系，几乎所有的制度设计都是物质救助方式，而服务救助、精神救助等非物质救助方式只被个别社区或一些社会组织有限采用。从国际社会救助的发展历史来看，现金给付、实物发放、凭单兑换等物质救助方式在社会救助体系中的比重是逐渐下降的，而越来越多地注重其他有效救助方式并进行进一步的制度化设计。也就是说，除了物质贫困外，还应该关注新的贫困类型，如精神贫困、社会资源贫困、社会权利贫困等，发展型社会救助体系中的非物质救助方式主要包括服务提供、心理援助和权利维护等内容。

现行社会救助制度以"他助"方式为主要救助指向，"他助"是传统社会福利框架下的救助方式，包括了现有社会救助体系框架中的绝大多数内容。但是，"他助"方式往往只注重对贫困者的物质救助，而忽视了对贫困者能力的救助和培育，受助者只是被动的接受者。在发展型社会救助体系中，更要倡导一种积极救助的方式，在"他助"的基础上，加大"自助"力度。"自助"的社会救助方式以倡导社会投资型的积极福利为理论背景，以社会工作的"助人自助"理念为实践指南，以能力建设为主要内涵，在一定程度上弥补了传统"他助"方式消极被动的缺陷，使被救助者具备依靠自己力量解决问题的能力。

三　发展型社会救助架构与救助福利路径行政

社会救助行政是对社会救助的实施运作进行协调和管理，是政府相关职能部门及社会相关机构推行社会福利体系行政事务的操作过程，涉及社会救助体系中的所有救助内容及救助方式的推进和落实。从我国社会救助体系看，社会救助行政主要包括社会救助架构、社会救助经费、实施管理及社会服务内容的具体落实等。从社会福利角度看，社会救助是一个体系，和其他保障性及福利性举措联系在一起，为此，我们试从社会保障、社会工作及社会服务角度，分别就社会救助行政进行探索性研究。

1. 社会福利行政下的社会救助架构

其一，内容上以最低生活保障制度为基础，建构社会救助的物质性体系。我们应尽快建立一个以民政系统为中心，以社区为依托，以老年人协会、妇联、残联、工会及各类慈善组织等为补充的城乡家庭经济情况调查网络和物质救助实施网络，全面掌握贫困人口和不幸者家庭的经济状况，以实行动态管理和救助。在实施最低生活保障制度的基础上，逐渐建立与完善对低收入家庭的补助制度及对特殊群体的社会照顾制度、灾害救助制度、住房救助制度以及基本的医疗救助制度等，为所有困难成员提供基本的物质救助。

其二，组织上以社区、村委会和社会组织为依托，建立健全社会救助服务网络。服务救助是对物质救助必不可少的补充，尤其是对于缺乏生活自理能力的弱者群体来说，更是对其生存权的维护与有效保障。西方发达国家在社会救助服务中充分发挥了社会组织的作用，这不仅是社会救助制度发展的必然结果，也是发展型社会救助走向责任共担和社会化的重要标志。我国社会救助服务网络的建立和健全应该以社区、村委会和社会组织为依托。社区和村委会分别是我国城乡的基层社会单元，而社会组织则是现代社会救助的重要参与力量。三方力量的共同努力，有助于建立一个严密的服务救助网络，尤其是在老龄化和高龄化趋势不断加剧的今天，物质救助之外的服务救助网络就显得格外重要。

其三，手法上以提高社会弱者自身素质为导向，建立和完善发展型社会救助体系。由于受社会经济发展水平的制约，现阶段政府在社会救助方面投入的财力、物力都还相当有限，因此只有坚持走发展型社会救助之路，从"授人以鱼"转换成"授人以渔"，提高社会弱者的自身素质，使具备劳动能力的人尽可能地实现就业，并最终得以摆脱贫困，融入主流社会，避免他们的疏离化、边缘化，这是社会救助的最高目标（陈剩勇等，2003）。

2. 社会救助行政

社会救助行政是对社会救助体系事务的管理工作，就像社会保障管理体制一样，必须有一个管理体系的组织架构。如果把社会救助看成社会福利体系的有机组成部分，那么，社会救助行政也就包括在社会福利行政体系之内，为此，我们可以通过对社会福利行政体系的梳理来分析社会救助行政。

其一，社会救助职能行政。目前国内社会保障行政管理组织有多个架构，涉及多个职能部门。如以劳动和社会保障部门为主的，以社会保险为主要内容的职能部门；以民政部门为主的，以救灾救济、社会安抚、社会福利和社会事务为主的职能部门；以人事部门为主的，以公务员福利综合管理为主的职能部门；等等（童星，2002：141）。这种较为分散管理的局面，是和我国社会保障管理体制的现状以及相应的机构设计密切相关的。

从社会福利体系架构及其相应的职能来看，我们完全有可能整合现实的职能部门或相关组织，构建一个社会福利与社会救助体系行政的组织架构。社会福利与社会救助体系行政职能部门是一个结合集，围绕着社会福利与社会救助体系中的具体内容，行政职能部门或组织、机构之间存在行政上的交叉关系。这样既打破传统分工上的僵化局面，又能够促使多项福利与救助事务顺利开展。整合各社会福利与社会救助体系行政职能部门和组织，对于社会福利与社会救助体系的运作和功能的最大限度发挥，具有十分积极的意义。当然，以此为基础，超越社会福利与社会救助体系行政职能部门和组织，如果有一个较高层面的部门对众多部门和组织加以统领，则问题或许会更加简单，即设想建立一个社会福利行政管理部门，对现有的社会保障、民政与工会、妇联等官方的群团组织及社会组织等进行统一协调和组织管理，则社会福利与社会救助体系事务的运作将会更加顺畅。如香港特别行政区，在不设类似社会保障、民政等政府职能部门的情况下，一个社会福利署就足以解决社会福利行政事务问题，涉及社会保障、社会工作、社会服务、家庭服务及儿童照顾、感化与康复等总体上的社会福利（郑功成，2000：430）。这样的社会福利与社会救助体系行政架构不仅简单，更为重要的是职责明确、专业性强、效率能得到很好的保证。

其二，社会救助内容行政，主要是社会福利与社会救助行政。社会福利与社会救助行政的主要内容就是协调和管理社会福利与社会救助体系内各子系统之间的关系，使社会保障、社会工作、社会服务以及公共福利等能够充分发挥各自在社会救助体系中的特定功能。具体表现如下。

（1）社会福利与社会救助体系的行政事务管理。社会福利与社会救助体系的行政事务管理包括与社会保障、社会工作、社会服务及公共福利等相关的行政工作，如法律法规的拟定和制定；设置高效的社会保障管理机构、社会工作机构，培养和配置专业化的管理人员，明确社会福利机构和部门的管理职责；鼓励和支持社会组织的发育和发展。特别是在促进社会保障部门、社会工作机构以及社会服务部门的内部管理之同时，协调、整合好各部门的资源关系，使社会福利与社会救助体系的系统功能和总体功能得到最大限度发挥。

（2）社会福利与社会救助财务行政。财务行政是社会福利与社会救助事务得以正常开展的前提条件，从我国的社会福利现状看，财务行政管理主要是社会救助基金的筹集和使用，民政部门及劳动和社会保障相关机构和部门专门组织实施此项工作。我国社会工作还没有真正步入职业化轨道，这在很大程度上不仅影响和制约了社会工作的有效开展，而且使得社会工作的财务或运作资金成为一个较为棘手的难题。社会服务的主体大多是社区和社会组织，其中既有免费服务，也有微利性的收费服务，因此必须制定相应的财务计划，积极拓宽社会救助资金筹集的渠道。

（3）组织机构和人员的行政工作。社会福利与社会救助体系框架包括不同性质和不同形式的救助内容，它们的运作方式各不相同，组织结构也各不一样，必须区别对待加以管理。目前，特别是要加强专业社会工作机构的建设，规范社区服务机构，培训专业化社会工作及社会服务人员，推进社会救助工作的专业化及规范化。

3. 社会救助实施行政

其一，社会保障系统中的社会救助行政。社会救助是社会保障制度中的最低层面，目前主要以最低生活保障制度来实施。最低生活保障制度是20世纪90年代后，针对我国社会转型后出现的贫困等社会问题而采取的一种旨在保障社区群众能够正常生活的社会保障措施。从理论上讲，最低生活保障制度的资金来源于政府，接受"低保"的人只要收入低于当地的"低保线"就可以申请低保，而不需要其他外加条件。低保的组织实施工作主要依靠基层社区来完成，因此，最低生活保障制度的管理工作主要不是社会保障管理，而属于社会救助行政的管理范围。尽管最低生活保障制度的推行没有像社会保险那样有"专业性"，但是，从困难者的申请到其收入情况的调查，再到低保金的发放，最低生活保障制度的行政事务是十分繁杂的，需要社会福利行政的积极介入。从社会福利行政角度看，社会救助行政无非涉及社会保障、社会救助等方面的具体内容，如社会保障的行政管理，包括社会保障法律法规的制定和社会保障组织机构的建立及管理；社会保障基金的管理，包括社会保障基金的筹集和运用，社会保障的待遇给付等；社会保障对象的管理等。

由于对象的相近性和同一性，社会救助行政在社会保障制度中所涉及的领域，和社会保障管理所涉及的特定领域如最低生活保障制度等是大致相近的。从行政管理的层级看，社会救助管理是社会保障管理中的一个部分。换言之，社会保障管理是总体，而社会救助行政则是社会福利保障行政中的局部。

其二，社会工作中的社会救助行政。与社会保障管理不一样，社会工作中的社会救助行政是一个相对独立且有待发展的领域。所谓相对独立的领域，是指社会工作的"助人自助"理念及服务他人的工作特性与社会保障之间存在很大差异，因此，社会工作的运作管理也不可能和社会保障管理相同，它本身就是一个相对独立的领域。同理，社会工作中的社会救助行政之内容和特征与社会保障中的社会救助行政之内容和特征存在很大的差别。所谓有待发展的领域，是因为在我国，社会工作的推行目前大多还是限于社区层面，基本没有一个像社会保障管理那样的，较为固定化的运作模式和管理机构。因此，社会工作的运作和管理必然需要创建和创新，以开拓一个全新的社会救助行政管理领域。在社会工作专业中，一般都把社会工作行政和社会福利行政看成同一个概念（周沛，2009：134）。本文认为，社会福利包含着社会救助，社会福利行政也就包含着社会救助行政，因此，社会工作行政和社会救助行政在很大程度上也是相近的。

社会救助行政的主要内容包括：对社会问题进行调查研究；实施社会政策，对社会救助立法；社会救助制度与标准的建立；社会救助经费的预算筹措与分配、保管及运用；研究服务机构目标，确定机构的政策、方案、程序；提供财力资源；提供并维护机构的设施；等等。总之，社会工作中的社会救助行政就是社会工作机构的运作管理和社会服务计划的制订和执行过程，是社会工作得以正常进行的必要内部条件，也是通过社会工作行政实施社会救助的运作性保证。

其三，社会服务中的社会救助行政。社会服务是现代社会福利制度中一个重要的环节，社会服务往往不需要政府的大量投入，不需要过多的资金，是较为"基层化""网络化""专门化"的"系列便民措施"。社会服务中的社会救助行政，就是通过政策性、组织性及制度化、机构化，在社会福利体系的框架下，对社会救助实施进行管理运作的过程。

我国社会服务的主要空间范围是社区，所以社会服务又可以理解为社区服务，可以认为，二者之间并没有本质的区别。从另一个角度看，社会服务也就是通过具体的社区服务来实现的。社区服务涉及社区居民和社区发展之方方面面的内容，如老年人服务、青少年服务、残疾人服务、困难家庭服务、日常生活服务、家政服务、社区照顾、机构服务等。从当前社区服务实际看，社区或居委会是社会救助行政管理的主体，社区服务中的所有救助活动，都需要社区的组织和开展。因为社区相关组织对本社区的具体情况都很熟悉，所以管理自己社区的服务工作就能够有的放矢，有助于社区服务行政管理效率的提高。但是，出于社区的局限性，目前社区服务行政和管理还存在水平不高、政出多门的问题，以至于社区内的很多社会服务需求没有得到很好的解决，社会救助的开展与实施依然存在许多矛盾和问题。因此，要在完善社区服务行政的同时，促进社会救助行政制度的良性运行。

参考文献

陈剩勇、洪燕文、黄天柱，2003，《关于建构浙江省现代社会救助体系的若干思考》，《商业经济与管理》第7期。

范斌，2006，《福利社会学》，社会科学文献出版社。

景天魁，2010，《应对金融危机的"大福利构想"》，《探索与争鸣》第1期。

童星，2002，《社会保障与管理》，南京大学出版社。

童星，2008，《社会保障理论与制度》，江苏教育出版社。

威廉姆·H. 怀特科、罗纳德·C. 费德里科，2003，《当今世界的社会福利》，解俊杰译，法律出版社。

郑功成，2000，《社会保障学——理念、制度、实践与思辨》，商务印书馆。

中国残疾人联合会，2011，《中国残疾人事业十二五发展纲要辅导读本》，华夏出版社。

中国发展研究基金会，2009，《中国发展报告2008/09：构建全民共享的发展型社会福利体系》，中国发展出版社。

周沛，2009，《社会工作概论》，天津大学出版社。

社会福利理论：福利制度、福利体制及福利体系辨析*

社会福利是关乎民生，关乎社会公平公正，关乎社会发展的重要制度、政策与项目措施，是社会管理与社会建设中不可或缺的内容。目前，社会福利理论研究与实际推行在我国方兴未艾，但是，对于社会福利尚存在不同理解。在概念界定与应用上，就有社会福利制度、社会福利体制及社会福利体系、社会福利政策等多种表述。这些不同的表述方式，不仅不利于人们把握社会福利的本质内涵，也不利于社会福利实际工作的推进。本文试图就社会福利概念及社会福利制度、社会福利体制、社会福利体系之异同做一展开性探讨。

一 福利与社会福利

福利是包括物质和精神内容的"福"与"利"，是一种幸福和利益的结合体。《后汉书·仲长统列传》之《理乱篇》有"使奸人擅无穷之福利，而善士挂不赦之罪辜"的论述，这里的"福利"具有物质层面的"幸福和利益"的意思。而韩愈在《与孟尚书书》中的"何有去圣人之道，舍先王之法，而从夷狄之教，以求福利也"之"福利"，则指向了强调人们精神层面的幸福感与满足感（景天魁，2010：421）。

英文中主要有四个单词来表述"福利"：welfare，wellbeing，benefit，in-

---

* 原文刊载于《国家行政学院学报》2014 年第 4 期，收入本书时做了文字修订。该文为笔者给博士生讲授"社会福利理论与实践"课程所思而作。人大复印报刊资料《社会保障制度》2014 年第 12 期全文转载。

terest。后三个单词主要意指"安宁""幸福""利益""好处""恩惠"等，仅限于对个体或少数人的利益提供，缺乏公共性与社会性，因此，不是对"福利"的最好表述。如果从公共性、社会性角度看广大社会成员所享有的"幸福"，则 welfare 一词能够很好地反映出福利的内涵。从词源上看，英文的"福利"为 well 与 fare 之组合，意指"美好的生活"。福利是幸福、快乐、健康的生活状态，一种好的生活状态或满意的生活质量，是个体或群体所追求的理想目标。具体看，福利应当具有三个方面的含义。

其一，基本生活保障。在任何时期，广大社会成员的基本物质生活，包括衣食住行医等物质生活的方方面面，都必须得到保障与满足。政府在立法的基础上，通过制度化的社会保障，为社会成员提供基本就业、基本医疗、基本养老等基本生活福利。对于特殊弱势群体，政府及社会通过社会救助方式为其提供救助金或生活资料，以保障其基本生活。这是社会福利的基本层面。其二，生活条件改善，生活质量提高。如果说社会保障的目标定位是保障基本生活，那么，社会福利的目标定位应该是在保障基本生活的基础上，不断改善生活条件，提高生活质量，这是社会福利的本质内涵。不断改善民众的生活条件，提高其生活质量，实施普惠型福利，是福利发展的本质要求与具体体现。其三，生活状况的满足程度。福利具有客观性与主观性两种属性：一方面，是客观的福利供给与获得，即政府及社会为民众提供了多少福利项目及何种福利水平，民众获得了多少具体实际物质性福利；另一方面，是民众对获得的福利之主观认可与评价，即他们是否在心理上对其生活状况感到"幸福"与"满足"。正如安东尼·吉登斯所言，"福利在本质上不是一个经济学概念，而是一个心理学概念，它关乎个人的幸福"（吉登斯，2000：121）。生活状况的满足程度是福利的最高层面。

福利的客观现状是个体和群体获得幸福和快乐的重要物质基础；而福利的主观感受则在很大程度上决定着对"福利"供给的评价与认可，二者缺一不可，是一个问题的两个方面。正如马歇尔所言："福利与对状况良好、幸福的体验和良好状况的形成条件有着复杂的联系。说一个人活得好，是指他实际生活得好并且感觉也好（doing well and feeling well）。"（Marshall，1985：12）由此看来，福利是一个涉及物质与精神层面的复合体，是社会发展中个体与群体永恒的目标追求与价值选择。

福利成为公共产品且具有社会性特征时就是社会福利。福利和社会福利具有内在的逻辑联系，"福利"是内核，"社会"是外延，"社会福利"就是福利在社会中的推行与实施，是社会层面的福利。本文认为，可以从四个方面对社会福利加以诠释。

第一，社会福利首先表现为福利的公共性与社会性，是整个社会的福利供给状况与满意程度。社会福利以"福利"为基础，但又超越了个体"福利"的范围，它不仅仅是个体所过的"好日子"，也不仅仅是个体自我的精神感受，而且是整个社会的公共产品供给，是所有社会成员追求的改善生活条件、提高生活质量的问题。第二，社会福利是一个体系，由众多内容与项目构成。不管是公共政策或社会政策实施的广义社会福利，还是针对特殊群体的狭义社会福利，抑或以提高生活水平为追求的发展型福利，都是不同层面的社会福利，构成了一个包括多种福利项目在内的"大福利"体系。具体包括社会救助、社会保险、社会优抚等社会保障举措，普惠型福利及特惠型福利举措，社会服务、社会工作、社会福利计划、社会福利津贴以及帮助人们克服困难的措施，还包括精神方面的支持等。第三，社会福利是社会发展中一项必不可少的社会制度和社会政策。作为制度的社会福利，可以被理解为制度实体，亦可以被理解为一种"制度化的集体责任"。由于社会福利概念的宽泛和模糊，也由于政府大规模地承担起增进社会福利的责任，很多政府部门承担着提供某种社会福利的功能，在大多数国家和地区，已经很难把社会福利作为一种制度实体来考察。因此，有些研究者把社会福利作为"制度化的政府责任"来对待（尚晓援，2001）。第四，社会福利是社会运行中的必需，是社会个体和群体提高生活质量的永恒追求。伴随着社会经济的发展，人民群众对福利的需求与追求越来越强烈，社会福利就是在保证基本生活的前提下，不断改善生活条件、提高生活质量，这是社会发展的必然结果与永恒目标追求。

二　社会福利制度、社会福利体制及社会福利体系之辨

1. 社会福利制度

社会福利制度（Social Welfare Institution）常常在很多文献资料或实际工

作中加以运用。诸如"探讨中国社会福利制度改革的目标及实现路径"（景天魁，2010：421），"社会保障制度研究的内容主要局限于国家社会福利制度"（陈银娥，2004）。钱宁教授认为，社会福利是一种制度，是人类社会为达到事实上的福利目标而建立的某种制度设置（钱宁，2006）。王思斌教授指出，我国目前的社会福利制度应实现从补缺型福利向普惠型福利的过渡，构建适度普惠型社会福利制度（王思斌，2009）。这是把社会福利看作一种制度而存在（尚晓援，2001）。制度应该是指与社会、经济、政治、文化等紧密联系在一起的，带有全局性、宏观性、政策性、政治性、方向性以及管理特征的某种体系，如社会制度、宗法制度、经济制度等。而社会福利制度则是社会经济制度中的派生制度或附属制度，是在特定社会经济制度下，根据具体国情构建起来的，旨在保障公民基本生活、提升生活水平的一种国家制度。我们可以从以下两个方面来理解社会福利制度。

第一，政府介入是社会福利制度的基本特征。梅志里（Midgley）指出，制度主义最基本的一点是，社会福利通过政府机制得到最大限度的加强，制度主义的社会政策和项目具有法定权威、公共拨款、科层化及广覆盖等特征（景天魁、彭华民，2009）。之所以把社会福利制度看成国家制度，是因为通过政府机制，社会福利可以得到最大限度的强化与实施，即政府机制和政府干预是增进人民福利的有效途径，制度在其中起到十分重要的保障作用。国家作用的增强标志是政府通过法律、财政措施建立起为公民提供福利的制度，社会福利制度从无到有、从零散到健全，是社会福利发展的一条非常明晰的线索（景天魁、彭华民，2009）。无论是1601年的《伊丽莎白济贫法》，还是1883年、1884年以及1889年德国的三次社会保险法，抑或是1935年美国的《社会保障法》及1942年英国的《贝弗里奇报告》，都体现了政府介入福利制度中的重要作用。从社会福利制度安排到社会政策的制定与实施，没有政府的介入与推动，就没有作为制度而存在的社会福利，充其量只能是某些社会福利的项目举措。

第二，福利政策的刚性特征是社会福利制度的重要特征。与制度相联系，必然有相应的政策设计与实施以便制度得以落实。社会福利政策就是为社会福利制度的具体展开实施而制定的规则。作为福利制度下一层级的福利政策，必然具有其刚性特征。而福利政策的刚性又维护了社会福利制度的

"合法性、合理性和现实性"。福利政策具有政策对象的普遍性与政策实施的不可改变性特点。所谓政策对象的普遍性，是指福利政策的制定与实施不因对象不同而不同，只要在特定范围内与条件下，所有的社会成员都应该享受到制度性社会福利。所谓政策实施的不可改变性，特指在刚性原则下，政策所涉及的内容，不可以因人、因事而有任何改变，其政策实施标准是一致的。

2. 社会福利体制

"社会福利体制"（Social Welfare Regime）又称"社会福利模式"或者"社会福利范式"。"社会福利体制"的概念经常用于理想福利类型的划分，比如英国社会政策鼻祖蒂特马斯将社会福利分为三种模式："剩余福利模式""工作能力—成绩模式""制度性再分配模式"（Titmuss，1991：18～19）。除了蒂特马斯范式，关于福利体制的经典论述不能不提及丹麦学者艾斯平-安德森在《福利资本主义的三个世界》中的研究。

艾斯平-安德森（2003）以经济合作与发展组织中的 18 个国家为研究对象，以"非商品化"为主要的分析比较维度。所谓"非商品化"，即"个人福利相对地既独立于其收入之外又不受其购买力影响的保障程度"。另外，他将"社会权利"作为自己福利体制研究的起点，认为社会权利的扩展与非商品化程度呈正相关关系，即社会权利扩展程度越广，非商品化程度越高。在这样的研究框架下，艾斯平-安德森将福利体制划分为"自由主义体制"、"保守主义体制"与"社会民主主义体制"三种理想类型。由于认识到福利体制仅仅限于对资本主义福利国家的描述和分析所存在的不足，艾斯平-安德森在 20 世纪 90 年代末的著作中，修正和完善了他的观点。在《后工业经济的社会基础》一书中，艾斯平-安德森尽管仍然沿用了"福利国家"的分类方法，但他指出，资本主义福利国家"三个世界"的划分显然存在缺陷，因为存在第四种模式，比如澳大利亚模式、地中海模式和东亚模式（熊跃根，2008）。

从中文词源看，人们是将"体制"视为低于"制度"一个层面的概念来理解的。制度是宏观层面的框架设计，而体制则是在制度框架之内的运行秩序及程序。体制是形之于制度以外的运作方式与具体表现，是经济、政治、文化等社会生活各方面事务管理与运行的规范体系。例如，国家领导体制、经济体制、军事体制、教育体制、科技体制等。制度决定体制并由体制表现出来，体制的形成和发展要受制度的制约。一种制度可以通过不同的体制表现出来，例如，社会主义经济制度既可以采取计划经济体制的做法，也可以采取市场经济体制的做法。从广义上讲，制度、体制都属于制度范畴，既相互区别，又密不可分。制度制约体制，体制又对制度的巩固与发展起着积极的促进作用。

社会福利体制是在政府福利制度与政策的框架下，社会福利的具体推进运作方式及实施项目，或分类依据等。如艾斯平–安德森把"非商品化"作为依据，就划分出三种不同的福利体制。我国福利体制是在政府福利制度与政策的框架下，在"坚持全覆盖、保基本、多层次、可持续方针，以增强公平性、适应流动性、保证可持续性为重点，全面建成覆盖城乡居民的社会保障体系"① 的总体原则下，对具体对象、内容、实施方式，通过不同的规范性举措而加以展开的总称。不过，在实际生活中，我国使用福利体制概念者较为鲜见。

3. 社会福利体系

社会福利体系是由具有利他性与福利性特征的制度性、专业性、服务性，能够为公民的物质生活带来保障、精神生活带来慰藉，并提升他们生活质量的若干举措或手段而构成的"福利整体"。社会福利体系应该包括一切社会化的、给所有社会成员带来实质性的满足感、幸福感，能够解决他们实际问题的制度性、专业性、服务性的体系或制度。社会福利体系具有"福利性"、"社会性"与"系统性"的特点（周沛，2007a，2007b）。社会福利体系建设及其项目的实施就是社会福利责任基础、责任关系、责任结构重新选择、调整与界定的过程（高和荣，2012）。可以从四个维度来理解社会福利体系。

其一，社会福利体系是一个旨在保障公民基本生活和提升公民生活质量与社会福利水平的有机整体。社会福利体系不仅表现为对公民的基本生活保障，更把提升公民的生活质量和社会福利水平作为自己的目标追求，因此，社会福利体系不是单一的制度，而是系统的有机整体。其二，社会福利体系追求社会平等和公正。社会福利体系通过制度性、政策性以及专业化和职业

---

① 参见党的十八大报告，新华网，2012 年 11 月 19 日。

化的多元化手段，使社会成员共享平等的机会和机遇，共享改革开放和社会发展的成果。其三，社会福利对象的全民性。社会福利体系涉及多元化的福利手段，包括制度化的社会保障、普惠型的社会福利、专业化的社会服务等，因此，其福利对象应该是全体社会成员。其四，社会福利体系的非功利性和服务性。这是社会福利体系最明显的特征。无论社会保障、社会工作还是社会服务，其基本目标都是为社会成员提供非营利性、非功利性的社会服务，社会福利体系提供的是公共产品，以"利他主义"为基本理念及价值取向。

三　社会福利制度、社会福利体制与社会福利体系的关系

我们可以从福利供给主体、福利实施对象、福利供给内容、福利实现方式等视角来分析三者之区别。

1. 福利供给主体

社会福利制度强调的是"制度"，"制度"的设计者、规范者及推行者是政府，政府是社会福利制度的责任主体。政府承担着为全体公民提供社会救助、社会保障与公共福利的责任。社会福利制度中政府的主体责任表现为政策制定、组织推行、资金安排、监督落实等。从制度角度看，福利供给主体是一元的。

社会福利体制基于"市场"、"政府"与"家庭"这样的"福利三角"框架，强调"市场"、"政府"与"家庭"三类福利主体在不同的福利体制中的福利角色。比如按照艾斯平-安德森的论述，"自由主义体制"中，市场在福利提供中扮演核心角色，家庭与国家均处于边际性的地位；"保守主义体制"则是以家庭角色最为重要，国家扮演辅助性角色，而市场的作用只是边际性的；"社会民主主义体制"是以福利国家的角色为核心，而市场与家庭的作用只是边际性的。不同的福利运作体制，就有相应的不同主体，在这里，福利供给主体是三元的。

社会福利体系中的供给主体是包括政府、社区、社会组织、家庭、市场等在内的主体结构。政府是该体系的首要责任主体，社会组织是重要的辅助性主体，社区是社会福利体系的支撑性主体，家庭是社会福利体系的传统主

体，市场是社会福利体系的补充性主体。各主体各司其职，体现出福利供给主体的多元化特征。

2. 福利实施对象

社会福利制度中的福利实施对象是在宏观层面上，于"制度框架"范围内，"作为制度的社会福利"所面对的公民。无论国外通用的"广义福利"概念，还是国内归属于社会保障制度之内的"狭义福利"概念，都由制度"规定"了其福利实施对象是全体公民，也即对象上的"全覆盖"。如接受社会救助的弱势群体、参加社会保险的企业职工及就业群体，以及一些需要特殊照顾的群体，比如老年人、儿童以及残疾人等。

社会福利体制所涉及的对象，则是根据福利实施方式的不同而有差异的。不同的社会福利体制，其福利实施对象也相对各不相同。从艾斯平－安德森所论看，社会民主主义体制的客体范围最广泛，包括全体社会成员；自由主义体制的客体范围最为狭窄，主要指社会上不能自己解决基本生活的弱势者，"给付主要提供给那些低收入的、依靠国家救助的受保护者"（艾斯平－安德森，2003）；保守主义体制则涉及家庭等对象在福利供给中的作用。

社会福利体系的实施对象则较为微观与具体，是根据福利体系中各子系统的福利服务内容之不同而相对应的实施对象，包括制度化社会保障的覆盖对象、专业化社会工作的介入对象、社会支持网络中的服务对象等。尽管这里福利对象也是所有社会成员，但是，其侧重点不在于制度安排，而是根据福利项目来确定或分类。

3. 福利供给内容

社会福利制度是制度化的福利。我国主要包括最低层面的社会救助、基本层面的社会保险、特殊层面的社会优抚、狭义层面的"社会福利"，以及以国家政策为依据的各种福利项目，如新农保中60岁以上的农民每月可以从政府领取不少于55元的基础养老金等普惠型福利。制度化福利以物质性福利为主，以现金给付为福利供给主要方式，而服务性与精神性、心理性的福利供给则不属于制度化福利层面的内容。

社会福利体制是一个国家或地区福利安排的运作方式，其基本内容包括从市场、政府以及家庭所获得的一切物质性与非物质性的福利，不同的福利体制对应于侧重点不同的福利供给内容。自由主义体制强调个人在市场中的权利，注重寻求市场解决的方式，认为国家的介入越少越好。其基本内容是"劣等处置"原则调整基础上的家计调查式的社会救助与契约原则和保险精算原则基础上的社会保险方案相结合。"居支配地位的是经济调查式的社会救助、少量的普救式转移支付或作用有限的社会保险计划。"（艾斯平-安德森，2003）保守主义体制强调社会整合和国家强力介入的社会政策，国家提供基础公共年金与社会保险，但是同时又赋予家庭承担与提供福利的责任，让家庭取代福利国家来提供各种服务。而社会民主主义体制则是国民收入再分配基础上的普惠型福利，福利项目多，福利水平高。

社会福利体系是由具有福利性和利他性特征的制度性、专业性、服务性的，能为公民的物质生活带来保障、精神生活带来慰藉、提升他们生活质量的若干举措或手段构成的"福利整体"（周沛，2007a：32~33），是在福利制度与福利体制运作下所有福利项目的集合体。一个社会所有的福利内容都可以被归纳到福利体系中来，包括政府、社会组织、社区、家庭等提供的，涉及物质、心理、服务、文化、权利等各方面的福利项目。

4. 福利实现方式

社会福利制度的刚性与内容的政策性，决定了其供给方式的单一性。在制度框架下，福利供给严格按照政策规定执行，执行主体大多为政府职能部门。标准性的现金给付是其常用方式，如最低生活保障的申请与发放，社会保险的缴费、给付与管理，普惠型福利的具体实施，政府福利的具体落实等。

社会福利体制中福利的供给方式与该福利体制类型的具体特点密切相关。比如自由主义体制强调市场的、货币化的、具有等价交换性质的供给方式，其主要通过个人在市场得到福利与服务。保守主义体制以基于技术性的社会保险供给为主要特色，同时又强调家庭的福利供给责任，让家庭取代福利国家来提供各种服务。社会民主主义体制通过福利国家提供普惠式的福利与服务，服务型的供给方式明显（童星，2008：168~172）。

社会福利体系内容的多元性决定了其供给方式的多样化，传统的物质性、制度化的方式比如现金给付、实物发放等仍然发挥重要作用。除此之外，一些新型的方式，比如服务提供、心理援助、凭单兑换、资产建设、权利维护等方式也得到广泛运用。

本文认为，社会福利制度、社会福利体制与社会福利体系三者，是根据相对不同的视角，以不同的依据而得出的相对区别的概念，三者并非彼此绝对孤立的概念，而是存在一定的联系。社会福利制度是福利的顶层设计，在根本上明确了一个国家与地区社会福利的责任关系与基本特质；社会福利体制是社会福利制度得以实施的具体路径与措施，是制度的具体运作形式；社会福利体系则是以社会福利体制为基础的社会福利框架的具体展开。三者之间是一个由抽象到具体、由宏观到微观、由政策制定到福利实施的连接或连续的过程。

在"统筹推进城乡社会保障体系建设""增强公平性、适应流动性、保证可持续性"[①] 的背景下，"社会福利制度"与"社会福利体系"的提法更适合我国社会福利发展的实际。其一，国家层面要有完善的社会福利制度，包括福利制度安排、政策制定、经费投入等诸多方面，需要有政府的制度保证；其二，社会福利制度又需要加以具体化，要通过社会福利体系来加以落实。责任主体多元、福利对象全面覆盖、具体内容多层面、福利供给方式多样化的社会福利体系应得到更多的强调。构建适合中国国情的社会福利体系，是满足人民日益增长的物质文化需要的基本保证，也是促进社会稳定与社会发展的"推进器"。

参考文献

安东尼·吉登斯，2000，《第三条道路：社会民主主义的复兴》，郑戈译，北京大学出版社。

陈银娥，2004，《社会福利》，中国人民大学出版社。

高和荣，2012，《中国社会福利体系责任结构的顶层设计》，《吉林大学社会科学学报》第2期。

景天魁，2010，《福利社会学》，北京师范大学出版社。

景天魁、彭华民，2009，《西方社会福利理论前沿：论国家、社会、体制与政策》，中国社会出版社。

考斯塔·艾斯平-安德森，2003，《福利资本主义的三个世界》，郑秉文译，法律出版社。

钱宁，2006，《现代社会福利思想》，高等教育出版社。

---

① 参见党的十八大报告，新华网，2012年11月19日。

尚晓援，2001，《"社会福利"与"社会保障"再认识》，《中国社会科学》第 3 期。

童星，2008，《社会保障理论与制度》，江苏教育出版社。

王思斌，2009，《我国适度普惠型社会福利制度的建构》，《北京大学学报》（哲学社会科学版）第 3 期。

熊跃根，2008，《如何从比较的视野来认识社会福利与福利体制》，《社会保障研究》第 1 期。

周沛，2007a，《论社会福利的体系构建》，《南京大学学报》（哲学·人文科学·社会科学）第 6 期。

周沛，2007b，《社会福利体系研究》，中国劳动社会保障出版社。

Richard M. Titmuss，1991，《社会政策十讲》，江绍康译，商务印书馆。

Marshall，T. H. 1985. *Social Policy in the Twentieth Century*. London：Hutchinson.

基于"增进民生福祉"的制度性福利与服务性福利整合研究[*]

习近平总书记在党的十九大报告中指出，坚持在发展中保障和改善民生，"必须多谋民生之利、多解民生之忧，在发展中补齐民生短板、促进社会公平正义，在幼有所育、学有所教、劳有所得、病有所医、老有所养、住有所居、弱有所扶上不断取得新进展"（习近平，2017：23）。增进民生福祉是发展的根本目的，从社会保障视角看，就是要保障群众的基本生活，"按照兜底线、织密网、建机制的要求，全面建成覆盖全民、城乡统筹、权责清晰、保障适度、可持续的多层次社会保障体系"，做到"保障适度"（习近平，2017：47），免除民众"衣食住行、生老病死"的后顾之忧；从社会福利视角看，就是要为民众不断提高生活水平，改善生活质量，不断满足人民日益增长的美好生活需要；从福利多元化视角看，就是要整合多方面的福利资源、内容及其供给方式，以使福利达到最大化，"保证全体人民在共建共享发展中有更多获得感，不断促进人的全面发展、全体人民共同富裕"（习近平，2017：23）。

民生福祉涉及的范围较为广泛，从福利的供给主体与形成机制看，以"制度性福利"及"服务性福利"为主要类别。二者从不同的侧面，以不同的方式，面对不同需求的对象，提供不同项目的福利。在中国，由于体制机制方面的缘由，制度性福利与服务性福利的实施存在"各自为政"的倾向，二者不能相互衔接形成合力，在一定程度上减弱了福利供给的效能，降低了

---

* 原文刊载于《东岳论丛》2018 年第 5 期，收入本书时做了文字修订。该文为笔者给博士生讲授"社会福利理论与实践"课程所思而作。人大复印报刊资料《社会保障制度》2018 年第 8 期全文转载。

福利设计的目标预期。本文从"增进民生福祉"的视角，就"制度性福利"与"服务性福利"的整合问题进行分析。

一 福利及"制度性福利"与"服务性福利"

社会福利是关乎民生、关乎社会发展的重要制度安排与政策措施，是社会建设与社会治理中不可或缺的内容。在工业化、城市化和现代化的进程中，由于资源占有的差异性和制度安排的冲突性，必然会出现诸如贫困、失业、疾病、老年、残疾及相关依靠自身及家庭能力不能很好解决的问题。为公民提供必要的社会福利，是一个负责任的政府所必须努力做到并且要做好的公共事务。社会福利是现代文明社会发展过程中的必要内容，是个体和群体所致力追求的理想及为之实践的目标；社会福利水平之高低是衡量一个社会发展程度之重要标志。随着社会经济的不断发展，社会福利的涉及面必将越来越广，其福利程度也将越来越高。

学者对福利的认知和界定不尽一致，但总体内涵基本接近。一般来说，中文中的福利与"福祉"是同一个层面的概念。从本质上看，福利包括物质和精神内容的"福"与"利"，是一种幸福和利益的结合体。《后汉书·仲长统列传》之《理乱篇》有"使奸人擅无穷之福利，而善士挂不赦之罪辜"的论述，"福利"具有物质层面的"幸福和利益"的意思。而韩愈在《与孟尚书书》中的"何有去圣人之道，舍先王之法，而从夷狄之教，以求福利也"之"福利"，则指向了强调人们精神层面的幸福感与满足感（转引自景天魁，2010：4）。从英文看，福利可以用四个单词加以表述：welfare、well-being、benefit、interest。后三个单词主要指"安宁""幸福""利益""好处""恩惠"等，这是微观层面的，仅限于对于个体或少数人的利益供给，缺乏福利的公共性与社会性，因此，我们不认为其是对"福利"的最好表述。如果从公共性、社会性角度看广大社会成员所享有的"幸福"，则welfare一词能够很好地反映出福利的内涵。从词源上看，英文的"福利"为well与fare之组合，意指"美好的生活"。福利是幸福、快乐、健康的生活状态，一种好的生活状态或满意的生活质量，是个体或群体所追求的理想目标。为此，福利应当具有三个方面的含义。

第一，基本生活保障。在任何时期，广大社会成员的基本物质生活，包括衣食住行医等物质生活的方方面面，都必须得到基本保障与满足。通过制度化的社会保障，为社会成员提供基本就业、基本医疗、基本养老等生活福利。对于特殊弱势群体，政府及社会通过社会救助等方式为其提供救助金或生活资料，以保障其基本生活。这是福利的基本层面。第二，生活条件改善，生活质量提高。如果说社会保障的目标定位是保障基本生活，那么，社会福利的目标定位应该是在保障基本生活的基础上，不断改善生活条件，提高生活质量。生活条件的改善与生活质量的提高，乃是社会福利的本质所在与价值追求。随着社会的进步与经济的发展，人们对物质与精神生活的追求日益加强，对生活条件和生活质量的要求越来越高。不断改善全社会民众的生活条件，提高其生活质量，实施普惠型福利，是福利发展的本质要求与具体层面。第三，生活状况的满足程度。福利具有客观性与主观性两种属性：一方面是客观的福利供给与获得，即政府及社会为民众提供了多少福利项目及多高水平的福利，民众获得了多少具体实际的物质性福利；另一方面是民众对获得的福利之主观认可与评价，即他们是否在心理上对其生活状况感到"幸福"与"满足"，是否有"获得感"。如同安东尼·吉登斯所言，"福利在本质上不是一个经济学概念，而是一个心理学概念，它关乎个人的幸福"（吉登斯，2000：121）。生活状况的满足程度与"获得感"，是对福利实施的最佳效果评价，是福利客观与主观属性的最好统一。

福利的客观状况是个体和群体获得幸福和快乐的重要物质基础；而福利的主观感受则在很大程度上决定着对福利供给的评价与认可，二者缺一不可，是有机联系在一起的一个问题的两个方面。正如马歇尔所言："福利与对状况良好、幸福的体验和良好状况的形成条件有着复杂的联系。说一个人活得好，是指他实际生活得好并且感觉也好（doing well and feeling well）。"（Marshall，1985：12）由此看来，福利是一个涉及物质与精神层面的复合体，是社会发展中个体与群体永恒的目标追求与价值选择。从福利保障[①]和表现形式看，社会福利存在作为"制度的福利"及"状态的福利"两种形式（尚晓援，2001）。前者是国家层面的制度安排和政策设计，后者是福利

---

① 这里的福利保障，特指使福利得以顺利实施的制度及政策"保障"。

制度实施后的效果表现。现实生活中，作为"状态的福利"，并非仅仅由"制度的福利"导致，尚有一些非制度层面的，特别是服务层面的福利，能为民众带来较为实际的"福利状态"。为此，根据这一思路继续探索，我们可以从供给主体、供给内容及供给方式等角度，将福利分为"制度性福利"与"服务性福利"。

制度性福利是以政府为主体，以法律为依据，以政策为标准，以货币为补偿，对公民所实行的刚性福利。现代社会保障是制度性福利的代表，集中体现了制度性福利的特征。1601 年英国的《伊丽莎白济贫法》通过立法的形式，明确了政府在社会救助中的主体责任。尽管其在实施过程中存在类似"福利依赖"的问题，但是，由于政府负起了主体责任，所以可以看成制度性福利。从社会保障发展脉络看，如果把 19 世纪 80 年代德国的"保险三法"① 看成现代社会保障制度形成的标志，那么，随着 1935 年美国《社会保障法》的颁布以及 1942 年英国《贝弗里奇报告》的出现，社会保障就被赋予了国家制度与政策的特征。Macarov（1995：252）认为，德国的社会保险制度、美国的社会保障制度和英国的《贝弗里奇报告》等都表明，国家已经将社会福利视为自己的责任。

社会保障是民生福祉的制度性安排与政策性设计，包括社会保险、社会救助、社会优抚及狭义福利等几个方面，是将社会安全措施落实到公民身上的具体举措。社会保障对于民生福祉之"幼有所育、学有所教、劳有所得、病有所医、老有所养、住有所居、弱有所扶"等内容具有最为基础性和直接性的推动作用。以社会保障为主要支撑的制度性福利，是国家的制度和政策，具有刚性特征，即对于特定的保障对象，在特定的保障项目上，其保障政策的执行是"无条件"的，不可改变的。作为"兜底线"的社会安全网，社会保障福利具有"保基本"及"保障适度"的特征；而建立在"风险共担"原则基础上的社会保险，则具有权利和义务相结合的特征。一方面，公民有获得社会保险的权利；另一方面，公民也有缴纳社会保险费的义务，二者必须统一。作为刚性的制度推进，社会保障亦具有"非跟进性特征"，即在具体操作性工作完成后，作为制度性和政策性的社会保障，其运作程序就

---

① 德国的"保险三法"：1883 年的《疾病保险法》、1884 年的《工伤保险法》、1889 年的《老年及残障保险法》。

宣告结束。至于被保障者的后续生活状况如何，并不是社会保障制度所涉及的范围。无论从制度设计理念还是从实际操作层面看，政策性社会保障制度在提供物质性福利的同时，并不涉及公民的服务性福利。

在服务性福利中，服务是指为服务需求者的便利和利益提供帮助的各种活动，如居家照顾，包括老年人照顾、残障人士照顾、有需要人士的照顾，以及心理疏导、能力建设等。服务性福利是以志愿组织、社区以及专业机构等为服务主体，以多元参与及协同合作为推进（李静、刘华清，2017：127），以"利他主义"为基本理念，以助人、解困、纾难等为主要形式，针对有需求人士开展的，旨在提高其生活质量的一系列具体活动。早期的服务肇始于慈善组织的发展。有学者指出，1869 年英国的慈善组织会社是"非政府社会福利的开端"。1884 年前后英美的睦邻组织运动强调通过提供社会服务来改善社区环境，并且鼓励社区成员积极参与社会行动。以慈善组织会社和睦邻组织运动为代表的志愿部门的兴起，不仅推动了制度化①的非政府社会福利的发展，而且推动了专业社会工作服务的发展（黄晨熹，2009：29），使得服务性福利更具有生命力和影响力。1935 年美国的《社会保障法》及1942 年英国的《贝弗里奇报告》出台之后，政府在民众的基本生活、医疗、就业、养老等方面承担了道义上和经济上的责任，以国家为责任主体的现代福利制度最终形成。20 世纪 70 年代初的"石油危机"，使得福利国家面临多重困难，福利供给中的财政可持续性受到极大影响，政府对福利开支的削减也在所难免。在这种背景下，福利多元主义应运而生，提出了福利不应该局限于政府，而应由多个部门，如志愿部门、私营部门和非正式部门等共同提供的主张。美国 1974 年的《社会保障法》修正案就提出可以由政府购买服务。此后，除政府福利外，社会各界通过服务等形式为民众提供福利成为一种"常态"，特别是随着以"助人自助"为基本理念的社会工作的专业化介入与发展，服务性福利越来越成为政府福利的重要补充。

服务性福利是通过相关服务组织与机构的多种具体服务，形成与带来福利，惠及服务接受者。在服务性福利中，最有代表性的是以专业化、服务性为特征的社会工作。在秉持以人为本、助人自助的基本理念的基础上，通过

---

① 此处的"制度化"并非指政府为主体的"制度化"，而是指非政府福利发展中的服务的"制度化"。二者不是一个内涵。

具体的社会工作实务，提高受助者的能力、增强其权力、激发其潜力，使其能够适应环境，改变自己。社会工作的基本理念和具体实务，使其具有"天然的"福利性质。社会工作福利一是具有助人性，即通过助人自助来达到福利递送的目的；二是具有服务性，即通过各种专业性服务，使得受助者得到实际的福利；三是具有激励性，即通过对受助者的潜能发掘、能力建设等过程，使其能够正视与重塑自己，以良好的心态和全新的心境投入生活和工作，这就是最大的福利形成与供给。

社会工作本身未必是国家制度与社会政策，尽管其要受制度与政策的影响与制约。在社会福利体系中，社会工作的福利特征决定了其福利供给具有服务性、社会性、民间性，对于民生福祉中"幼有所育、学有所教、劳有所得、病有所医、老有所养、住有所居、弱有所扶"（习近平，2017：23）等内容，具有补充、辅助的推动功能。但是，由于服务对象的特殊性、服务效果的非直接性、实施过程的柔性以及服务内容的多样性等特征，相对于制度性福利的社会保障，服务性社会工作对于民生福祉推进的力度还不够，功能发挥不明显，社会对其福利认知度也较低。

二 "制度性福利"与"服务性福利"历史发展脉络及实施分离弊端

由于福利实施的主体、对象、依据、内容及方式的不同，"制度性福利"与"服务性福利"往往是"各自为政"的两种运作模式，在实际运作过程中，二者彼此分离，缺乏整合。

为了应对流民和贫困问题，英国政府不得不采取惩罚性措施和有针对性的救济，于1601年颁布了《伊丽莎白济贫法》，但政府为主体的济贫与民间救助也不是一回事。政府的"制度性福利"是以立法的形式对全国的贫民实施生活救济制度，确立了政府在社会救济中的责任。政府的责任一方面是法律规定的责任，另一方面是通过征税而对弱势者的财政支持。而"服务性福利"则是对无工作能力者及无依无靠的儿童，给予专门化服务，开创了社会工作的类型化方式。至少在救济的主体、内容及方式上，"制度性福利"与"服务性福利"是"各行其道"的。

以 18 世纪 80 年代和 19 世纪 80 年代德国社会救助与社会保险制度为例，能清楚地说明"制度性福利"与"服务性福利"之间运行与实施的两种不同途径。1788 年，德国汉堡市出台了一套救济方案，即"汉堡制"①，由专门服务机构和专门服务人员通过家庭访视、贫困预防及救助等，对贫困者进行救助服务。1852 年，德国另一个小市镇爱尔伯福，模仿"汉堡制"并且予以改良推行社会救助。该制度综合救济方式，综合管理救济工作。赈济员负责审核求助者资格，并办理本地区内有关贫穷的预防工作，如介绍职业、训练与管理游民等。爱尔伯福制强调行政权集中，提高行政效率；强调通过救助促使受助者自立；强调救助服务过程中的家庭访问。随着城市人口的增多，原有的汉堡制与爱尔伯福制渐渐不能适应时代的要求，到 1892 年，德国又出现了"新汉堡制"，其特点是改革一些过时的运作方式与救助方式，将救助加以分类与细化，以提升服务性福利的效果。尽管德国的汉堡制和爱尔伯福制在实施中有政府的介入和支持，但是就其福利（救助）供给方式来说，明显是一种"服务性福利"。此后，出于缓和国内劳资矛盾，免除工业劳动者后顾之忧的考虑，德国政府在 19 世纪 80 年代出台了"保险三法"，即 1883 年的《疾病保险法》、1884 年的《工伤保险法》以及 1889 年的《老年及残障保险法》，开创性地建立了现代社会保障制度的雏形。从福利供给主体及特征看，这无疑是一种"制度性福利"。②

"制度性福利"与"服务性福利"应该是近现代社会并行的两种福利运作模式，共同构建起社会福利的框架，为民众，特别是弱势者的生存与发展提供了较为系统的基础条件。之所以在实际工作中，制度性福利与服务性福利存在"各自为政"的现象，盖由于二者间在分类上各有其不同的特点。

主体性质的不同。"制度性福利"之主体当为政府，政府对民众的基本

---

① 方案规定将全市分为 60 个社区，每区设监督员 1 人，负责对该区贫民进行调查和救济。市政府设立一个中央办事机构，联络各社会救济机构协同工作，总理全市的济贫业务，包括为失业者介绍工作、给贫困者提供救济、将贫苦儿童送往工艺学校学习就业技能、把患病而自己无钱诊治者送往医院治疗等。同时，规定市民对沿门乞讨者不准任意施舍，以避免一些乞讨者成为好逸恶劳的懒汉，从而有助于城市的市容管理。募捐晚祷献金，建立统一的慈善金库。
② 德国的"保险三法"之"责任共担"原则，也是当代社会保险制度的基本原则。因此，可以把"保险三法"看成现代社会保障制度建立的雏形。由于保险制度是以政府发布的相关法律为依据的，因此又可以据此认为是"制度性福利"。

生活保障、社会救助、社会保险等，负有不可推卸的主体责任。从 1601 年的《伊丽莎白济贫法》、19 世纪 80 年代的德国"保险三法"，到 1935 年美国的《社会保障法》和 1942 年英国的《贝弗里奇报告》，都凸显了政府在福利供给中的主体责任。这是一种制度性的、刚性的福利供给路径。"服务性福利"的供给主体为社会中的服务组织及机构、社区甚至家庭及个人，如果说制度性福利是一元主体，那么服务性福利则为多元化主体。由于两种福利体系的主体不同，所以，在具体的福利实施过程中，制度性福利和服务性福利往往出现互不对接的分离现象。

对象与内容的不同。从总体上看，"制度性福利"与"服务性福利"之福利对象和内容各有所指，又相互交叉。说其各有所指，是指两种福利的目标指向不同。前者从制度出发，对应的是能够得到国家保障和社会保险的劳动者及公民。在现代社会，每个人都应该被社会保障制度覆盖，因此，制度性福利是刚性的，福利内容指向的对象是特定的。比如社会救助就是指向不能依靠自己的力量解决自身基本生活问题的弱势者，社会保险就是为劳动者免除后顾之忧。后者则是指向"有需求人士"，为其提供内容各异的服务。作为社会群体及个体，个人的服务"需求"不尽一致，因此服务性福利是多元的和多指向的。说其相互交叉，是指制度性福利中的社会救助、社会保险等内容及相应的对象，亦需得到相应跟进式服务，制度性福利接受者也是服务性福利的实施对象；服务性福利的服务对象的基本生活与福利，也得益于制度性福利之保障。由于二者间对象与内容的不同，在实际福利推进中，出现类似"各自为政"的现象也就不足为奇了。

目标定位的不同。制度性福利的目标定位一般是保障民众的基本生活，尽管基本生活标准具有相对性，但是，通过制度性福利如社会救助、社会保险等举措来保障公民的基本生活，是世界各国的通行做法。无论是 19 世纪德国的"保险三法"、1935 年美国的《社会保障法》，还是 1942 年英国的《贝弗里奇报告》，都清楚地表明并实践了这一点，[①] 这也是国家制度性福利的基本价值取向。服务性福利的目标定位则是解民众之所需，缓民众之所急，对于基层社区民众的安老帮弱、助残扶困、慈幼恤孤等，从事直接的、

---

① 如《贝弗里奇报告》中提出的四大原则之一"保障基本生活原则"。

具体的服务工作，以增进民众的生活福祉为追求。由于目标定位不同，在实践中很容易被分割成两种类型的福利实施模式——保障基本生活与提升福利水平，如果不对之加以整合，处于较低层面的基本生活保障接受者就难以上升到较高福利层面的服务接受者。

福利实施方式不同。制度性福利以国家法律为依据，以政策为准绳，具有内容的全面性与依据的刚性特征。全面性指制度性福利涉及民众的社会救助、社会保险、住房保障、教育保障等从"基本保障到保障适度"事关民众基本生活的内容；刚性特征是指作为一项制度与政策，在其执行过程中有严格标准依据而不可更改。服务性福利如社会工作则以服务或专业性服务见长，涉及安老助残、慈幼恤孤、心理疏导等提升福利水平的具体举措。福利实施方式的不同，使得制度性福利与服务性福利在福利实施时间及福利实施内容上产生一定的错位而难以直接对接。

由于制度性福利和服务性福利分属不同的实施主体，具有不同的对象与内容，目标定位不同，因此，在福利的实际推行中，可以看作福利的不同运行轨迹与路径。制度性福利是福利的基石与基础，服务性福利是福利的完善与提升。在具体福利实施过程中，基于多种缘由，制度性福利与服务性福利间的不对接，事实上减弱了社会福利的效能。制度性福利与服务性福利的隔离与错位，导致福利实施和福利接受过程中存在福利内容的"非衔接性与非完整性"的弊端。

福利是一个系统，也是一个过程。每一个具体福利内容需要一定的连续性和延续性，方可让福利接受者具有现实的"获得感"。以我国最低生活保障为例，其作为社会保障制度中的社会救助项目，是制度性福利。[①] 从操作程序看，低保申请者在经过了一系列的申请、家计调查、社区公示之后，就可以领取最低生活保障金。作为制度，在低保申请者领取低保金之后，其运行程序就告结束；至于低保户及困难者领取低保金后是否还有什么困难，其心理状况如何等，已经超越了社会保障制度的运行范围而无法在制度性福利中得到解决或体现。再以养老保险及失业保险为例，退休人员及失业人员在

---

① 根据威伦斯基（Harold Wilensky）和李宾士（Charles Lebeaux）的观点，低保是为无法自助者提供暂时的和补偿性的社会救助，应该属于"剩余性福利"。本文考虑到低保的责任主体是政府，因此把其归入"制度性福利"。

按照规定领取了养老金和失业金之后，能否满足其实际所需，其生活状况怎样，"获得感"如何，还有什么困难和要求等，这些都是制度性福利程序所不包括的；而服务性福利则对之有很好的服务弥补作用。但是，遗憾的是，在现实生活中，制度性福利和服务性福利二者之间在制度设计上各为一体，互不衔接，存在分离的现象；更有甚者，二者的分离，还会导致福利需求者与福利接受者的福利中断，从而减弱了制度性福利的作用。为此，必须整合制度性福利与服务性福利，使之成为一个连续和完整的福利体系，以更好地"增进民生福祉"。

三　增进民生福祉过程中"制度性福利"
与"服务性福利"整合路径

随着社会经济的快速发展，改善生活条件，提高生活质量，过美好生活，已经是新时代人民群众日益增长的需要。"增进民生福祉""保障适度"是提升人民生活水平的主要方式。党的十九大报告指出要"提高保障和改善民生水平"，"保障群众基本生活，不断满足人民日益增长的美好生活需要，不断促进社会公平正义"，"建立全国统一的社会保险公共服务平台。统筹城乡社会救助体系，完善最低生活保障制度……完善社会救助、社会福利、慈善事业、优抚安置等制度，健全农村留守儿童和妇女、老年人关爱服务体系。发展残疾人事业，加强残疾康复服务"，对社会成员及特殊群体的保障性基本生活福利及服务性福利做了清晰的顶层设计。为了最大限度增进民生福祉，我们需要在实际工作中整合制度性福利与服务性福利，以形成新的福利合力，推动我国社会福利制度建设；为"保障群众基本生活，不断满足人民日益增长的美好生活需要，不断促进社会公平正义"做出应有的贡献。

其一，理论上进一步厘清与确定"大福利"概念。与发达国家和地区不同，长期以来，我国以社会保障制度的建设与完善为主，对"社会福利"的认识往往停留在民政部门对特殊弱势群体的福利服务上，如残疾人福利院、儿童福利院、五保户服务等"小福利"。"小福利"具有不完整性或"狭隘性"，"大福利是多元主体共同提供福利支持的社会福利。大福利概念中的福利供给主体包括政府组织、市场组织和社会组织（即民间组织）等现代社会中的三大部门，最主要的组织包括家庭、政府、单位和非营利组织（或慈善组织），其中最重要的是政府"（景天魁、毕天云，2009）。"大福利"的理念及制度设计，无疑包括"增进民生福祉"的目标，从福利多元化的视角，把社会保障、社会工作、公共服务等一切有助于增进民生福祉的制度性与政策性举措、专业性手法、网络性社会服务等，都纳入"大福利"的范畴，对于促进我国民生建设具有极为重要的理论意义与应用价值。

其二，体制上制度性福利与服务性福利的对接。针对制度性福利与服务性福利事实上"各自为政"的现象，必须采取多种措施，在福利实施过程中，使二者能够对接而成为一个"福利整体"。长期以来，我国的社会保障与社会服务，包括社会工作等分属于不同的管理单位。如社会救助是民政部门管理与实施，社会保险是社保部门管理与实施，社会服务及社会工作是民政部门与街道/社区管理与推进，可谓主体多元，管理多婆。这种"九龙治水"的管理方式，缺乏各福利举措与内容方面的整合，降低了福利整体效能。鉴于此，需要在顶层设计上，从"大部制""大福利"视角出发，实现管理和实施主体的整合与统一，使得社会保障之社会救助、社会保险以及社会工作、社会服务等在具体运作中，实现职能和业务的对接。在福利提供上，要实现制度性福利与服务性福利的功能对接；在具体福利接受对象上，要实现福利的跟进与延伸对接。可喜的是，随着政府职能部门的机构改革，由统一的部门来管理和实施制度性福利与服务性福利，使之相互整合以提升社会福利的效能，将逐渐成为可能。

其三，具体实施上的福利整合基层试点。鉴于福利职能部门的相对独立性与福利功能的分散性，在暂时还无法统一社保与民政等部门及服务机构的福利制度、福利项目的情况下，可以先在街道或社区进行社会福利整合试点，即在不增加机构与人员的前提下，由负责民生福祉的社会保障、社会工作及社会服务的机构人员，为辖区内的社保对象、服务对象建档立卡，统一社会保障、社会工作及社会服务的福利供给与整合工作，使接受了刚性社会保障的福利获得者，能够得到柔性社会工作及社会服务的对接与跟进，增强和延伸社区民众的福利获得感。根据基层街道及社区的实践，这一设想是现实可行的。可以进一步扩大福利的实施和操作范围，提升福利整体效果，最终达到制度性福利和服务性福利的无缝对接，为民生福祉、民众福利最大化和高效化做出应有的贡献。

参考文献

安东尼·吉登斯，2000，《第三条道路：社会民主主义的复兴》，郑戈译，北京大学出版社。

黄晨熹，2009，《社会福利》，上海人民出版社。

景天魁，2010，《福利社会学》，北京师范大学出版社。

景天魁、毕天云，2009，《从小福利迈向大福利：中国特色福利制度的新阶段》，《理论前沿》第 11 期。

李静、刘华清，2017，《残疾人精准扶贫方略：基于发展型社会政策的思考》，《残疾人发展理论研究》第 1 期。

尚晓援，2001，《"社会福利"与"社会保障"再认识》，《中国社会科学》第 3 期。

习近平，2017，《决胜全面建成小康社会 夺取新时代中国特色社会主义伟大胜利——在中国共产党第十九次全国代表大会上的报告》，人民出版社。

Macarov，D. 1995. *Social Welfare*：*Structure and Practice*. Thousand Oaks：Sage Publication.

Marshall，T. H. 1985. *Social Policy in the Twentieth Century*. London：Hutchinson.

第二编

社会工作理念与实务

社区照顾：社会转型过程中不可忽视的
社区工作模式*

在社会经济的转型过程中，由于多方面的原因，无论在城市社区还是农村社区，都存在许多亟待解决的社会问题。其中最为突出的就是社会弱势群体及其所面对的具体问题，如失业下岗者的再就业问题、老年人的医疗和护理问题、贫困家庭的纾困问题等。社会弱势群体问题已经引起了社会各界的密切关注，政府部门和社会机构纷纷采取"送温暖工程"以及其他措施来最大限度地缓解他们所承受的压力并取得了一定的成效。但是，这些措施只是一种临时性的社会救济，社区资源没有得到很好的调动和应用，弱势群体的问题没有得到很好的解决，因此还不能认为是一种专业化、制度化、社会化的社会救助。本文试图从社会工作的方法或模式之一——社区社会工作的角度，就社区照顾在社区问题解决过程中的作用做一概要分析。

一　社区照顾的基本含义、缘起及发展

社区照顾是社会工作中的一个专门术语和一项专门工作。在专业化和职业化的社会工作中，社区照顾是社区社会工作者与社区成员直接面对面互动的具体过程，是解决社区居民特殊困难的一种方法和途径。所谓社区照顾，是专业性的社区工作者动员和调动社区资源，运用正式的和非正式的支持网络，联络社区内政府和非政府的机构，通过合作和协调，以正式合法的社会服务机构和服务网络来为有需要的人提供的援助性服务。为了更清楚地说明

*　原文刊载于《南京大学学报》2002 年第 5 期，收入本书时做了文字修订。该文是笔者给本科生讲授"社区社会工作"课程所思而作。《新华文摘》2002 年第 12 期报刊文章篇目辑览。

这一点，我们可以从四个方面对此做展开性理解。

第一，社区照顾是一个社区服务网络。这个服务网络包括家人、邻里、朋友、各种民间服务组织、政府有关部门、义工、社工、志愿服务者等，这些个人、团体或组织构成了社区内社会救助与社会照顾的系统和网络。第二，社区照顾是一个社会服务过程。在社区照顾网络中，社区工作者结合有关人士和有关组织，在深入调查研究的基础上，调动社区资源，有步骤、有计划地为有实际困难而需要帮助的社区居民提供必要的物质援助和精神帮助。这种服务不可能一蹴而就，而是随着社区的发展变化和照顾对象各种需求的变化而不断反复进行。第三，社区照顾是一种专业化和职业化的社区工作模式。社区照顾与工业社会初期建立在慈善和互济基础上的社会救济不同，也与我国现阶段集中在某一时段内的"送温暖工程"相异，社区照顾是专业化、职业化社区社会工作的一种方式，是社区工作内在的和必然的过程。社区照顾要通过专业的甚至是职业的社区工作者的努力工作，发动社区群众，建立社区网络来加以实施，而非一般意义上的"访贫问苦""嘘寒问暖"或简单地做好人好事。因此说，社区照顾也是一项专门化的、有专业知识与技巧的、有专门人员组织的专业化和职业化的服务工作。第四，社区照顾有其特定的对象。社区照顾的对象生活在社区内，但不是所有的社区成员都需要社区照顾，那些通过自己的努力或本来就有能力解决和克服困难的居民，并不能作为社区照顾的对象。社区社会工作意义上的专业性社区照顾的对象，主要是指社区内有特殊困难而不能依靠自己的力量加以解决且需要较长时间照顾的个体及其家庭，比如失去生活依靠、生活来源、生活自理能力的老人、慢性病患者、精神病患者、各种残疾者、贫困家庭，再如一些单亲家庭的儿童、白天家中无人而不能解决午餐的学龄儿童、有生活来源但无人照料和陪伴的老人等。很明显，如果仅靠政府的力量还无法解决这类个体和家庭所面临的问题，而家庭的小型化及其功能的社会化也使其无力应对这类原本属于家庭范围的问题。为此，家庭照顾的社会化——社区照顾就成了社区发展中不可或缺的有机组成部分。

作为社区社会工作中的专业概念和工作模式，社区照顾起源于 20 世纪 50 年代的英国。当时，英国有不少所谓的"院舍服务"，如儿童院、精神病院、老人院等，对一些需要帮助的人进行"机构式的收容"。但是，一些人对此持有异议，他们认为这种方式会使得被收容者在心理上受到伤害，限制了他们独立生活的能力，因而提出"反院舍化"，希望把院舍服务改为社区服务，即在社区内为需要照顾的人提供服务。1980年以后，英国政府以社区照顾为其主要的社会福利哲学，试图改变地方政府的服务提供者角色以减少政府的开支，并且鼓励更多的非正式服务及私有化服务的开展。1982年，英国社会工作研究院发表《巴克力报告》（Barclay's Report），其中建议推行社区社会工作，由社会工作者担任网络的维系者，使社区中的人际关系得以充分发挥作用，支持身处困境的人，使他们能够得到有效的社区照顾。1989年，英国政府发表"社会福利白皮书"，重申社区照顾这一概念的重要性，指出要满足社区需要，必须发展社区资源和强化社区的照顾能力（苏景辉，1997）。

在中国香港，社区照顾的推行首先和安老服务结合在一起。1973年，在安老服务过程中引入了专业性的社区照顾概念，老人服务工作小组提议居家照顾服务，协助老人继续留在社区内生活成为社区一分子，以避免老人脱离自己所属的社区。1977年，港英当局发表安老服务程序计划，确认社区照顾为推行安老服务的指导原则，强调为高龄人士建立关怀社区的重要性。到1991年，港英当局也强调了运用社会支持网络策略的重要性，以期让家庭、老人及残疾者在社区内能得到更好的生活。1993年，时任港督彭定康在其施政报告中也提到要推行一项影响深远的计划，为病人、智障者和需要特殊照顾的家庭提供服务（甘炳光、梁祖彬，1998）。基层的社区工作者和志愿机构已带头在其他的社会福利服务中引入社区照顾的理念及工作手法，并做出多方面的实践，如针对单亲家庭、精神病患者、长期患病者、智障者等服务对象，把这类服务纳入社区照顾的工作范围，取得了很好的社会效果。

在传统计划经济模式下，政府和单位提供的福利并没有使社会问题得到很好的解决。在市场经济条件下，随着社会经济的快速发展和老龄化社会的到来，我国城市和农村社区中个人所面对的社会经济风险呈上升趋势，需要帮助和援助的人越来越多，家庭功能的社会化趋势也呼唤着专业化、社会化的社区照顾。如计划生育政策的推行，独生子女的出现，使得老年人的养老、医疗、照料成了城市社区甚至农村社区的一个涉及面很广的社会问题。传统的对老年人的家庭照顾模式由于现代社会小家庭养老功能的弱化而显得力不从心，许多老年人一方面得不到很好的家庭照料，另一方面也不得不待在家中，失去了社区交往的机会，这造成一些人的心理疾病。再如，一些患病者由于多种原因卧床在家，没有专业性的照顾，给本人、家人甚至社会都带来了极大的负担。这些现象说明，尽快建立和完善符合我国城乡社区实际情况的社区照顾制度是十分必要和重要的。

二 社区照顾的目标和功能

社区照顾是社区社会工作中的重要内容和工作方式，是社区社会工作具体开展中不可或缺和遗漏的组成部分。一方面，社区照顾可以解决社区居民的具体困难和具体问题；另一方面，社区照顾更有推动社区建设和社区发展的目标和功能。

从社区照顾的目标来看，其一，推进社区问题的解决。社区照顾的最终和最主要的目标应该是解决社区中那些仅靠政府部门或群众团体无法很好解决的社区问题，如老年人服务、少儿服务、家政服务、社区援助等社区问题，以达到补充、扩展、提升社区保障和社区福利之目的。其二，促进社区互助意识的形成。社区互助意识的确立不能仅仅靠口头上的宣传和提倡，更重要的是必须通过实际的社区行动来加以强化。通过互助互爱的社区照顾，社区成员逐渐创建一种互助互爱的人际关系和"老吾老以及人之老，幼吾幼以及人之幼"的氛围，努力使得现代社区成为一个充满关怀的社区。其三，增强社区成员的社区参与意识。无论是社区建设、社区发展还是社区社会工作，都需要社区成员的积极参与，因为社区成员不仅是社区社会工作的对象，更是社区事务的主体，也是社区工作的主体。社区照顾的目标除了提供物质和精神照顾以外，还有通过照顾的施行，使得被照顾者和照顾者在社区内实现互动，促使社区成员社区参与意识的形成与强化。其四，唤起社区居民的社区融入。在计划经济的"单位人"时代，人们几乎没有社区概念，也缺乏社区融入的意识。而社区照顾则可以使社区工作者和服务对象主动地融入社区，使案主意识到自己是社区一分子，从而增强他们的社区融入意识，使其自觉做"社区人"，为社区建设和社区工作做出自己的贡献。其五，建立政府机构和社区组织的合作伙伴关系。政府机构和社区群体或组织在社区发展中有着不同的职能，但是二者的目标是一致的，因而，政府机构和社区群体或组织不是各自为政，而是相辅相成，互补长短，建立一种在社区工作、社区照顾中的合作伙伴关系。

由此看来，社区照顾的功能有以下四个方面。首先，促成社区成员之间的多向支持和关怀，扩大社区安全网的影响范围，提升社区工作的功能。在特定的范围和地域内，社区成员和居民之间都有互相照顾、互相关怀的责任，也有接受关怀和照顾的愿望和权利。在农耕社会，人们就有守邻相望、互相照应的优良传统，所谓"远亲不如近邻"就很好地反映出邻里之间相互照顾的必要性和重要性。较之于农耕社会的邻里及其相互照应，现代社会中的社区在空间范围上要大得多，照顾的内容和项目也要复杂得多，传统的邻里之间的相互照应已经无法适应时代的要求，而社区照顾则能较好地利用社区资源，把人们之间的互相关怀和帮助推广到整个社区。这也就是英国学者巴利所说的"在社区内照顾"（care in the community）的主要意义（Bayley，1997）。

其次，通过社区照顾，使有特殊困难而需要帮助的人及其家庭能够得到不同程度、不同形式的物质和精神上的援助和支持，从而能够保持被帮助者健康的生活方式和正常的生活水平，并且把家庭的某些功能社会化，从而减轻家庭的物质和精神负担，加强社会整合。这也就是巴利所说的"由社区照顾"（care by the community）的主要功能（Bayley，1997）。

再次，促进社区内良好人际关系的确立。随着城市化的加速发展，城市社区的人际关系在某种程度上有一定的淡化。在农村社区，家庭联产承包责任制使得农民的劳作较为分散，这在一定程度上影响了互助行为的形成和发展。但是，近些年社区发展和社区建设的加快，也在客观上为社区照顾提供了良好的前提条件。中国传统文化中重视人情、义气、伦理，这是强化社区互动的宝贵资源，通过社区照顾的过程，必能增强社区成员的凝聚力，促进社区的发展。

最后，从宏观上看，通过社区照顾，社区工作者向社区成员灌输互帮互助的精神，对于有困难的成员或家庭在进行援助的同时鼓励其走向社区，这就体现了社区的综合功能，使得社区成为有生气的、集多种功能于一体的社会实体。从微观上看，社区照顾使得有特殊困难的家庭和个人能够正常生活和工作，这无疑为社区建设和社区发展提供了基本条件。

三　社区照顾的模式选择和过程条件

作为社区社会工作的专业性内容，社区照顾在不同的服务对象和工作环境下有不同的模式选择和方法，并且有其特定的过程条件。我们试从一般意义上对之稍加讨论。

1. 社区照顾的模式选择

社区照顾就是以社区的资源和力量来为特定的弱势群体服务，根据发达国家和地区的经验，其模式大致有如下两种。

第一种是"专门机构模式"，就是在一个专门性的服务机构内，由社区工作者组织成立一个社区工作队，形成一个服务网络，调动和运用社区资源，对特定的服务对象进行服务和照顾。"专门机构模式"一般由政府或非政府部门在社区内成立专门的社区照顾机构，或在社区内既有的社会服务机构基础上再增加社区照顾的工作项目，以服务机构为中心，为需要照顾的人士提供服务。

第二种是"社区发展协会模式"，就是在社区范围内，由社区工作者联结相关专门服务机构和人员，成立社区照顾小组，由该小组协调有关方面形成覆盖整个社区的照顾网络。

"专门机构模式"的优点是，能够聘用专门的社会工作者担负服务的主要规划工作，督导各种网络的运作，所以服务较为专业，效果较好。但是，正因为这种模式需要专门机构，在经费、人力、场地、设施等方面的要求较高，所以专门机构的数量就受到一定限制，在社区内无法得到普遍推广。"社区发展协会模式"的优点是，不受专门机构的限制，可以利用现有的社区组织和有关的协会甚至利用家庭的力量，来推动社区照顾服务，普及性较高。但是，由于社区发展协会是志愿性团体和组织，因此，在经费等方面有一定困难，服务效果受到一定影响。

从我国城市社区来看，我们认为，这两种模式都可以应用，甚至可以并行不悖地运行。在一些大城市和条件较好的中等城市社区，可以实行类似"专门机构模式"的社区照顾。比如，以康复医院为中心机构，结合政府有关部门，负责社区老年人的照顾和残疾人照顾。再如以儿童福利院为中心，结合政府有关部门，负责社区失依儿童的照顾，等等。特别是我国已经进入老龄化社会，对老年人进行专门性的社区照顾是非常必要的，也是可行的。江苏省劳动和社会保障厅从 2001 年 11 月开始，准备用两年时间，把所有退休人员的日常管理服务从单位转入街道社区，由社区和劳动保障部门对退休人员进行统一管理，这就在很大程度上为"专门机构模式"的社区照顾提供了很好的条件。

在条件不具备的城市和农村社区，可以采取"社区发展协会模式"，由社区工作者组织和联系社区中有关人员和机构，调动和集中社区资源，组成社区发展协会，成立社区照顾小组，发动社区成员互相照顾，以形成覆盖社区的网络。如城市社区的社委会、居委会可以在社区工作者和志愿人员的帮助下，介绍社区家政服务人员进行老年人家庭照顾，或接洽医务人员上门服务等。

在同一个社区，以上两种模式可以同时运用，因为只有这样，才能扩大社区照顾的覆盖范围，达到社区工作的目的。

2. 社区照顾的过程条件

所谓过程条件，就是指在整个社区照顾的实施过程中所需要的基本条件。概要地看，社区照顾的过程条件有以下四个。

第一，资源调动。不管是采取"专门机构模式"还是采取"社区发展协会模式"，都需要调动社区资源。社区照顾资源可以从两个方面来界定：一是物质性资源，如财力、物力的筹集和集中，以解决社区照顾的需要；二是社会性资源，如人员和机构资源的调动和确定，以保证社区照顾能够得到真正落实。物质性资源除政府有关部门按政策的调拨之外，绝大多数往往需要社区工作者和社区照顾机构通过多种形式筹集解决，如社区募捐、接受捐赠、有偿服务等。社会性资源的解决，首先要招募专业性和志愿性的社区工作人员即社工、义工以及专业的社区工作者，制订工作计划，同时，还要积极联络有关部门，如儿童福利院、康复医院等单位，担当社区照顾的固定机构以确保社区照顾的实施。另外，需要社区照顾的老年人、残疾人的家属，也是社区照顾中的一股重要的而且能发挥很好作用的力量。一般说来，他们对照顾的理解更为深刻，对由家庭照顾转化为社区照顾持十分支持的态度，因而是社区照顾中的重要人力资源，所以说，把他们组织起来，调动其积极性和主动性，无疑会促进社区照顾工作的开展。

尽管我国社区照顾中的物质性资源还较为紧张和匮乏，但是，从某种意义上说，社会性资源则更为紧缺，尤其是专业的社区工作者和义工非常稀少，职业化的社区工作者更是凤毛麟角。人们对社区工作和社区照顾的知识知之甚少，更谈不上把社区照顾作为一项社区工作来加以实践。不过，在上海浦东，一些社区中的"市民会馆"承担了某些社区照顾的责任，有专业性和志愿性的社会工作者从事着社区工作和社区照顾，取得了较为理想的成就，使人们看到了我国社区工作和社区照顾的曙光和希望。

第二，社区联络。社区联络的作用实际上是宣传社区照顾工作，树立和维持社区工作和社区照顾的公众形象和良好的公共关系，以确保社会各界能对社区服务进行长期的资助和支持。如前所述，目前人们对社区工作和社区照顾的认识和了解还不够，这对社区工作的开展和社区照顾的实施会产生一定的影响。在努力工作的前提下，必须通过社区联络工作，通过新闻发布会、各种宣传活动和个案典型经验介绍等活动，使得社会上的人能多了解和支持社区工作和社区照顾。也就是在社区工作取得一定成绩的情况下，社区联络还必须坚持进行，因为社区照顾在很大程度上要靠社区各界的支持，所以社区联络不可能一蹴而就，而必须是一个长期的发展过程。

第三，社区教育。社区教育具有两个方面的指向。一是面向社区群众的教育。我国长期计划经济体制下的"单位人"属性，使得人们的社区意识和社区照顾意识相当淡薄，当前，特别要教育社区群众了解社区工作和社区照顾的必要性、必然性和重要性，以调动社区居民关心和支持社区照顾的积极性。二是面向照顾对象的教育，以使他们以积极主动的态度配合社区照顾工作，同时，也为社区照顾做出力所能及的工作和贡献。通过社区教育，利用社区照顾，促使社区成员融入社区交往和社区互动，推动社区的健康发展。社区教育可以利用多种方式进行，最为简便的是对社工、受助者家属、义工等进行社区照顾教育；也可以通过各种形式的宣传如展览、讲座、经验介绍等进行教育；还可以通过社工的上门访问，或社区的集中调查，结合社区居民的亲身体会，了解社区照顾的必要性以及社会化服务对家庭压力的缓解作用，以期得到社区居民的拥护和支持。

第四，社会照顾训练。前面我们已经提到，社区照顾是一项专业性的社会工作，与单纯的、传统的邻里及家庭照顾有着本质的区别。为此，专业社区工作者、义务工作人员、医务人员、心理诊疗人员以及受助人士及其家人都必须接受不同程度的训练或培训。就专业人员而言，社区照顾是随着社会、经济以及科学技术的发展而不断有新的变化和新的要求的，为此，专业人员必须不断地吸收新的知识和掌握新的技术，及时转变观念，以符合社区照顾的要求。此外，社区照顾有着本身的特征要求，并非仅仅是医生或专业工作者所能简单胜任的，为此，进行社区照顾的专业培训是十分必要的。就医务工作人员和受助者的家人而言，因为不是专业的护理人员，所以必须接受简单的护理技巧和方法的培训，同时，为在心理上理解和帮助受助者，也需要接受心理学方面的训练。就邻里而言，他们在社区照顾中与社区照顾对象有着较为直接的联系，因此，要对其进行日常与社区照顾对象交往的教育与培训，提高他们对社区照顾对象发生危急状况的敏感度以便其主动提供协助和照顾。就社区照顾对象本人而言，必须对整个社区照顾中的康复过程和治疗有较为清楚的了解，为此，要对他们进行必要的心理调适训练，同时也要进行必要的体能训练以提升社区照顾的效果。就政府有关部门和社区照顾机构而言，要成立社区工作和社区照顾训练中心使之制度化和机构化，制订系统的训练计划，以从组织上保证社区照顾训练的落实。

四　我国社区照顾的难点分析与前景展望

在我国，随着市场经济的快速发展与社会转型时期社会问题的社区化，社会工作、社区社会工作等学科的发展方兴未艾，社区照顾也成为呼之欲出的一项新课题，有着很好的发展前景与空间。但是，毋庸讳言，由于主客观等多方面的原因，社会工作与社会工作教育还没有为社会所普遍接受，其功能还没有得到很好的发挥，因而作为社区社会工作模式之一的社区照顾，在当前的具体实施过程中无疑会遇到不少难点。

难点一，专业人员的稀缺。由于社会工作及社会工作教育起步晚，目前我国专业性的社会工作人员极为稀缺，这种状况必然会影响专业化社区照顾的开展。如果没有专业性社会工作人员的参与和组织，社区照顾充其量只能等同于传统的邻里照顾和家庭照顾，并不能真正解决社区问题。

难点二，专业机构的缺乏。目前我国城乡社区基本上没有严格意义上的社会工作机构，也没有专业化的社会工作体制，即使只有少量的社会工作毕业生也缺乏相应的就业岗位，与专业化、职业化的社会工作之标准还相差很远。换言之，在社区内尚缺乏社会工作者的活动阵地，因而加大了专业化社区照顾的难度。

难点三，组织协调困难。正因为缺乏专业机构和相应的社会工作体制，所以专业化的社区照顾也就没有专业性的机构或单位来加以组织和协调。目前，社区内的有关照顾只是通过社委会和居委会所发动的临时性的互帮互助活动来实施，显得非专业化、非规范化、非制度化，在很大程度上影响和制约了社区照顾的应有效果。

难点四，经费紧张。社区社会工作是专业化的助人自助活动，是帮助社区成员提高生活质量的社会服务工作，虽然从本质上说属于非营利性的，但具体的工作过程需要大量经费。在发达国家，政府对社会工作事业有大量的投资，慈善机构和个人对社会工作机构也有大量捐赠，这就为包括社区照顾在内的社会工作的开展提供了雄厚的物质基础。而目前我们在社区工作经费的筹集上却面临较多困难，社区内要处理的问题很多，能够用到社区照顾上的经费很少，这就加大了社区照顾工作的难度。

鉴于社区照顾在社区建设和社区发展中不可替代的积极功能，我们认为，尽管面临许多困难，但是社区照顾在我国城乡社区仍然具有广阔的发展空间。一方面，正如我们已经分析过的，社会弱势群体与社区问题的存在客观上需要专业化的社区照顾；另一方面，社会工作专业与社会工作教育正在为社会所逐步认识和接受，相信在不远的未来我国必将能够形成社会工作体制，建立相应的社会工作专业岗位与机构。从目前情况看，必须克服等、靠、要的被动心理，采取积极主动的措施，推进社区照顾的实施。

第一，发挥社委会和居委会的社区事务调控功能，由社委会和居委会发动相关个人和组织如志愿服务者、医疗工作者、心理工作者等，建立准专业化的社区照顾小组，为社区中的弱势群体提供准专业性的照顾。特别是，可以把社区照顾和目前社区中的家政服务结合起来，这样，既可以解决一些家庭的特殊困难，又能够为失业下岗人员提供就业机会。

第二，进行宣传教育，把支持、关心弱势群体落实到行动上。由于缺乏专业化的社会工作者，社区可以通过多方面的宣传教育工作，把大学生、医务工作者以及心理工作者组织起来，充当社会工作者，以实际行动投身到社区照顾的工作中去，以具体的工作来关心和帮助社会弱势群体。这样，既可以实施专业化的社区照顾，又可以促进社会工作的发展。

第三，结合社会保障制度的推行，部分解决社区照顾中的经费问题。我国城乡社区正在建立适应市场经济要求的社会保障制度以免除社会成员的后顾之忧，随着社会保障制度的逐渐完善，医疗保险、失业保险、养老保险以及其他有关社会保险正在为社会成员构建一张社会安全网，社会成员的安全保障就是建立在保险金的支付基础上的。根据我国的实际情况，社区照顾适当地收取一定的费用，比如老年人医疗照顾费用，这是合理而且可行的，换言之，需要照顾的社区成员用社会保障的保险金来获取某种程度的社区照顾，这也是在家庭照顾功能弱化情况下的一种选择。

参考文献

甘炳光、梁祖彬，1998，《社区工作：理论与实践》，香港中文大学出版社。

苏景辉，1997，《社区工作：理论与实践》，台北：巨流图书公司。

Bayley，M. 1997. *Mental Handicapped and Community Care*. London：Routledge & Kegan Paul.

关于社会工作发展中的几个问题[*]

　　如果从 20 世纪 80 年代中期北京大学等少数院校恢复开办社会工作专业算起，社会工作教学和研究在我国已经有近 20 年之久。特别是 20 世纪 90 年代以后，社会工作真可谓方兴未艾。据不完全统计，目前全国已有超过 100 家，江苏省已有超过 14 家高校设置了社会工作专业。但是，在社会工作教育发展如火如荼的同时，也存在理论研究不够、专业化水准不高、本土化不明显、社会知名度与社会认同度不高等问题。本文试图就上述几个问题做出自己的分析。

一　社会工作理论与实践的关系问题

　　毋庸讳言，多年来，在社会工作发展过程中如何处理好理论与实践的关系问题并没有得到很好的解决，表现为，不少从事社会学理论研究以及从事社会工作教学和研究的人认为，社会工作本身没有理论而只是实际操作层面的工作，一些从事实际工作的同志也认为，社会工作就是社会工作者介入社区去具体帮助别人，不需要什么理论。而从我国以政府为主体的社会工作实践来看，虽然多年来政府一直致力于解决社会问题，但无论是民政工作还是群众团体工作都有缺乏理论的梳理而流于行政化和群众化的现象，因此，很难说社会工作有其系统的理论。这种"重实践、轻理论，从而带有非规范化的特点，不仅不利于经验的传播，也不利于它的提高。世界社会工作的发展

---

　　*　原文刊载于《江苏社会科学》2003 年第 3 期，收入本书时做了文字修订。该文为笔者给本科生讲授"社会工作概论""社区社会工作"课程所思而作。人大复印报刊资料《社会学》2003 年全文转载。

早已进入制度化、规范化的水平，所以，促进社会工作实践与理论研究的结合是中国社会工作发展所面临的重要课题"（王思斌，1995）。

事实上，在我国社会工作专业的建立和发展过程中，有关学者一直讨论的就是如何吸收西方社会工作理论与社会工作理论本土化的问题（王思斌，1995）。前者以西方社会工作理论为准则，后者则强调在中国本土建立起一套适合中国国情的社会工作理论。然而从目前社会工作的教学和研究情况来看，这两方面的工作并不能令人满意。首先，我们对西方社会工作理论的内容和发展状况知之甚少；其次，符合中国实际的社会工作理论尚未真正建立起来，所谓本土化工作还处于起步阶段。为此，我们可以从学习、熟悉西方社会工作理论开始，结合国内的实际，对之加以消化、提高，以促进国内社会工作理论与实践的统一。

社会工作在西方国家的发展过程中，经过了从没有理论指导到自觉采用理论，从指导理论的单一化到指导理论的多元化，从主要借用心理学的理论到尝试借用心理学、社会学、认识论等多学科的理论这样一种发展演变历程。大卫·豪（David Howe）把这个过程划分为 7 个阶段："调查"阶段、"精神分析学派"阶段、"精神分析学派"与"功能主义学派"并立阶段、"获得"阶段、"盘点"阶段、"理论统一"阶段、"理论归类"阶段（王思斌，1995）。他还提出完整的社会工作应该包括两部分的内容，也就是"为社会工作的理论"（Theory for Social Work）和"社会工作的理论"（Theory of Social Work）。所谓"为社会工作的理论"，就是理论中用来对人与社会的本质、人的行为与社会运行的规则和机制进行解释的那部分内容；所谓"社会工作的理论"，则是理论中用来对社会工作实践本身的性质、目的、过程、方法进行说明的那部分内容。它们既互相区别又互相联系，是社会工作研究和实务过程中不可或缺的组成部分。

另一位学者皮拉利思（Pilalis）进一步深化和发展了大卫·豪的理论观点，认为社会工作理论具有三个互相区别又互相联系的组成部分：宏观理论、中观理论（包括解释性理论与介入模式理论）以及实践理论。而依云斯（R. Evans）对社会工作理论做了整体分类，认为社会工作理论可以分为实务理论（Practice Theory）和实践理论（Theory of Practice）。具体来说，实务理论是较为狭义的，指具体的工作手法、技巧以及有关的原则、规范等；而实践理论可以理解为对社会工作的宏观环境分析，是较高层次的规范。之后著名社区工作学者谭马士（D. N. Thomas）用知其然（know-how）来说明实务理论，以知其所以然（know-why）来说明实践理论，这些都较为清楚地勾画了社会工作理论不同层次的应用区别。

据中国香港学者冯国坚等人的观点，20世纪后英、美等国的社会工作大多属于实务理论研究，这是因为实务理论的建立主要是从社会工作的实践中总结而来的，且大多以某一特定的社区为研究对象，是较为微观层次的讨论。而实践理论则需引用诸如政治学、社会学等宏观分析理论，可以从总体上分析局部社会（社区）和整体社会之间的关系，是一种高层次的理论探究（参见甘炳光、梁祖彬，1998）。

从总体上看，西方社会工作在其发展过程中借用和形成了一些层次不同的理论，包括：心理分析理论、认知理论、行为主义理论、标签理论、沟通理论、人文主义理论、激进人文主义理论、新马克思主义理论、增权理论、女权主义理论、新保守主义理论、多元主义理论、系统理论、环境理论、介入理论、后现代主义理论等。从层次上看，这些理论有的是比较具体的实务模式，有的是较为宏观的理论分析；从类型上看，有的是基本理论，有的是实务理论，有的是工作方法和工作技巧等。所有这些理论都对社会工作的发展产生了较为广泛的影响，即理论研究在价值、理念、方法以及实际操作层面对社会工作的开展起到了重要的指导和推动作用，并且提升了社会工作的理性化和学理化程度。

尽管我国社会工作实践的源头可以追溯到20世纪20年代（王思斌，1999），但真正意义上的社会工作研究和实践应该是改革开放后的事，其标志应该是北京大学等高等院校社会工作专业的开设与招生。理由很简单，1949年以前的社会工作实践只是局部性、非连续性的，而1949年以后社会工作层面上的许多工作如青少年、妇女、老年人、残疾人、社会救济、扶贫的工作，都是以政府或执行着政府职能的群众团体为主体而开展的，缺乏社会工作所要求的专业性和技巧性，表现为非学术性和非理论性。本文认为，就目前而言，发展和推动我国的社会工作必须从理论和实践两方面入手。从理论角度看，就是要推动社会工作教学和研究的深入发展，建立一套适合中国国情的本土化社会工作理论体系；从实践角度看，必须加大专业化社会工作在社区运用的力度，发挥好社会工作在解决社会问题中不可替代的重要作用。在这里，首先，需要熟悉、借鉴西方社会工作理论，以加深我们对社会工作理念、价值、学说、意义等方面的认识；其次，需要结合我国社会发展的实际，积极吸收相关学科的理论知识，逐渐形成较为系统的、适合我国实际的社会工作理论。如果没有深入的理论研究而只是停留在经验的层面，社会工作的发展无疑会受到很大的制约，其预防和解决社会问题的功能将会受到很大的影响。

二　社会工作实务操作和学术研究的关系

在利他主义理念的指导下，社会工作从一开始就定位在"助人自助"的实际操作层面上，其直接目的就是帮助人，而这种帮助人的活动或过程是建立在综合知识与科学方法基础之上的。社会工作实务对于社会问题的预防和解决，对于社会工作的专业化和职业化等，都有十分重要的积极意义，以至于成为评判社会工作水平和成绩的重要标准。不过，问题的另一方面是，从国内社会工作研究现状看，还程度不同地存在重实务而轻学术研究的倾向。其主要原因除与社会工作实务性强的特点有关外，还有理论储备不够、知识准备不足、缺乏研究阵地等。

学术性是从学科的角度，从理性和学理的层面来探讨和研究问题的水准，任何一门学科包括理论性研究和实证性研究的学科都必须凸显其学术性，提升其学术水准。缺乏学术性研讨，必然会使研究无法深入，从而不能达到研究问题、解决问题的目的。作为一门学科，社会工作也同样如此，所以，在开展社会工作实务的同时，进行社会工作学术研究，提升其学术水平和学理水准，应该是目前社会工作发展中值得重视的问题。

社会工作学术性的必要性是什么？本文认为，这首先是由社会工作的本质决定的。社会工作不同于一般意义上的助人为乐，也不同于一般的慈善活动，而是以科学知识为基础，运用科学方法进行的一种专业性的助人服务活动。其次是由其内涵决定的。社会工作的内涵，涉及社会、经济、政治、文化、心理等学科领域，也涉及社会保障、社会福利、社会服务、社区建设等方方面面，如果不从学理上加以梳理和整合就难以达到社会工作的目的。最后是由其构成要件决定的。社会工作的主要构成要件是社会工作者、受助者、社会工作价值观与具体的助人工作技巧等，其中社会工作者是主体，受助者是客体，二者互为条件、互为前提。也就是说，受助者并不是被动的、消极的"接受者"，其自身也必须以积极的心态和良好的合作来配合社会工作者的工作，因此，在一定意义上，受助者也是行动的主体。再从社会工作者的角度看，在具备技巧和方法的同时要有科学的社会工作价值观，所有这些都必须上升到理论高度才能推动社会工作的具体开展。

那么，如何才能体现社会工作的学术性呢？本文认为，社会工作的学术性与社会工作实务只是同一个问题的两个方面，学术性并不是脱离实务性，而是对社会工作实务的概括、研究，是从操作性到学理性的提升过程，是"对于助人过程中出现问题的科学的解释和对于推进助人过程方法的理性的、符合实际的选择"（王思斌，1995）。目前，国内存在重实务而轻学术研究的倾向，或者说，从事社会工作实务和教育的人，往往还没有足够重视对社会工作实务的理性概括和学术提升，而只是停留在具体社会工作的经验操作层面，这在很大程度上制约了社会工作学术性的发展。就目前而言，社会工作的学术性可以从以下几个方面体现出来。

实务操作的经验性研究。在社会工作的具体实务中，社会工作者在进行助人活动的同时，还必须对助人活动的实务操作进行经验研究，分析助人活动过程中助人理念渗透与价值判断，研究具体技巧和方法的运用情况，找出社会工作主客体之间互动的规律。如美国学者罗斯曼（J. Rothman）提出的社区社会工作的三模式及其运用（苏景辉，1997），就是一个成功的经验性研究例证，它既充分地概括了社区实际，又能很好地指导社区工作，同时，还体现和提升了学术性。

理论或学理层面的研究。学术性在很大程度上必须通过理论层面的研讨才能很好地表现出来，就社会工作而言，必须围绕社会工作的主旨，吸收各相关学科，拓宽社会工作研究的广度和深度，才能真正反映出社会工作的学术水准。这一点在英美等国以及我国港台地区社会工作界有许多经验值得我们借鉴和学习。

社会工作必须有自己的研究载体和阵地。学术研究成果首先必须有其载体或阵地才可以被社会接纳与吸收。遗憾的是，与国内社会工作发展如火如茶的态势极不相称的是，社会工作还没有一个属于自己的研究载体和阵地，学者的研究成果没有刊物或很少有刊物来发表，这种状况对社会工作的理论探讨和学术研究是极为不利的。为此，针对受助者、社会工作价值观与具体的助人工作技巧加快阵地建设，对于社会工作学术性的体现与提升是十分重要与迫切的。

三 社会工作教育与社会工作学科建设问题

从一般意义上说，所谓学科，就是按照学问或研究对象的性质来划分的门类，任何一门学科都既有与其他学科相联系的方面，又有不同于其他学科的、具有独特内涵的特征。而社会工作既然是一项专业化的助人工作，是一个社会职业，是高校开设的一门专业，当然就是一门学科。但要真正处理好社会工作理论与实践、实务与学术的关系，根本的问题就是要摆正社会工作教育与社会工作学科建设的关系，其中，社会工作学科建设尤为重要。

尽管社会工作的实务操作在西方国家已经有很长的历史，但是，作为一门学科来进行研究是较为晚近的事情。1917年，美国学者里士满（Marry E. Richmond）出版了《社会诊断》一书，提出了一系列的原则来界定社会工作，试图使社会工作成为一套独立的知识体系；1957年，美国社会工作研究小组成立，试图使社会工作成为"科学化的慈善"（Science Charity）；1957年，美国学者格林伍德（E. Greenwood）提出"专业属性"[1] 问题（参见徐震、林万亿，1999）。20世纪以后，美国高度工业化、都市化以及科学技术的突飞猛进，造成家庭与社会结构的改变，个人主义盛行，出现了许多社会问题。在这种情况下，传统的以直接服务为主的社会工作对之已经不能有效地加以解决，这就在客观上要求包括社会工作行政、社会福利等在内的整体性、综合性的社会工作的发展。与此同时，社会工作除以往的个案治疗以外，更重视从理论上进行社会工作教育和社会工作研究，使之和心理学、社会学、人类学等学科一样，成为一门"行为科学"（Behavioral Science）。许

---

① 格林伍德的五个专业属性是：（1）有一套系统化的理论体系；（2）有专业权威；（3）得到社区的认可；（4）有一套规定的伦理守则；（5）是一种专业文化。参见徐震、林万亿（1999：61）。

多大学中的社会工作课程由以前的"技术训练"的层面提升为"理论研究"的层面，这对社会工作的学科建设起到了十分重要的作用。

但从国内社会工作的实践与教育现状看，我们在社会工作学科建设上所花的气力还达不到社会工作专业化的要求，因而使社会工作显得底气不足，缺乏深厚的理论与学术底蕴和学科支撑。这种状况与我们上面所讨论的轻视社会工作理论、忽视社会工作的学术研究不无关系。

我们认为，加强社会工作的学科建设应该围绕专业化和学理性展开一系列工作。社会工作是在利他主义理念指导下的社会互动，是以科学知识为基础，运用科学的方法进行助人的服务活动，其本身具有独特或独到的专业技巧和方法，有专门的理论知识，一个合格的社会工作者必须经过严格的专业学习和培训，必须具有深厚的专业理论底蕴，这就是所谓的"专业化"与"学理性"特征。而要从"专业化"角度出发，社会工作学科建设的重要方面应该包括以下四点。

规范课程设置。科学、规范的课程设置是社会工作教育与学科建设的基本前提，因为学科的基本知识与基本理论都必须通过课程教育而得到传授和发展，当然，这里的课程教育包括基本理论课程与实证运用课程在内。从目前国内有关高校的社会工作课程设置情况来看，还不能说已经达到科学和规范的程度，表现为基本理论课程与实证运用课程的比例失调，社会工作基本理论课程少，而实证运用课程联系实际又不够，社会实习不规范、不专业，混同于一般的社会调查研究，课程的循序渐进安排不尽合理，等等。鉴于港台地区社会工作发展比较成熟，因此我们应加强联系，吸收它们的成功经验，并结合国内的实际情况加以优化编排，这应是规范社会工作课程设置的积极举措。

完善教材编写。与课程设置一样，教材是专业和学科的基础，评估一个专业或学科是否成熟，教材是十分重要的因素。但目前国内社会工作界的教材编写还不尽如人意，存在稀少、散乱、无系统、不规范、不统一以及"西化"倾向等问题。这种状况对社会工作的学科建设和发展是极为不利的。值得欣慰的是，中国社会工作教育协会已经在着手协调国内的师资力量，组织编写社会工作的教材，这在一定程度上将缓解教材问题上的矛盾，对促进社会工作学科建设将起到较大的作用。

建立社会工作研究阵地。而理论研究阵地，就要有理论刊物，当然目前国内尚没有相应的社会工作理论刊物，这不能不说是一个很大的缺憾，也是社会工作学科建设和发展的一大障碍。

开展学术研讨会。通过学术研讨会和学术交流，社会工作者、教育者以及研究者可以开阔眼界，拓宽思路，这有助于研究的深入，提高专业化水平，促进学科发展。但遗憾的是，国内社会工作界除两年一度的全国年会外，很少有类似的专业性学术研讨会，这明显与国内有众多的高校设有社会工作专业的实情、与社会呼唤社会工作的介入的客观要求不相适应。笔者呼吁各高校社会工作专业加强联系与交流，采取多种形式，尽快把社会工作的学科建设与发展提升到一个新的水平，以回应时代的发展和社会的要求。

四　社会工作发展与社会工作职业化的关系问题

上述关于社会工作理论与实践、实务与学术、教育与学科之关系的讨论，其最终目的就是推动中国社会工作的发展。但是，无论从逻辑上还是从现实中看，如果没有社会工作的职业化作为保证，前面所讨论的问题只能停留在纸上谈兵的"务虚"层面，没有任何实际意义。因为社会工作是一门实务操作性很强的学科，必须依靠专业性很强的职业社会工作者去加以实施和推行，否则，社会工作自身的发展，社会工作"助人自助"、稳定社会的功能就不可能得到真正实现。

在欧美国家，社会工作不仅是一门专业、一个学科，还是一个职业。比如，美国在20世纪90年代初从事社会工作职业的人数是67万人，其中1/3~1/2拥有社会工作学士或硕士学位（Gibelman & Schervish，1993）。其相关职业有：社会服务（康复、个案管理、青年或老年人小组工作）；社区工作（为社会服务组织和非营利组织、儿童照护和社区发展机构工作，环保团体募捐）；复归（缓刑、假释）；商务（广告、市场营销、顾客研究、保险、房地产、人事工作等）；院校机构（管理、校友关系、办公室行政）；健康服务（计划生育、滥用药物、康复训练计划、健康规划）；等等（参见李弘毅，2002）。社会工作的职业化为专业性的社会工作实务开展提供了良好的平台，使社会工作者能有用武之地，同时，也为社会工作教学和研究开拓了后续空间。遗憾的是，我国在 20 世纪 80 年代开始社会工作教育之后，社会工作职业化问题一直没有能够解决，在众多的社会职业分类中，社会工作还没有一席之地。这种状况对我国社会工作的发展必然会产生直接的制约作用。

首先，影响社会工作教育。任何形式的人才教育和培训的目的都是"学有所用"。当一个大学生选择一个专业时，除个人兴趣与价值理念等因素外，其最大的考虑就是该专业日后的就业前景，如果说实务性很强的专业还不是一个社会职业，那么，选择与否就太值得认真斟酌了。解决社会工作职业化的问题，无论是对社会工作专业的发展，还是对社会工作专业学生的就业以及教师教学积极性的调动，直至对社会工作功能的发挥，都是十分重要的。

其次，影响社会工作专业的研究水平。我们所讨论的社会工作理论研究、学术发展、学科建设等问题实际上必须建立在社会工作职业化的基础上，因为只有社会工作者有施展专业知识的机会与阵地，对理论、学术、学科等问题进行研究和探讨才有实际意义。

再次，影响社会工作实务水平的提升。不同于一般的手段和方法，社会工作以其专业性的实务技巧发挥着独特作用。但由于多方面的原因，国内社会工作的许多功能被一些党、团、政等组织的行政行为替代。然而这些组织解决社会问题的形式和方法较为简单，专业性不够，远远不能达到社会工作的专业化要求。因此，不解决社会工作职业化问题，要提升社会工作实务的专业化水平实在是很困难的事。

最后，影响社会问题的解决。诚然，政府"送温暖工程""再就业工程"等对社会问题的解决也起到了十分积极和重要的作用，但是，社会工作者"助人自助"的价值理念、利他主义的实践观、调动和运用社会资源的社会互动网络，以及一系列包括心理调适在内的专业性方法和技巧，是许多"工程"所不完全具有的。这是发达国家的经验已经证明了的。

总之，对于中国社会工作的发展，社会工作理论研究、学术探讨、课程教育、实务培训以及学科建设等固然十分重要，但主要矛盾还是社会工作的职业化问题。当前国内社会工作方兴未艾的发展态势表明，不久的将来，社会工作职业化问题将会得到圆满解决，这对于推动社会工作专业的发展，对于社会问题的解决，必将起到重要的促进与保证作用。

参考文献

甘炳光、梁祖彬，1998，《社区工作：理论与实践》，香港中文大学出版社。

李弘毅，2002，《社会学与社会工作专业教育体系的国际比较》，"社会工作教育与本土社会工作的发展学术研讨会"论文。

苏景辉，1997，《社区工作：理论与实践》，台北：巨流图书公司。

王思斌，1995，《中国社会工作的经验与发展》，《中国社会科学》第 2 期。

王思斌，1998，《社会工作：利他主义的社会互动》，《中国社会工作》第 4 期。

王思斌，1999，《社会工作概论》，高等教育出版社。

徐震、林万亿，1999，《当代社会工作》，台北：五南图书出版公司。

Gibelman，M. & Schervish，P . H. 1993. *Who We Are ： The Social Labor Force as Reflected in the NASW Membership*. National of Social Workers.

社区工作中的社会支持网络构建及其意义 [*]

在当前的社区建设和社区发展过程中，社区工作正逐步介入社区并得到社会有关方面的重视和认同。但是，由于我国社会工作刚刚起步，作为社会工作三大方法之一的社区工作，在协调社区关系、整合社会资源上的功能还不完善，因而其解决社会转型时期各种社会问题的作用还局限在一定范围内。本文试图就社会支持网络构建这一在社区工作中具有重要意义的实务做一概要分析。

一　问题的提出：社区工作中社会支持网络的构建

随着改革的不断深入和市场经济的快速发展，在当前的社会转型时期出现了许多社会问题。比如，产业结构的调整以及知识经济的发展，使得大量的失业下岗人员涌向社区；老龄社会的来临，使得老年人的照顾与医疗健康成为迫在眉睫的社会问题；社会发展的不平衡性和层次性，致使不少社区成员被归入低收入阶层，加上疾病等原因，使得社区的贫困问题成为人们关注的焦点；农民工大量涌向城镇，在为城市社区发展做贡献的同时，其面临的实际问题也难以得到解决。面对此类社会问题，社会各界一直给予高度关注，"送温暖工程""再就业工程"等纷纷付诸实施。但是，仅仅靠这种临时性的、完成政治任务的方式还很难有效地解决问题。其主要原因是，社区缺乏能够协调各方面关系、有效调动社区资源的组织和手段，社区居民的主动参与性与互助互济性还不够。换言之，没有引入专业性的社区工作机制，

---

* 原文刊载于《社会科学研究》2003 年第 6 期，收入本书时做了文字修订。该文为笔者给本科生讲授"社区社会工作"课程所思而作。

忽视了社会支持网络在解决社区问题中的重要作用。

社区工作是运用专业性的理论知识和技术，以社区和社区居民为服务对象，以预防和解决社区问题为目标，以社区发展和社会进步为宗旨，以培养和发扬社区居民互助精神为追求，调动和利用社区资源，积极参与社区建设和社区管理，提高社区福利水平，促进社区发展的过程，"助人自助"即社区群众的积极参与和互相帮助是社区工作发展的内在要求。1960年联合国的《社区发展与经济发展》一书认为，社区工作是"由人民以自己的努力与政府当局的配合，一致去改善社区的经济、社会、文化等环境。在此过程中，包括……由人民自己参加、自己创造，以努力改进其基本生活水准"（王思斌，1999：115~116）。近年来，社区工作在我国得到了很快的发展，许多城市通过建立社区工作站、培训社区工作者等方式，联合社区内各方面的资源和力量，使社区工作介入社区服务活动中，并取得了一定成效，这对于社会问题的解决，对于社区建设和社区发展，起到了重要的推动作用。

但是，由于国内社区工作刚刚起步，专业性特征还不明显，受过专业化训练的社区工作者寥寥无几，加之受制于诸多因素，社区工作调动社会资源、协调社会关系，用专业化的理论与方法解决社会问题的功能还没有得到很好的发挥。从操作层面上看，目前最大难点就是社区群众的参与程度不高，社区资源的调动和运用困难较大，这在很大程度上影响了社区工作的健康发展，制约着社区问题的解决。本文认为，在社会工作还没有为社会熟悉与接受，社区问题又比较突出的情况下，有组织、有计划地构建社会支持网络，对于推动社区工作的开展，促进社区问题的解决，必将有重要的理论意义与现实意义。

二 概念与特征：社会支持网络理论分析

社会网络概念最初由社会人类学家引入。因为社会网络能够提供一种系统的方法去分析社区内人与人之间的联系，加深人们对个人、小组、群体与社区之间的相互沟通及互动之理解，促成社会支持网络的构建，所以，社会网络分析及社会支持网络构建逐渐得到人们的广泛重视与采纳。实践证明，社会支持网络的构建与运行，对于社区问题的解决具有很大的推动与促进作用。

社会支持网络的核心主要表现在网络、支持以及构建三个方面，其功能的发挥也建立在这一基础上。

第一，从网络角度看，社会支持网络主要表现为网络的结构特质，即网络的空间范围、人员分布、关系结构以及关系度等方面。网络空间范围就是社区工作中社会支持网络在空间上的分布范围。从社区的结构特点、社区问题的多种存在方式以及社会资源的非集中性等方面分析，社会支持网络以多层次的形式存在，其空间分布是多重的。一座城市可以是一个社会支持网络，一个区、一个街道、一个社区，也都可以是一个社会支持网络，各层次间的网络是一种递进、交叉、互补的关系。当然，从具体实务操作看，社区工作所研究、构建、利用的社会支持网络之空间范围一般以某特定的社区为宜，如一个社区或若干个社区的范围。

在一定的社会支持网络空间范围内，网络成员的分布度、关系结构以及关系度亦十分重要。分布度指在某一网络范围内，参与构建社会支持网络的社区成员数量的多少；关系结构指社会支持网络成员的职业、收入构成以及互动方式；关系度则指参与社会支持网络构建的成员之间的关系密切程度。这些维度决定了社会支持网络的功能发挥，对于网络式社会支持具有很大的保证作用。

第二，从网络支持角度看，主要体现为网络成员间建立在互帮互济基础上的互动关系与互动内容。互动关系特指社会支持网络成员间的互动持续性与方向性。前者指网络成员间的互动关系是短暂的、断续的，还是长期的、持续的；后者指这种互动关系是什么样的属性，即网络成员间的支持关系是单向的还是双向的，是横向的还是纵向的，是一维的还是多维的，是简单的还是复杂的，是主动的还是被动的，是消极的还是积极的，等等。在互动内容上，主要反映社会支持网络的具体事项，如物质支持、精神与心理支持以及其他方式的支持等。

第三，社会支持网络的构建。一般说来，在一定的空间范围内，只要社区成员有一定互动关系就可以认为形成了某种初步的网络关系。但是，作为与社区工作密切相连的社会支持网络，其形成与发展不能建立在自发编织的基础上，而必须通过社区工作者的努力，调动社区各方面的资源，协调各方面的关系，整合社区的力量，积极推动社会支持网络体系的构建。无论从社会工作的"助人自助"理念，还是从社区工作的"社区组织"基本方法以及提高社区福利、促进社区发展的目标，解决社区问题的目的等方面来看，社会支持网络的积极构建是十分必要与重要的。

在传统农业社会，就自发地存在一定意义上的社会支持网络。如中国古代的社会救助结构和力量就是建立在血缘关系下的家庭与家族的互助互济，地缘关系下的邻里、同乡的相互照顾，以及共同需要和志趣的相互照顾等方式基础上。中国人很重视血缘关系，家庭和睦与家族兴旺是人们所期盼的，有些大的宗族甚至可以留有部分专门的钱物来接济、照顾族人中的老弱病残者。血缘关系就如同一张"社会"支持网络，最大可能地保护家庭和家族中的弱者，尽管其空间范围以及支持力度非常有限。地缘关系的情感——乡情，也形成和维系了人们之间的互动圈。所谓"远亲不如近邻"就是建立在地缘关系基础上的互动圈之功能发挥的写照。可以认为，这些都是较为"原始"的社会支持网络。

如今人们的交往与互动范围已非传统农业社会所能比拟，面临的问题也呈社会化趋势，传统的互助互济已适应不了时代的要求，因而，社会支持网络就具有其时代的内涵和特征。

第一，网络性与伸延性。网络是众多社区群众、群体和组织通过一定的结构联结成的一个相互关联、有明确目的、具有反馈效应的系统。相对于传统社会的家族、邻里间的救助，现代社会支持网络的伸延性表现为其结构更为复杂，关联性更为紧密，网络辐射半径更为扩展，解决社会问题的功能也更为强大。

第二，社会性与社区性。不同于传统社会，由于人们的工作、生活方式的社会化，所面临的问题也以社会化的形式出现，相互之间的帮助与援助跨越了血缘关系和地缘关系的范围，在社会互动的层面上展开。在具体的支持运作中，网络以社区为实施范围。虽然社区以一定的地域为基础，但是它并不简单地等同于地缘关系。建立在现代社会支持网络基础上的社区成员间的互动与交往内涵要高于建立在邻里、老乡关系基础上的互帮互助。

第三，综合性与多向性。所谓综合性就是社会支持网络中的支持内容涉及物质的、精神的、心理的等多个层面，并非简单的亲戚或邻里间对日常生活困难的互帮互济所能比拟的。所谓多向性，是指社区每一个成员在社会支持网络中并不是旁观、被动的接受者，而是积极、主动的参与者和实施者。社区成员能做到爱与被爱的统一，助人与被助的结合，充分体现出"人人为我，我为人人"的良好社会氛围。

第四，网络的结构稳定性与目标长期性。现代市场经济运行过程必然会伴随着经济风险与社会风险，构建社会支持网络是社会健康稳定发展的题中应有之义。在专业化社区工作的介入下，在社区群众的积极参与下，在政府及相关组织的支持和配合下，社会支持网络的结构就显得非常稳定。同时，社区问题的现实存在以及社区成员调动社区资源、进行互帮互助的内在需要也使得社会支持网络的目标具有长期性。一劳永逸、一蹴而就的社区救助工作在社会支持网络中是不存在的。

社会支持网络不仅为社区成员解决各种社会问题疏通了调动社会资源的渠道，编织了社会互动关系，而且为社区工作者认识和分析社区，开展"助人自助"的社区工作提供了良好的工具性平台，从而加深了人们对社区的了解，使得社区工作与社区服务和社区建设之关系更为贴近。

三 实践与运用：社区工作中社会支持网络的构成要素、支持内容与网络形式

所谓社区工作中的社会支持网络，就是把社会支持网络纳入社区工作介入社区建设和发展的过程，把社会支持网络看成社区工作的重要内容之一，把网络支持工作与社区工作有机地结合起来，以推动社区工作的发展，促进社会问题的解决。我们可以通过对社会支持网络要素的分析来说明社会支持网络与社区工作的密切关系。

第一，成员构成要素。社区工作中的社会支持网络之成员构成表现在两个方面：一是平面空间区域内的互动成员；二是立体阶梯网络层面上的互动成员。平面空间区域内的互动成员是在一定区域的社区内相互支持和相互帮助的社区居民。他们共处于同一个社区，对社区有一定程度的认同感，在社会工作者的帮助和协调下，能够构建成一个互相支持的社会网络。在这个网

络中，每个人都兼有支持角色与被支持角色双重身份，既有得到别人帮助的欲望与权利，又有帮助别人的责任与义务。在当前的社区中，这类网络成员主要由社区干部、社区工作人员、社区居民、社区有关机构和组织构成，支持的重点对象是社区内的弱势群体如失业下岗人员、老年人、残疾人、贫困者等。立体阶梯网络是多层次的支持网络，其互动主体是跨越特定社区范围的社会支持网络系统成员，这类网络从横向看有彼此相邻的其他社区，从纵向看有上下涵盖的社区，如街道与居委会的梯度社区，这种社区支持网络空间范围更大，社会资源更为丰富，支持的社会化程度更高。比如某一社区的某一或某些成员需要得到救助，通过立体阶梯网络就可以到上一层或下一层的网络体系中去寻求有效的支持。这种网络支持更适合一些非常特殊的，由于资源或条件的限制在本社区内无法得到有效帮助的群体和个人之援助需求。

第二，社会支持网络的支持内容。社区工作中的社会支持网络之目标是调动和运用社区资源，发扬社会工作的"助人自助"理念，发动社区居民积极参与社区互助活动以帮助和解决一些社区成员的社会不适。社区居民遇到的困难各不相同，所以社会支持网络的内容也是多种多样的。当前，社区中的社会支持重点主要表现在物质支持、精神与心理支持、关系支持以及社区照顾等方面。

物质支持。无论是城市社区还是农村社区，都有一些由各种原因导致的生活贫困者，尽管政府有"送温暖工程"、最低生活保障制度等措施对其进行救助，但是这种制度性的措施有相关的严格实施标准，不是对每个需要帮助的社区成员都适用。因此，通过社会支持网络调动社会资源，给予社会弱势群体必要的物质支持是相当必要和重要的。在社区工作中，社区工作者可以通过多种形式，为他们提供物质性的援助和支持，如发动社区网络中的力量，为社区内特困家庭、残疾人、孤寡老人等提供衣物、粮食、现金支持以及各种服务等。

精神与心理支持。精神压力以及心理疾病是现代社会中较为常见的问题，一些人由于不能及时得到纾缓而严重影响工作和生活。值得指出的是，人们对心理及精神问题所造成的社会负面影响之重视程度远远没有对贫困问题带来的社会影响的重视程度高，不少有心理及精神问题的社区成员处于孤立无援的地步，极易导致一些意外情况的发生。进行心理和精神矫治是专业社区工作的重要内容和方法，也理所当然是社会支持网络中的重要内容和方法。当前，社区中的弱势群体不仅仅是指在物质生活方面遇到困难的人，那些在心理与精神上有很大压力与障碍的人也同样可以被认定为弱势群体，因此，社区工作者必须把其纳入社会支持网络之中。

关系支持。由于社会资源占有关系的不同和社会不公的客观存在，有些社区成员往往处于弱关系状态之中，即社会交往单一、社会关系简单、经济收入低下、社会地位低微，他们很难融入社会的主流而成了事实上的生活贫困、精神空乏的社会弱势群体。利用社区工作中的社会支持网络系统，对之进行关系支持是十分重要的。所谓"关系支持"，就是社区工作者通过网络关系介入，调动、调整和利用社会资源，在一定的范围内重新协调和分配资源，为处于"弱关系"状态下的社区成员提供各种改变当前所处状况的机会和条件。在当前，社区工作者为失业下岗人员进行再就业培训，提供再就业机会；为老年人组织各种社会交往活动以增进老年人的身心健康；为家庭暴力和家庭虐待受害者提供法律援助；为社区妇女权益的维护提供法律依据；为残疾人的社会适应提供帮助；等等。这些都属于社会支持网络中的"关系支持"。

社区照顾。社区照顾是建设"关怀社区"（Caring Community）过程中的重要内容，一般指在一个社会服务网络中，专业性的社区工作者组织家人、邻里、朋友、志愿服务者以及有关组织对社区内的老人、儿童、病人、残疾人等进行护理和照顾。社区照顾有两种方式："在社区内照顾"（care in the community）与"由社区照顾"（care by the community）。前者指在特定的范围和地域内如某一个社区内，以小型机构的形式，为需要照顾的人士提供包括院舍在内的专业性照顾，使得那些特殊人群能够在不远离家门的情况下接受照顾服务；后者指把家庭的照顾功能社会化，由社区工作者进行资源整合，把需要照顾人士的家属、邻居、朋友以及社区内的志愿人士组织起来，构成一个照顾网络，对特殊人群进行照顾（苏景辉，1997：144）。鉴于我国的实际情况，以机构和专业照顾为主的"在社区内照顾"只能在少数有条件的社区进行，而动员社区的力量，组织一个社区照顾的网络，则具有很高的可行性和很强的可操作性。

第三，社会支持网络形式。从网络结构角度看，社会支持网络可以有个人的、互助的、社区的等多种形式。

个人网络形式。个人网络形式就是社区工作者通过网络资源的整合与提供，使社区成员提升自身克服困难的能力，也就是增权或充权（empowerment）。所谓增权，指个人、组织和社区赢得控制权或者对自己生活和周围环境实施控制的过程以及结果，在社区工作中，增权就意味着提升助人或自助的能力，并且意味着社会资源（权利）的分享和再分配。"增权"这个词在社会工作领域用得很多，例如，单亲家庭的增权、女权运动和妇女健康、社区的增权、艾滋病人的增权、健康促进、精神健康等。在社会支持网络的构建与发展中，为社区成员增权，使其增强"自助"的能力，对于问题的解决是有极为重要的意义的。

互助网络形式。互助网络形式是把面对相同问题的人聚合在一起而建立一种互帮互助的网络关系。这种形式特别适合小范围内的网络层次构建，如邻里、非正式群体以及趣缘、业缘等群体间的互帮互助。在社区工作介入的同时，小组（团体）工作的介入对之将是十分有效的。

社区网络形式。社区网络形式是相对较为宏观的支持形式，就是在整个社区的范围内构建支持关系和互动网络，其资源调动和运用以及人员、组织、机构的互帮互助更为社会化。社区工作者的任务主要表现在了解和反映社区群众的呼声，发动社区群众关心、支持并参与网络的构建与发展，通过多种形式促使社区问题得到解决，推动社区健康稳定地发展。

再从支持运作过程来看，社会支持网络有制度化和非制度化两种形式。

制度化形式是以政府为主体的支持方式，如社会保障制度、最低生活保障制度、相关政策以及各类应急性的社会救济和"送温暖工程"等。这种支持方式有一定的程序性和规范性，但涉及的支持面不宽，支持的内容较为单一，社区成员的参与程度不高，特别是很难体现社会工作"助人自助"的理念。网络结构虽然稳定，但是网络辐射不强且呈单一方向。

非制度化形式是社区工作调动社会资源，发动社区群众自发组织的互帮互助网络。这种形式群众参与度高，社会资源渠道较多且容易整合。由于群众置身于该网络中，因此更能体现双向或多向的社会网络支持效果。

四　社区工作中社会支持网络构建的意义

发达国家的经验表明，建立完善的社会保障制度，为公民编织一张社会安全网，开展专业性的社会工作，为居民提供多种形式的援助和支持，是解决社会问题、缓解社会冲突最为直接有效的方法。在我国社会保障制度还不健全、不完善的情况下，构建社会支持网络，对于推动社会工作和社区工作的发展，对于社区居民"助人自助"理念的确立，对于社会资源的调动和运用，对于社会问题的预防和解决，都具有极为重要和深远的理论意义与现实意义。

促进社区工作的发展。通过构建社会支持网络，可以从三个方面促进社区工作的发展。其一，促进社区成员的自助与互助，形成良好的"助人自助"的理念氛围，使社区群众能身临其境地感受社区工作的参与互动，从而认同和接受社区工作。其二，提供直接、快捷的社区服务，体现社区工作的专业助人特点。在社会支持网络中，亲朋好友、邻里同事等既是支持的主体也是支持的客体，其直接、快捷的助人方式正好弥补了社会保障制度与政府救助的某些不足。其三，强化了社区工作调动社会资源的功能，为社区工作的专业实务操作活动提供了工作平台。社会支持网络能够发挥较好的支持救助功能，在很大程度上是因为社区工作者调动、组织、运用了社会资源，这正好与社区工作的主要功能相一致，同时，通过社会资源调动的过程，社区工作者的专业性也得到很好的体现、验证与提高。

促进社会问题的解决。解决社会问题仅仅依靠政府的"送温暖工程"、依赖尚不健全和完善的社会保障制度还远远不够，必须动员和运用全社会的力量。社会支持网络正是用网络的方式，把社区内各种层面、各种状况的居民联结在一起，提升了抵御社会风险和经济风险的能力，社区居民所遇到的各种困难和压力必定得到很好的解决和纾缓。

有助于良好社会风气的形成。在社区工作者的组织和运作下，社会支持网络中的成员能够做到经常性地互帮互助，社区成员间的支持不仅表现在物质上，还表现在精神与心理上。心理支持对于受助者的情绪调节与压力缓解具有比物质支持更为重要的意义，受助者从中感到他助、互助的温暖，在其恢复正常生活后，受助者更有切身体会与热情去当助人者。这就在社区形成了"人人为我，我为人人""一人有难，百人相助"的良好社会风气与助人氛围。

参考文献

苏景辉，1997，《社区工作：理论与实践》，台北：巨流图书公司。

王思斌，1999，《社会工作概论》，高等教育出版社。

一项急需且有价值的社会工作介入手法*

——论企业社会工作

随着社会工作教育的蓬勃发展与社会工作实务的迅速推进，作为一门学科和一项职业的专业性社会工作在国内已经得到了较快发展，并得到越来越多人的认知和认可。社会工作的实践与实务经验证明，社区建设与社区进步，小康社会建设与和谐社会发展，都离不开专业性和职业化社会工作的介入。值得注意的是，目前社会工作介入的重点大多还停留在社区层面，忽视了人员比较集中、问题比较复杂、涉及面比较广泛的企业，企业的专业社会工作介入手法——企业社会工作，还基本没有得到推进和实施。本文拟对与企业职工以及企业经营者有着直接关系的企业社会工作做一概要分析。

一 概念：工业社会工作、职业社会工作及企业社会工作

企业社会工作在当前还是一个不大为人们所了解和认知的概念，甚至也很少有人运用它。[①] 如何理解和定义企业社会工作？我们必须首先从对工业社会工作和职业社会工作这两个基本概念的理解入手。

与其他社会工作实务如医疗社会工作、学校社会工作、社区社会工作、

---

*　原文刊载于《社会科学研究》2005年第4期，收入本书时做了文字修订。该文为笔者在香港理工大学应用社会科学系兼读（part time）社会工作硕士时，受系主任阮曾媛琪教授影响而作，是内地第一篇公开发表的"企业社会工作"主题的学术论文。人大复印报刊资料《社会学文摘卡》2005年第10期摘录。

① 笔者在资料的收集和与有关专家的讨论中，发现很少有人使用企业社会工作概念，本文使用这一概念之意图，主要是为笔者的相关实证研究确定对象和范围。

矫治社会工作等比较，工业社会工作（Industrial Social Work）是一个相对较新的领域。这表现在不仅工业社会工作的实务比较少，而且在现有的社会工作教科书中，也很少有章节对之加以讨论。1978年6月，美国社会工作界在纽约召开了一次命名为"全国工业社会工作"的讨论会（National Conference on Social Work Practice in Labor and Industrial Setting），会议邀请一百多位富有经验的工业社会工作人员对开展工业社会工作问题进行了广泛的讨论。与会者迪维（Devegh）教授认为，积极开展工业社会工作是社会工作的一个新纪元（徐震、林万亿，1999：479）。这次会议对工业社会工作下了如下定义：工业社会工作是运用社会工作的专门知识，去满足工人的需求，以及服务整个工业设施的组织目标。社会工作人员从多元的环境系统中去影响劳工个人。其所提供的直接服务，包括咨询、团体服务、实质性服务方案，为员工辩护、社区与个人的联结服务，协助员工与管理部门人才储训，并成为工业社群与工会的决策顾问（徐震、林万亿，1999：481）。从这一定义中可以看出，工业社会工作的对象是工业企业中的员工，其方法是社会工作的基本服务手法，其目的是为工业企业员工服务，解决实际问题，也包括为工业企业的管理者和管理部门服务。

20世纪80年代初，中国台湾地区开始了工业社会工作实务，在概念的运用上，也有人把此称为"工厂社会工作"，或做"社会工作在工业界的应用"以及"社会工作实施于工业界"之理解与诠释。不过大多数学者认为，不如用"工业社会工作"更为直接和妥当。徐震、林万亿（1999：481）认为，"工业社会工作是应用社会工作的专业方法实施于工业体系或工业机构（设施）中，透过社会工作人员与其他相关专家的协助，提升员工解决问题的能力，促进良好的工作适应关系，充实员工职业生涯的成就，提升合理而有效率的生产环境"。这一定义清楚地说明了工业社会工作的对象、目标和手法，从专业角度强调，工业社会工作能够以社会工作的技术和手法提升员工解决问题的能力，能够将职业生涯的观念引进工作生活中，并将社会工作专业方法应用于工业组织管理领域，有助于生产环境的改良。

20世纪60~70年代，伴随着日益突出的贫富差距问题，中国香港的劳工问题引起了社会的关注，但是一些工会组织往往注重政治性的宣传而忽视劳工的福利，鉴于此，一些教会组织成立了劳工组织，比如基督教工业委员会，为香港劳工提供诸如劳动教育计划和劳动争议辅导等服务。但是，这些服务还不能被认为是专业性的社会工作，充其量只是具有某些社会工作的成分。到 20 世纪 80 年代，工业社会工作才逐渐为大家所熟悉和接受，成为专业性社会工作中的一个专门领域（Fong & Yuen-Tsang, 1996）。1990 年 10 月，香港社会服务联会社会发展部曾发表一份工业社会工作资料文件（Information Paper on Industrial Social Work），对以前的劳工服务和工业社会工作做了总结并界定了工业社会工作。

1999 年 5 月，香港社会服务联会社会发展部的"工业社会工作资料及未来发展方向"咨询文件，把工业社会工作定义为："工业社会工作是一个社会工作实务范畴，在其中社会工作者关注劳动人士就业及工作生活相关的种种需要，策划及推行适切的介入与服务，促进他们的工作生活素质及职业福利。"这一定义同样清楚地说明了工业社会工作的特定对象是工业企业中的劳动人士，关注的重点是他们的就业、工作生活素质与职业福利，工作手法是专业性的社会工作技术。

从为数不多的文献中我们可以看到，工业社会工作是社会工作的一个特定的工作领域或工作手法，这从工业社会工作的其他英文表述如 Social Work Practice in Industrial 和 Social Work/Service in Industrial or Work Place 就可以清楚地看出来；工业社会工作的服务对象是工业企业的劳动者；服务的方式和内容涉及诸多方面；工业社会工作有提高工作效率以及改善管理的效能；等等。

很明显，工业社会工作的对象是工业企业的职工，工业社会工作的目标就是为工业企业职工提供专业性服务。换言之，工业社会工作被视为一个关注和服务于工厂工友以及"蓝领"工人的社会工作范畴。从美国以及中国香港地区早期的经验看，工业社会工作主要集中于制造业和建筑业，职业上主要关心工厂的技术工人和非技术体力劳动工人。但是，随着工商业及其他行业的迅速发展和分工越来越细，无论在行业上还是在职业上，现代社会中的体力劳动者和脑力劳动者、技术劳动者和科技劳动者越发呈多元化趋势，他们都同样会遇到各种各样的问题，有接受专业社会工作服务的需要。在这种情况下，如果仍然使用工业社会工作这一概念，已经显得范围过于狭窄了。鉴于此，20 世纪 80 年代后期，国外及我国香港地区一些社会服务组织和社会工作专业团体开始把职业社会工作（Occupational Social Work）和工业社会工作（Industrial Social Work）交互使用，并逐渐较多地使用职业社会工作概念，甚至有用职业社会工作取代工业社会工作的趋向。职业社会工作概念的出现，说明社会工作关注范围更加广泛的劳动者和就业者，这是时代发展的必然要求和必然趋势。

本文认为，从职业社会工作的目标看，其工作范围涉及整个社会职业的分布，换言之，只要存在劳动者，存在就业者，存在某种行业内的职业，职业社会工作的工作范围就可以涉及，这是职业社会工作的共性，无非在各自不同的行业，其工作对象和工作手法有其个性特点罢了。应该说，职业社会工作的对象范围比工业社会工作要大得多。结合我国内地实际，笔者试图从广泛的行业分类和行业分布中离析出企业社会工作作为本文的研究对象。

企业是从事生产、运输、贸易、文化等经济活动的部门之总称，包括工业、农业、建筑业、运输业、商业以及其他行业的组织和单位，为企业及企业职工的利益和福利提供服务而介入的专业社会工作手法就是企业社会工作。尽管目前这一概念很少被使用，但是，企业社会工作和职业社会工作、工业社会工作之含义和实质是相同的，无非各自的服务对象和工作范围不同罢了。

企业社会工作、职业社会工作与工业社会工作之共同点是三者都能兼顾职工与企业两方面的因素，以社会工作的专业手法为工业企业与其他企业或者其他单位的职工进行专业性服务，以达到解决职工问题，提升企业效率的目的。三者的不同点主要表现在介入的工作范围不尽相同：工业社会工作范围是工业（厂）企业；职业社会工作则较为广泛，包括所有职业和就业单位中的职位、职工与组织；而企业社会工作的对象则限定在各种类型经济活动的企业单位中的职工和组织上。企业社会工作比工业社会工作的外延要大，但比职业社会工作的外延要小。结合工业社会工作和职业社会工作概念，我们试对企业社会工作做如下定义：企业社会工作是运用社会工作的专业手法，以工业、农业、商业、建筑业、运输业以及其他行业的企业单位及其职工为服务对象，以预防和解决企业及其职工问题为目标，以企业员工全面发展和企业组织科学管理为宗旨，以培养和发扬员工互助精神和自助能力为追求，调动和利用各种资源，提高员工福利，提升企业效率，促进员工和企业和谐发展的专业化介入手法与工作过程。

二 要素与实施：企业社会工作的服务体系及功能

企业社会工作有其服务模式、服务主体与服务对象以及特定的社会经济功能，对之做简要分析可以帮助我们进一步了解和研究企业社会工作的内涵，有助于企业社会工作的实施。

1. 企业社会工作的服务模式

从香港的经验来看，企业社会工作主要关注的是劳动人士的工作生活素质和职业福利，注重就业者就业及工作生活服务，因此，其服务模式就表现为"个人发展取向"模式和"社群权益取向"模式。

"个人发展取向"模式是与工作生活相关的心理-社会服务（Psycho-Social Services）模式，如雇员辅导、劳动者支持小组、压力舒缓课程以及人际关系训练；对雇员的职业培训或再培训；与就业相关的服务，如就业介绍与选配、面试的训练与模拟、就业后的跟进辅导等。从企业社会工作的过程形式来看，有些服务组织或单位提供集中的服务，也有的服务组织和单位提供多样化的服务类别和项目。以上的企业社会工作服务形式主要针对劳动者个人，因此被称作"个人发展取向"模式。

"社群权益取向"模式是从宏观上针对社会政策环境等方面的企业社会工作，其内容主要为：劳动法律方面的咨询与宣传教育；劳资纠纷以及工潮过程中的介入，劳工权益政策方面的倡导与帮助。这种类型的服务是为服务对象的权益而工作，因此被称为"社群权益取向"模式。

"个人发展取向"和"社群权益取向"只是服务的着重点和着眼点不一样，事实上二者是相辅相成的，在香港不少企业社会工作的单位能够提供这两方面的服务，也就是提倡一种综合服务取向，即既考虑到针对劳动者个人的服务，也考虑到因社会政策环境方面对劳动者及企业、企业主的影响而采取的综合服务。

2. 企业社会工作的服务主体机构系统

从 20 世纪 90 年代以后香港的服务主体机构看，企业社会工作的服务主体机构有以下五大类型。

第一，社会组织主办的独立工（企）业社会工作计划。其实施主体是社会组织，有自身独立的服务机构或依附于社区服务单位，经费大多来源于社会福利署以外的资助，如公益金、赛马会、教会，以及自行筹募等。其工作人员为专业社会工作者，服务内容呈多元化，有较大空间推广"综合取向"模式，但重点在"社群权益取向"模式。

第二，社区中心工业社会工作部。就是在社区服务中心内调配资源，成立一个"工业社会工作部"等专门的部门，附属于社区服务中心，以专业社会工作者为主要工作人员，进行专门的多元化服务。服务经费来自社会福利署的资助或其他资助。这种形式主要表现为工业社会工作的一种组织形式——在社区服务中心的协助下开展工作。

第三，雇员再培训计划。该项培训计划获得雇员再培训局的经费资助，以职业再培训课程以及相关配套服务为主要工作内容，包括就业服务与职业技能培训等；服务主体单位仍借助于原有的社区服务单位，由专业社会工作人员与其他专业背景的工作人员担当服务工作人员。其工作模式主要为"个人发展取向"模式，也有少数的"社群权益取向"模式。在这项培训计划中，还强调了雇主的参与以提高培训内容的针对性和就业成功率。这种形式主要表现为工业社会工作的另一种组织形式——在政府部门的支持下开展工作。

第四，雇员辅助计划。特指社会组织以社会工作取向举办的雇员辅导、培训及其他辅助服务。这种服务工作多见于一些服务机构，经费主要来源于雇主，其服务内容主要是为雇员做辅导，也包括相关的培训以及雇主愿意支持和满足雇员的其他福利需要的服务，这种服务模式偏重"个人发展取向"。这种形式表现为工业社会工作的又一种组织形式：社会组织的服务以及雇主支持和资助下的专业服务。

第五，社会工作取向的劳工服务团体。这一工作形式主要表现为具备社会工作取向的独立劳工服务团体所推行的带有独特关注的服务工作，如工业健康、妇女劳工等。其经费来源于劳工服务团体自行筹集、社会捐助或特别项目的资助。这些团体本身有独立的办公地点和工作人员，包括专业的社会工作者及其他劳工服务工作者。其服务模式偏重"社群权益取向"，也有的团体较为关注"综合取向"的服务。这种形式表现为工业社会工作的特殊组织形式——劳工服务团体的专向性和专门化服务。

可以看到,香港企业社会工作的服务主体机构主要表现为社会组织、社区服务中心、政府部门、工作机构与雇主协作以及劳工服务团体等几个方面,从这个意义上说可谓多管齐下,换言之,针对劳工及工厂企业的各种问题,香港企业社会工作的主体是多元化的。其内容涉及劳动教育、技能培训、劳工辅导、特殊成员服务以及相关宏观政策和权益的宣传和保障等多层次、多方面、多类型的服务。其经费主要来自政府部门的资助、雇主的投入、社会各界的捐赠以及服务团体的筹集等,从而在物质层面保证企业社会工作的开展。

3. 企业社会工作的服务对象

与其他社会工作手法的服务对象不一样,企业社会工作的服务对象不是环境各不相同的单一个体,而是环境相同、面临问题相似的一个群体——企业职工,所以,企业社会工作的案主就是一个案主体系(Client System),包括三个方面。

企业员工。他们是企业的主体,也是企业社会工作服务的主要对象,企业的管理与运行如何,直接影响着他们的工作积极性与生活条件。

企业员工家属。企业员工的情绪和工作态度不仅受企业本身的影响,也受其家庭生活及家庭关系的直接影响,为此,企业社会工作的服务对象也必须扩展到企业员工家属。

企业管理部门。企业的管理理念、管理价值观和管理水平对职工的直接影响很大,如何协调好管理部门与企业运行以及企业职工之间的关系,是企业社会工作探讨的重要内容之一。包括高层的决策、中层的管理以及基层的实施过程与职工之间的关系,都需要企业社会工作者的积极介入,以求得企业和职工之间良好地互动,达到既提高管理效率,又提升职工福利的目的。

4. 企业社会工作的功能

企业社会工作可以看成社会工作在企业的具体化展开,有其极为重要的意义和功能。在市场经济条件下,企业员工或职工面临很大的工作压力和精神压力,他们亦有一系列的紧张、单调、疏离、厌倦等心理和生理反应,这些也非简单的物质补偿所能解决的，需要专业社会工作的介入。

第一，为企业员工或职工提供心理疏导的途径。出于工作性质的原因，企业职工的工作压力比较大，加之企业中的资源与权限以及利益分配存在事实上的不对称，职工处在明显的不利一端，为此，他们必然会面临一些问题，如工作环境和条件恶劣、劳资冲突、工资待遇偏低等问题导致的心理与生理不适等。弱势的地位与处境使得他们很难单独通过自己的力量或者企业的力量来解决问题，而企业社会工作的介入则能够提升他们解决问题的能力和效果。

第二，改善工作条件，提升企业员工的福利水平。从社区工作的社区行动模式角度看，社会工作者要结合社区力量，寻求权利和资源的再分配以推动社区的发展。如果我们把企业看作一个社区的话，那么，企业社会工作者也应该把社区（企业）中的弱势群体（企业职工）组织起来，和企业管理层沟通，为他们寻求更多的权利和资源，以达到改善他们的工作环境和工作条件、提升他们的福利水平的目的。

第三，协助建立职工组织，进行职工和职业教育。企业职工要在企业中求得良好的工作环境和提升自己的福利水准，主要还是在于自己的争取。为此，企业社会工作中的服务和工作计划就要配合企业以及企业职工的现状与条件进行，采取措施以得到更多的助力和动力。当然，社会工作者不是企业职工的领导者，只有帮助工人建立强大的工会组织，才可以推动和促进职工的增权。而企业社会工作就是职工增权的"催化剂"，协助建立职工组织和进行职工与职业教育。企业社会工作是促进职工的增权而不是领导职工的工运，社会工作者在劳动群众中所做的工作就是鼓励、协助和辅导。就组织而言，企业社会工作者要协助工会的建立和健康运行，促使其起到维护职工权益的作用。就教育而言，大致可以分为两类：一类是对职工进行"成长教育"和"自助教育"，通过不同形式，促使职工认识到争取自己合法权益的手段和途径以达到增权的目的；另一类是职业（技术）教育，为职工提供充实和提升自己，以胜任工作的机会。

第四，通过上述环节，企业社会工作在为职工解决实际问题，提升福利水平，改善工作环境和条件，以及技能培训等方面的服务介入，可以在很大程度上缓解企业与职工之间的矛盾与冲突，从而提高企业的管理效率。

三　问题与展望：企业社会工作在内地开展的必要性与介入手法

1. 企业社会工作在内地开展的必要性

在社会转型时期，内地的企业出现了很多新情况，企业职工面临新的问题。从企业社会工作的介入层面看，主要表现在以下四个方面。

第一，就业稳定性差，职工基本福利不能保障。市场机制的引入，使得各种类型的企业都面临巨大的市场风险，失业下岗的可能性与现实性同时存在。特别是在一些个体或私营企业，劳动者与企业之间缺乏必要的劳动合同关系，在职职工的工作权利和工作条件不能保证，职工失业之后的补救措施也往往得不到应有的实现，职工处于明显的弱势地位。

第二，收入不高与生活贫困。大部分企业职工的工资性收入不高，在一些个体或私营企业，职工的工资待遇往往由企业主单方面来决定，职工没有要求增长工资与提升福利的实际权利。失业职工与在职职工生活贫困现象是社区中比较突出的问题，他们面临较为沉重的生活和就业压力，亟待企业社会工作为之做专业性的疏导。

第三，一些企业职工的基本权益得不到保障。在利益驱动下，一些企业往往把职工简单地看作"劳动力"，很少用"自家人"的意识来保障他们的基本权益，职工的基本福利如健康、工伤、失业等劳动保障以及工资待遇的稳定与提高，及时发放工资等问题不能得到及时有效的解决。

第四，职工心理问题缺乏疏导渠道。企业职工面对工作与生活的压力以及其他方面的压力，心理上的不适必然会通过多种形式表现出来，比如焦虑、郁闷、烦躁、不安、易怒，甚至有厌世轻生或暴力对抗的极端行为。从某种意义上说，一般企业的生产经营性活动对诸如此类的心理不适表现并不会过分关注和重视，因此，这些心理不适表现不仅不能得到有效的控制、缓解和解决，而且会在问题没有得到解决的情况下变得越来越严重。心理问题的存在和严重化趋势，必然影响到职工的身心健康，这不仅会影响到职工本人的情绪与工作及生活，还会直接影响到企业的工作效率甚至企业的形象。由此可见，专业性企业社会工作的介入是十分必要的。

毋庸讳言，在竞争激烈的市场经济体制下，一些企业仅仅简单地把自己看成生产或经营单位，它们关注的重点在于企业的工作效率和经济效益，并没有很好地意识到以人（职工）为本对企业运营的重要性，没有看到关心人（职工），调适职工心理，沟通职工与企业联系的积极意义。这种现状导致事实上的关心工作和关心人（职工）之"两张皮"倾向，其结果是不仅使企业职工的各种问题得不到及时有效的解决，更为重要的是，在很大程度上也影响了企业本身的工作效率和可持续发展，影响了企业的形象提升。尤其严重的是，在一些个体、私营以及外资企业里，克扣与拖欠职工工资，侵犯职工权益，随意辞退职工，不关心职工健康状况以及福利缺失等问题还比较严重，职工处在明显的弱势地位，他们的问题长期得不到有效的解决，从而影响了其工作积极性和身心健康，也影响了企业的发展。值得一提的是，这种问题的出现仅引起了人们在道义上的关注，很少有人通过企业社会工作的介入来解决这个问题，为此，笔者认为，当前积极推行企业社会工作，为企业职工提供专业性的服务，创建良好的就业和再就业氛围，是一项紧迫的、具有极为重要的意义的工作。

2. 企业社会工作的基本介入方法

企业社会工作是社会工作在企业范围的具体实施和展开，其主旨和方法与社会工作是一致的。鉴于此，企业社会工作依然可以使用传统的个案、小组以及社区工作的方法。就职工个体而言，个人面对的问题不尽一致，特别是在心理问题的缓解和处理上，社会工作者宜采用专业的个案工作手法加以实施，因为个案工作是由专业社会工作者运用有关人与社会的专业知识和技巧为个人和家庭提供物质或情感方面的支持与服务，目的在于帮助个人和家庭减轻压力，解决问题，达到个人和社会的良好福利状态。在个案工作中，社会工作者在与案主彼此信任合作的和谐关系中，充分调动案主本身的潜能与积极性，共同探讨、研究案主的问题、案主的家庭及社会环境，运用案主本身及外部资源，提升案主解决问题的能力，达到帮助案主成长的目的（王思斌，1999：79）。在企业推行个案工作，就从技术层面和人性化角度保证了"以人为本"的基本理念之具体化，可以填补目前企业运行过程中的空白。

企业职工同在一个单位或行业工作，他们工作的外部环境一样，所以，他们所面对的问题往往具有共同的一面。为此，企业社会工作的第二种介入方法就是小组工作。社会工作者在小组过程中，通过小组互动与方案活动达到个人成长与社会目标的完成，小组工作通过有目的的团体经验，协助个人增进其社会功能，以及更有效地处理个人、团体或社区的问题。其功能可以表现为：影响个人发生转变，提升小组成员解决问题的能力，学习适应危机情境，促进其个人成长；促使小组成员遵从适应社会所需要的行为规范，培养社会责任感，在社会生活中担当起积极有用的角色；用集体的力量解决问题，在小组中，小组成员团结协作，共同面对环境，提升小组成员与他人配合解决问题的能力，用团队的力量来共同解决问题。

任何企业都处于特定的空间区域即社区中，企业的运行和职工的工作与生活都和社区以及社区建设、社区发展有着千丝万缕的联系。社区工作的主要特点是，通过发动和组织社区居民参与集体行动，确定社区的问题与需求，动员社区资源，争取外力协助，有计划、有步骤地预防和解决社会问题，调整或改善社会关系，减少社会冲突，培养自助、互助及自决的精神，增强社区的凝聚力，培养社区居民的民主参与意识和能力，提高社区的社会福利水平，促使社区进步。在企业社会工作中，对企业职工的服务不能脱离社区而孤立地实行，企业和职工所面临的问题并非单一地可以在企业内部解决，必须调动和运用社区的资源和力量才能得到最佳整合，从而达到解决问题的目的。

3. 企业社会工作的主要介入内容

企业社会工作必须紧扣企业及其职工所面临的主要问题而展开。从目前的企业状况看，企业社会工作的主要介入内容应该包括以下几个方面。

职工基本权益的争取与维护。由于地位差距，职工在企业中的弱势地位是一个不争的事实，他们的许多权益得不到有效的保护。企业社会工作的介入，就是要把职工组织起来，树立他们的团队精神，发挥他们的集体力量，争取他们应得到的各种权益，达到真正意义上的"自助"。

职工心理疏导。前面已经提到，一些企业职工的心理问题及其反应是一个严重而又没有引起注意和得到解决的问题，这种现象无论对于职工个人还是对于企业都是十分有害的。企业社会工作的介入，可以发挥其专业性的特长，从而有效地开展职工的心理疏导工作。

就业和再就业教育与培训。就业和再就业教育与培训是市场经济运行中的必然要求，也是政府、社区和企业的责任。在当前的各种就业和再就业培训中，似乎主要是政府和社区在担负着这个重任，而企业只是一个"已培训人员"的接收和使用的场所，社区中失业下岗人员的再就业培训似乎与企业没有直接关系。企业社会工作之就业和再就业教育与培训包括两个方面：一方面是帮助社区组织和实施再就业教育与培训；另一方面是协助企业进行就业教育与培训，其主要手法是对在职职工进行技能提升教育和培训，以使职工能够适应不断变化的形势。

建立职工与企业的有效沟通网络。由于资源拥有、利益关系等方面的不同，职工和企业之间必然是一对矛盾，认识和处理这对矛盾，构建职工和企业的有效沟通网络，是企业社会工作所要做的重要工作。在一些企业，职工的物质、精神需求不能得到企业经营者的重视，企业经营者的管理举措也不能得到职工很好的理解，其主要原因就是职工和企业双方缺乏有效的沟通手段与沟通渠道，甚至在少数企业，二者之间还缺乏沟通的诚意，造成劳资双方的冲突，产生很大的负面影响。而企业社会工作的介入，就可以从保护职工的权益和维护企业的利益之角度出发，运用多种手法和技术，促使职工和企业经营者建立一种信任和伙伴关系，达到增进职工福利，提高企业工作效率的目的。

4. 企业社会工作的介入途径

相对于其他社会工作的介入方式，企业社会工作的开展时间并不长，香港也是在 20 世纪八九十年代才开展，在内地，社会工作还没有推进到企业，因此，还没有现成的经验可言。结合香港等地的经验，本文试图从四个模式加以设想和展望。

空间范围上以企业为基础。既然是企业社会工作，其空间范围就必须锁定在企业。企业经营者和企业职工就是企业社会工作者的服务对象。企业社会工作小组要有专业社会工作者的指导和带领，同时要注意培养职工中的"领袖人物"（leader），充分发挥领袖人物在企业社会工作中的重要作用。

组织形式上以工会为依托。工会是企业职工的利益代表和代言人，是调和与解决企业职工与企业经营者矛盾的法定组织，因此，企业社会工作的开展要主动取得企业工会组织的理解和支持，并以工会组织为依托，与工会形成合力，充分发挥企业社会工作在企业运行中的整合作用。

资源上以社会组织为辅助。由于目前内地专业社会工作者的不足以及专项资金的稀缺，企业社会工作的开展与推进必然会遇到专业人才和资金不足的困难。除利用现有社会工作教育阵地的力量和鼓动企业经营者的高度重视之外，推动社会组织介入以起到辅助性作用是十分重要的。尽管目前内地的社会组织为数不多且不为人所熟知，但是，把它们引入企业社会工作过程中以加大该项工作的力度是十分必要与重要的。

服务上以职工为本。社会工作的基本理念是"助人自助"和"以人为本"，企业社会工作自然也要"以职工为本"，以职工为主要的服务对象，为他们解决工作和生活、物质和精神等方面的问题。

四　结语：一个未尽的话题

随着社会工作教育与实务在内地的逐步推进，随着市场经济的不断深入，随着企业职工问题的不断"社会化"，开展企业社会工作显得十分必要和重要，它不仅可以提升职工的福利水平，提高企业的管理水平和运营效率，甚至还能够推动和谐社会的构建，其意义必将随着其功能的发挥而不断得到社会的瞩目与认同。不过，我们也必须清醒地意识到，社会工作以及企业社会工作在内地的推进与开展还有一些困难，如社会认同度和接纳度还有待提高，专业人员的专业知识和业务能力还不够，缺乏专项资金，社会工作没有职业制度化保证，等等。这些情况的存在无疑会影响企业社会工作的深入发展及功能的发挥。

面对诸多困难，作为社会工作教育者和研究者，我们的唯一思路和做法就是：脚踏实地，从我做起，开拓进取。在此，笔者想借用香港理工大学应用社会科学系主任阮曾媛琪教授的主张作为本文的结尾："开展企业社会工作不能被动、不能等、不能靠，要主动出击，要相信改变，要积极去开拓，促进改变，要有耐心、有信心地去创造出一个社会工作的新天地。"①

---

① 参见中国社会工作教育协会东北片会上的演讲，2004。

参考文献

王思斌，1999，《社会工作概论》，高等教育出版社。

徐震、林万亿，1999，《当代社会工作》，台北：五南图书出版公司。

Fong，Andy Yik-Lam & Angelina W. K. Yuen-Tsang. 1996. *Occupational Social Work*. Social Work in Hong Kong.

社会工作和社会保障的同源性及其在和谐社会构建中的重要意义*

一 问题的提出

目前，社会各界越来越深刻地认识到，建立完善的社会保障制度，对于改革开放的深入，对于全体民众共享改革发展成果，对于各种社会问题的解决，不仅具有极为重要的理论意义和实践意义，而且具有重要的战略意义。但是，人们在呼吁和践行社会保障制度建立和完善时，往往忽视了一项与社会保障具有相同功能，又相辅相成、相互促进的专业化手法和职业化服务——社会工作。这种在实际工作中存在的重社会保障而轻社会工作的现象，不仅制约和削弱了专业社会工作的学科建设和实务开展，还在很大程度上弱化与影响了社会保障功能的发挥。本文试图就社会工作和社会保障在社会救助与社会福利工作中的密切关系展开讨论，以期能够推动我国社会保障和社会工作的协调发展，促使社会保障和社会工作在和谐社会构建中功能得到最大化发挥。

二 社会工作和社会保障的同源性发展

社会工作与社会保障作为近现代工业社会解决社会问题的两大举措和手

---

* 原文刊载于《江苏社会科学》2006 年第 2 期，收入本书时做了文字修订。该文为笔者给硕士生讲授"社会福利与社会工作"课程所思而作。人大复印报刊资料《社会保障制度》2006 年第 6 期全文转载。

法，是为社会上处于困境的人提供援助的有效机制。社会工作是建立在"以人为本""助人自助"理念基础上的专业性和职业化助人活动；社会保障是以立法为基础，以普遍性为原则，以制度化为保证的社会政策和社会安全制度。两者在终极目标上是一致的，其共同的宗旨就是以专业性和制度化为保障，从物质和精神、问题介入和心理疏导等方面为人们解决实际问题，提升其生活质量与福利水平。

从历史上看，社会工作和社会保障均起源于欧美的社会救助活动，二者之间存在明显的"同源性"：随着救助过程中专业化手法和职业化手段的逐步形成及国家责任主体的确立，社会救助活动本身在其发展过程中逐渐出现了分化与分工，形成了两条不同的发展线索或发展方向：一是依靠社会组织的力量，在"受薪专业工作者"的推动下，形成了专业性、职业化的社会工作；二是通过国家和政府的力量，以立法为基础，渐次形成了政策性与制度化的社会保障体系。从而，由专业性的社会工作和政策性的社会保障制度构成了一个完善的社会福利网络系统。

英国是工业革命的策源地，也是最早实施社会救济制度的国家。1601年，英国政府颁布了《伊丽莎白济贫法》（旧济贫法），该法规定：建立地方行政和征税机构，为有劳动能力的人提供劳动场所，并从富裕地区征税来补贴贫困地区。旧济贫法的主旨是通过政府来督促劳动者劳动，稳定社会秩序，从而使社会救济走上了国家化和社会化的道路（和春雷，2001）。旧济贫法强调，被救济者要尽可能通过自己的劳动来获取救济，在一定意义上，这里已经具有后来社会工作"助人自助"基本理念的萌芽成分。此外，旧济贫法还规定了在救助活动中除了直接发放救济物资外，还要协调社会资源，调动社会力量，这种要求在一定程度上超越了以往志愿者在救助活动中所发挥的作用，由政府的参与、专人的负责（贫民监督员）、院外救济的实施，足见已带进社会工作的观念和方法（徐震、林万亿，1999），亦为专业社会工作职责范围的确定提供了实践基础。因此，1601年《伊丽莎白济贫法》的颁布既初步建立了社会救助制度，又初步奠定了救济工作实施的方法，是社会工作与社会保障制度的共同起源。

针对旧济贫法颁布以来出现的一些问题，在著名社会改革家查德威克（Edwin Chadwick）的推动下，1834年，英国政府又颁布了《济贫法修正案》

（新济贫法），该法提出用两个原则①对旧济贫法加以修正以增强社会救助的社会效应。与旧济贫法不同，新济贫法认定社会救济属于公民的合法权利，社会有责任对贫困者实施救济，有保障公民生存的义务。社会救济不是消极行动，而是一项积极的福利举措，并要求由经过专门训练的社会工作人员从事这类工作。这样，社会保障与社会工作就从两个不同的需求层面与工作维度，同时以萌芽的形式出现在社会救济之中。一方面，从社会责任主体及公民受助权利看，这里已经出现了社会保障政策依据的雏形，标志着社会保障开始向政策化、制度化方向发展；另一方面，从由受过专门训练的工作者从事救济工作看，专业性的社会工作也成了社会救济中新的要求，标志着社会工作开始向专业化、职业化方向发展。

德国也是较早实施规范化社会救济的中欧国家。1788 年，德国的汉堡市实施汉堡制，规定该市设一中央办事处，处理全市救济事务，全市分为若干个区，每区设检察员一人，救济员若干人，使救济工作更趋组织化和科学化。1852 年，爱尔伯福市进一步改进了汉堡制，把全市分为若干个社区，每一个社区设专职的救助管理人员以完善和规范救助手续与程序，使得社会救助更为制度化。爱尔伯福制最大的特点是，在救助受助者之前，专职赈济员必须做家庭探访，并经常性地开会研究有关问题的解决。这已经接近社会工作的个案工作方法，而划分社区由专业人员联结志愿者提供服务，则是社区工作中社会支持网络构建的雏形。

从救助对象和救助目的之同一角度看，早期社会工作和社会保障在"同源性"中表现出萌芽形式，随着救助活动的逐渐规范化和制度化，最终形成了目的相同、手法各异的两种专业乃至学科——社会工作和社会保障。

社会工作从有组织的援助与改良贫民生活的志愿活动到成为一门专业和学科，是在 18 世纪中期到 19 世纪末期（Brieland，1995），其间，慈善组织会社和睦邻组织运动起到了积极的推动作用。慈善组织会社于 19 世纪末 20 世纪初盛行于英美，该组织中有大量的友善访问员（friendly visitor）从事专门化的服务，他们的实践经验成了社会工作专业化的重要基础。更为重要的

---

① 这两个原则是：劣等处置（或最低工资）（Less Eligibility）原则，即接受救济者之待遇不能高于在业劳动者的最低收入水平；济贫院检验原则，即把一切救济活动和被救济者集中于济贫院，停止一切济贫院以外的救济。

是，友善访问员所开展的个别调查成为个案工作（Social Case Work）的开端。慈善组织会社运用统一的理念协调组织慈善救济事业，为形成具有共同价值和统一概念范畴的社会工作专业体系创造了条件，是社会工作实现专业化的一个重要实践基础（王思斌，2004：30~31）。睦邻组织运动是通过社区改良来实现助人目标的一场运动，它以社区为工作场所，使得人们在更大的范围内来关注和解决社会问题。它把救助工作由简单的物质救济进一步扩展到对受助者精神的关怀和对社区的改造。为此，要求救助者具有强烈的爱心，对受助者的处境进行亲身感受以提高他们的救助热情，这些都为后来社会工作基本方法之一的社区工作积累了实践经验。

从英国早期的济贫立法到后来的慈善组织会社及睦邻组织运动，济贫过程逐渐由简单的救助活动发展到有基本理念和基本手法的专门性工作方法。随着社会工作"受薪者"出现，社会工作也就最终成为一个社会职业；随着20世纪初以来美国社会工作教育与研究的深入开展以及社会工作专业协会和机构的纷纷建立，早期救济贫民过程中的救助活动最终发展成为专业化的社会工作，并成为一个职业、一项专业、一门学科，在解决社会问题中发挥着不可替代的作用。

与此同时，在社会救助中，国家以立法的形式承担起保障全体公民基本生活的责任，并且在法律的基础上给予公民享有救助的基本权利。1601年英国颁布的《伊丽莎白济贫法》和随后的一系列法案都表明了国家在承担社会保障责任方面的作用。现代社会保障制度的演化史同19世纪以来西方产业革命的发展历史密切相关，尤其是同英美产业革命的发展和城市化的进程联系在一起。19世纪英美盛行的社会达尔文主义以及功利主义的社会伦理，也深刻影响了当时济贫事业的发展和日后社会保障制度的建立。当福利成为一种有组织的社会资源，福利分配不仅要考虑到个人和群体的生存价值，同时也必须考虑到它对政治和社会秩序的影响时，当社会保障被统治者看成不只是济贫，而且有利于国家治理和社会稳定时，社会救助就必然会从早先的低层面济贫上升到政策性和制度化的社会保障制度，此时，保障对象已经不再是简单地定位于"穷人"，而是全体公民。当德国首相俾斯麦接受了"一个想得到养老金的人是最安分也最容易被驯服"（郑秉文、和春雷，2001：9）的观点而采取相关立法时，现代意义上的社会保障制度最终从济贫活动中脱胎而出。

从 1883 年到 1889 年，德国先后颁布了《疾病保险法》、《工伤保险法》以及《老年及残障保险法》，这一系列社会保险法的颁布，标志着社会保障制度由萌芽期进入了形成期。到 20 世纪初，欧洲大部分国家程度不同地推行了社会保障制度。1935 年美国通过了历史上第一部《社会保障法》，此后"社会保障"（social security）或"社会安全"一词开始广泛使用。1942 年，英国伦敦经济学院院长贝弗里奇发表了《社会保险及相关服务》，即著名的《贝弗里奇报告》，提出了关于建立社会保障制度的一系列全面计划和建议，出现了"洛阳纸贵"的轰动效应（林万亿，1994），对英国及欧美各国社会保障制度的建立产生了重大影响。1948 年，英国首相艾德礼公开向全世界宣布，英国已经建成了世界上第一个"从摇篮到坟墓"（from the womb to the tomb）的"福利国家"。此后，社会保障制度在世界许多国家得到快速发展。

通过简单的历史分析，我们较为清晰地看到，政策性和制度化的社会保障与专业性和职业化的社会工作具有明显的"同源性"和"异轨性"。"同源性"是指二者都从早期的济贫活动分化出来；"异轨性"是指随着济贫方法的多样化、规范化、组织化、专业化、法治化和政策化倾向，二者又有各自不同的发展轨迹。社会保障逐渐形成了以社会救助、社会保险为核心的发展主线，而社会工作则从早期的个案工作发展到小组工作，以及现代的社区工作，逐渐形成了一门系统化的专业和职业，二者成为现代社会福利体系中两个不可或缺的组成部分。

三　社会工作和社会保障的对象同一性与功能互补性

同源性特征决定了作为一门专业的社会工作之发展和作为一种制度的社会保障之完善是密不可分的。社会救助的专门化、技术化和职业化要求，必然形成"以人为本""助人自助"的专业性社会工作；而社会救助的法治化、政策化和制度化要求，必然产生"权利和义务相统一""广泛性和公平性相结合"的社会保障制度。"社会工作从社会福利制度需要代理人来实施日益增长的福利项目这一实施中发展起来"（王思斌，1999：47），社会保障制度又在社会工作的发展和推动下，得到进一步的完善。

1. 社会工作和社会保障对象的同一性和交叉性

从"同源性"我们看出，专业性的社会工作和制度化的社会保障是在早期的济贫活动中分化成两个不同方向发展而来。之所以是两个不同的发展方向，主要是由于济贫工作客观上既需要灵活的方法和专业性的技巧，也需要国家作为主体，承担起救助和保障公民基本生活的责任。由是观之，社会工作和社会保障的不同方向发展，只是救助主体的分工与实施方法的分化，而救助客体则是由于多种原因，处于社会下层的弱势群体。

之所以说二者的对象具有同一性，是因为社会工作和社会保障所服务和保障的对象，是那些通过自己的力量而无法摆脱困境的社会下层民众。他们或失去生活来源，或患有疾病，或遇到其他困难，或有令人烦恼的心理压力，处于各种社会经济风险之中，需要得到他人和社会的帮助。专业性的社会工作以"助人自助"和"以人为本"的基本理念，采取个案的、团体的以及社区的专业方法介入服务对象中去为他们解决问题。而社会保障制度则在社会政策指引下，以法律为依据，对公民在遇到因失业、年老以及疾病等不能依靠自己的力量生活时，给予一定的保障，以保证公民的基本生活水平。社会工作和社会保障从不同的角度，以不同的手法服务于相同的社会群体，因此说，二者的对象是同一的。

之所以说二者的对象具有交叉性，是指由于社会工作和社会保障的服务手法、内容重点各不相同，从微观的操作层面看，二者的对象并非绝对的同一。所谓交叉性，是指社会工作和社会保障既有相同的对象，也有不同的对象，二者的对象像两个交叉重叠在一起的圆，有重合的一面，也有各自独立的一面。就现代社会保障制度而言，尽管在具体保障项目上有可能根据不同的群体采取不同的保障内容，但是，社会保障的对象是全体公民则无可置疑。而对于社会工作来说，它只是把"有需要"的人作为自己的服务对象，换言之，那些有制度化保障，不属于社会弱势者或不需要社会工作介入的群体，相对来说就不是社会工作的对象。社会工作是把在社会保障制度安全网下还不能解决问题，特别是有帮助需要的人作为特定对象。因此，从这个意义上说，社会工作和社会保障的对象是交叉的，而功能又是互补的。

2. 社会工作和社会保障的同旨性

作为一门专业的社会工作和作为一种制度的社会保障，都是"解决工业社会的社会问题的组织化的努力"（王思斌，1999：47）。二者的宗旨都是解决社会问题、缓解社会矛盾、维护社会稳定、促进社会和谐发展。这样的一种同旨性关联使得社会工作与社会保障成为完善社会支持网络，提升社会福利水平的有力保证。

专业性的社会工作自形成之日起，就充当着社会福利制度代理人的角色。早期的社会工作主要是对贫困者和弱势群体开展一些救济与扶助工作，工作的地点通常是福利院和贫民区。后来，随着社会进步和社会福利制度的建立健全、社会工作专业化的发展，其工作领域延伸到了许多社会部门，医院、学校、司法机构和企业等部门也发展出了专业的社会工作。社会工作的对象由社会下层人士扩展到社会各阶层的成员，服务的内容也由因贫困产生的社会问题扩展到精神健康、行为矫治、人际关系调适，甚至由富裕带来的种种社会问题（钱宁，2003）。社会工作专业化的发展使得社会工作的服务场所已"不限于一两个政府部门和数百家福利机构"；社会工作专业的使命也不再仅限于被动地回应所处社会问题的发展变化，而是"在不断转变的环境中，协助人与人之间，人与社会之间面对各种情况或问题，以达到改善人在社会中生活质量的目的"（麦萍施，1996）。

现代社会福利制度是西方工业化和现代化的产物，并伴随着社会问题的深入而发生改变。随着工业化、城市化进程的加快以及老龄化社会的到来，贫困、失业、老年人等问题日益严重。个人的力量在这些问题前显得十分弱小，这就需要一种社会的力量提供保障，使社会成员能够免除后顾之忧。在这种情况下，政府必须承担起保障国民福祉的责任，通过一系列的保障与福利的实施来解决社会问题，维护社会安全。为此，以社会保险为基本层面、内容各不相同的社会保障制度应运而生。由此可见，社会工作与社会保障的最终目的，都是提升民众的福祉，维护社会的稳定，促进社会和谐发展。同旨性进一步说明，二者是社会福利体系和社会支持网络中两个重要的部分。

3. 社会工作和社会保障的功能互补性

福利是人类生存和发展的基本追求目标，是指一种好的生活状态或满意的生活质量。"社会福利制度是指由一整套目的在于改善公民生活素质的福利理念、资源、机构等构成的社会系统，它和政治制度、经济制度等一样，

是一个国家社会发展和进步不可或缺的重要组成部分。"（王思斌，2004：51）
社会福利制度的实施与推进，是通过专业性和职业化的社会工作与政策性和
制度化的社会保障①两个方面的共同努力实现的，因为二者的功能存在共同
性和互补性。

　　社会工作和社会保障以不同的手法，从不同的方面，对社会的稳定与和
谐、社会福利的确立和提升起着专业化和制度化保证作用。作为一门助人的
专业，社会工作是社会福利体系中必不可少的一个组成部分，是完成社会服
务，实现社会控制和社会发展目标的重要手段。建立在立法基础上的社会保
障制度，其直接目标是通过国民收入的再分配，为广大民众免除后顾之忧，
为社会良性发展构建一张安全网，直接推动社会福利的确立与提升。可以认
为，社会工作和社会保障是社会福利体系之一个问题的两个不同方面，有着
相辅相成的密切关系。一方面，社会保障制度的建立和完善能够更为有效、
充分地调动和运用福利资源，在提高保障水平的同时，也扩大了社会工作的
服务对象范围，使得社会工作的救助活动更有计划性和目标性，强化了社会
工作促进社会发展、缓解社会矛盾的功能，为社会工作专业化发展提供了广
阔的空间（周沛，2002：102~104）。另一方面，社会工作专业本身的发展，
又可以提高社会服务的质量，提升社会保障管理和资源配置的效率，促进社
会保障制度本身不断得到完善。同时，社会工作还以平等、人道的理念使社
会保障的实施在坚持制度的刚性之同时，兼顾"以人为本"的弹性工作方
法，这有利于促进社会保障制度的革新，并朝着有利于受助者的方向发展。

四　社会工作与社会保障协调发展是构建和谐
社会的客观要求

　　和谐社会的构建要以关注和解决社会问题、维护社会公平与公正为前
提，要以提升社会福利为追求。其中，建立完善的社会保障制度，重视并开

---

①　社会福利（social welfare）和社会保障（social security）并不是等同的概念，但是境外学者
　　在应用时往往不加严格区分，大多指宏观上的一种社会政策与社会制度；我国的社会保障
　　和社会福利是一种从属关系，社会保障是一种制度，而社会福利则是社会保障制度中的一
　　个部分。本研究把社会福利看成一种理想目标和制度安排。

展专业社会工作，协调好社会工作与社会保障的功能"合力"，是和谐社会构建过程中极为重要的方面。

　　社会保障制度的建立、完善与和谐社会构建之间是一个正相关关系，和谐社会离不开社会保障，社会保障能够促进社会和谐，这是由社会保障的基本功能和本质内涵决定的。从社会保障制度的产生过程和功能发挥可以清楚地看出，社会保障的历史使命就是化解社会矛盾、缓解社会冲突，促进社会和谐发展。资产阶级政治家在一百多年前就清醒地认识到社会保险是化解社会矛盾、化解阶级对抗的重要的、不可替代的制度安排。一百多年来，我们可以看到这样一个事实，凡是有健全社会保障制度的国家，贫富之间的对抗、劳资之间的对抗几乎不怎么存在，社会关系通常是和谐有序的；凡是社会保障制度不健全的国家，其国内社会矛盾与社会冲突通常都较为尖锐，不稳定状态相对明显。社会保障制度建立之后，西方资本主义国家劳资之间的关系便由过去的尖锐对立走向妥协与合作，过去劳资关系中的单赢格局，经过社会保障制度的确立，走向了劳资双方双赢的格局（郑功成，2005）。社会福利事业彰显了人类公平正义、人道主义和伦理道德，社会保障制度以社会保险化解劳资矛盾，以社会救助缩小贫富差距，以社会福利实现发展成果共享，这就构成了和谐社会发展的基石。我国现阶段存在的社会问题以及某些方面的不和谐，与社会保障制度的不健全不完善有着密切关系。构建和谐社会，就必然要有健全的、完善的社会保障制度，把社会保障制度作为化解社会矛盾、促进改革发展成果共享的必要和重要的制度安排。"社会保障是构建和谐社会的核心指标，社会保障制度的健全与完备，在很大程度上代表一个社会的和谐程度"（郑功成，2005）。

　　社会工作的推进和发展，在和谐社会构建中同样起着十分重要的作用。从总体上看，以助人为目的的专业性社会工作手法和社会保障制度同属于社会福利事业，人道主义和人性伦理是它的内核与追求。如果说以立法为基础的社会保障在践行公平与公正的过程中主要是一种理性的制度化安排，那么，以"助人自助""以人为本"为基本理念的社会工作，则更多地体现为一种感性的行为过程，是一种爱心的充分体现；如果说社会保障是社会政策的制度化实施过程，那么，社会工作就是"利他主义"人性化的具体展示过程；如果说社会保障是在制度框架下把保障对象看成保障标准范围内的"公民"，那么，社会工作则更多地把服务对象看成现实生活中的"人"，是需要帮助和"增权"（empowerment）的弱势者。从本质上看，作为一门专业，社会工作主要通过治疗和帮助来增进个人和社群的福祉，它是一种关爱活动（caring activity），而不像社会保障那样是一种照章"赔付""给付"的制度运作过程。社会工作本身独特的价值伦理观决定了尊重人、关爱人是最为重要的价值目标偏好，决定了专业行动要在最大限度上保护受助者的利益。社会工作价值体系通过对专业共同体的社会责任和道德义务进行明确规定，从而确保社会工作专业为维护社会公平和正义发挥应有的作用。在构建社会主义和谐社会的过程中，社会工作的一系列专业特点和价值伦理对于调整人与人、人与社会的关系，特别是调整弱势群体和社会的关系，具有极其重要的理论与实践意义。专业社会工作的推进与展开，必然会把大写的"爱"洒向不同身份的社群，让整个社会不仅最大可能地做到公平与公正，而且充满"爱"，使得我们的社会更加和谐！如果说社会保障是构建和谐社会的核心指标，那么，社会工作就是构建和谐社会的基本要求。

需要指出的是，目前国内尚存在重社会保障而轻社会工作的倾向。社会各界对完善社会保障制度的重要性有较为清晰的认识，政府也下了很大力气来促进社会保障制度的建立和完善。近年来，在以医疗保险、失业保险为重点的社会保险和以最低生活保障制度为重点的社会救助等方面狠抓落实，取得了一定的成绩。但是，毋庸讳言，专业性社会工作的推进与发展举步维艰，困难重重。我国社会工作教育从 20 世纪 90 年代以来已经有了很大的扩张，但是它仅被院校作为一个专业来发展，作为贯彻和落实社会福利政策的专业化、职业化体系并没有得到建立。为数众多的社会工作专业的毕业生大部分没有能够在社会福利服务过程中发挥他们的专业才能，社区中那些需要帮助的弱势群体仍然缺乏专业性疏导和技术性支持的渠道。其原因如下。

社会工作的"职业缺失"。由于多方面的原因，我国专业社会工作尚没有在整个社会职业系统中占一席之地，在"三百六十行"中，社会工作这一行还没有真正立足。尽管在一些地区和某些行业，社会工作职业化已经开始试行，但总体上社会各界对专业社会工作及其功能的认识还十分模糊，社会工作还很难找到自己的"用武之地"。

社会工作的"身份差异与错位"。从理论和本质上看，社会工作是一种科学的助人方法，是一门学科、一个专业、一个工作过程，也是一个建构过程，[①] 因此，社会工作有明显的专业特征、学科属性以及实务（practice）特点。同英美等国及我国港台地区相比较，目前我国社会工作的身份定位比较特殊，还不能称之为专业化的社会工作。究其原因，主要是目前中国社会工作主体还是传统地行使着政府职能的"社会团体"，如共青团、妇联、工会以及政府的民政部门等；这些部门的工作开展更多的是职能工作而不是专业工作。由于活动空间的受阻，专业社会工作就很难展开。

社会工作的"社区替代"。在许多大中城市的社区中，大多有社会工作站，由社会工作者负责处理社区中的多种事务。其实，这种社会工作只是社区事务职能的延伸，还不是一种建立在科学方法基础上、具有专业性特征的社会工作。由于条件和认识的局限，专业化的社会工作在社区还没有得到严格意义上的推进。

正是由于上述原因，我国的社会工作在其"名分"不清、定位不准、功能不明的情况下，除少数设置相关专业的高校系科以外，社会对其关注和关切程度还远远不够，以至于社会工作不能发挥出其应有的功能和作用，这无疑影响和制约了和谐社会的构建。我们认为，我国社会工作要真正从书斋走向社会，从理论走向实践，首先，要在制度安排上把社会工作作为一个社会职业，这样才能为专业社会工作提供良好的发展平台。其次，要扩大专业社会工作对社会问题的实际介入范围，而不是把社会工作留在"实习"阶段。最后，政府要重视和支持社会工作事业的发展，加大社会工作推进的力度，把社会工作看成和谐社会构建中的重要力量。唯有如此，才能最终推动社会工作的发展，发挥其独特的功能与作用。

参考文献

和春雷，2001，《社会保障制度的国际比较》，法律出版社。

林万亿，1994，《福利国家：历史比较分析》，台北：巨流图书公司。

麦萍施，1996，《社区照顾与社会工作教育的初探》，载夏学銮主编《社区照顾的理论、

---

① 专业社会工作的过程，是社会工作者与服务对象在变动着的社会情境中，通过持续地互动去解决问题，这就是一种社会建构过程。

政策与实践》，北京大学出版社。

钱宁，2003，《中国社会工作教育发展面临的机遇与挑战》，《社会》第 6 期。

王思斌，1999，《社会工作概论》，高等教育出版社。

王思斌，2004，《社会工作导论》，高等教育出版社。

徐震、林万亿，1999，《当代社会工作》，台北：五南图书出版公司。

郑秉文、和春雷，2001，《社会保障分析导论》，法律出版社。

郑功成，2005，《和谐社会与社会保障》，载童星、张鸿雁主编《公共管理高层论坛》第 2 辑，南京大学出版社。

周沛，2002，《社区社会工作》，社会科学文献出版社。

Brieland，Donald. 1995. "Social Work Practice：History and Evolution." In *Encyclopedia of Social Work*. NASW Press.

第三编

社区发展与治理

街道经济与城市社区的现代走向[*]

街道经济一般是指由街道办事处及其辖区内居民委员会兴办的集体经济。它产生于 20 世纪 50 年代，但是长期以来发展缓慢，除了缺乏扶持外，主要原因是人们在指导思想上认为"个体不如集体、小集体不如大集体、大集体不如全民"，街道企业要么不发展，要么一有发展，就被区、市收缴合并，"升级"为区属或市属大集体。80 年代中期以来，改革开放的大气候使街道经济蓬勃而起，显示了旺盛的生命力和美好的前景，在城市社区的现代化建设中起了很大作用。但是，街道经济在发展过程中也出现了一些不利于城市综合发展的倾向性问题，产生了一些负面效应。正确地认识和评价街道经济在城市社区建设中的地位和作用，及早地发现其消极因素，保护街道经济的生存和发展权利，促使其沿着正确的方向健康发展，是需要认真探索与思考的。

一

城市社区的现代化建设，包括经济、政治、文化、社会等诸领域的事业发展，是一个复杂的系统工程，街道经济在其中的许多方面发挥着不可忽视的作用。

第一，街道经济是城市社区经济的重要组成部分。经济建设是城市社区建设的基础性工程，政治的稳定、社会的安定、文化的繁荣归根结底必须以经济的发展为前提。在城区经济中，街道经济因其较少受旧体制束缚，经营

---

* 　原文刊载于《唯实》1993 年第 11 期（与孙霞合作），收入本书时做了文字修订。

机制灵活，负担轻而成为最活跃、发展最快的部分。

在城市社区的经济生活各方面，街道经济也起着重要作用。首先，街道经济在建立和培育市场体系方面发挥着独特的作用。街道通过建设商业设施，通过为市场创造良好的环境，通过加强市场管理、建立和维护稳定的市场秩序等工作，为商品交换和流通提供了场所，推动了市场体系的建立和健康发展。其次，街道企业大多依托大中型企业，为其配套加工。街道企业与大中型企业的合作既弥补了街道企业基础薄弱、技术力量不足的缺陷，又克服了大中型企业诸如场地紧张、生产能力不足等制约因素，加速了它的发展。最后，街道通过发展各种服务行业，为企业、机关、事业单位提供后勤服务体系，帮助克服各单位"自办小社会"的弊端。

第二，街道经济的发展，使街道综合管理、综合服务职能的发挥得到了根本保证。街道是一种特殊的社区组织，它不同于农村的乡镇，因为它不是一个完整的行政、经济单位，没有独立的财政，街道办事处也不是一级政权组织，只是城区的派出机构。但是，它是城市三级管理结构的基础性层次，肩负着辖区内综合管理、综合服务的重要任务，承担着上级政府交给的大量群众性的社会工作。其内容包括政治宣传、经济建设、社区文化、民政优抚、劳动就业、社会治安、公共秩序、卫生治理、道路绿化、生活服务、计划生育工作等。开展这些工作无疑需要大量的开支。街道作为受区政府委托开展工作的办事机构，其行政经费来自区政府拨款，然而受现行财政体制所限，上级财政拨款远远满足不了实际需要，导致入不敷出。正是由于街道经济的发展，才解决了职责任务与有限经费不相适应的矛盾，保证了各项工作的落实。

第三，街道经济的发展，方便了居民生活，提高了社会化服务水平。街道经济的主体性行业是贴近老百姓生活的服务行业，既包括满足居民群众在衣、食、住、行、生、老、病、死等方面基本物质生活需要的服务行业，也包括满足其精神和文化生活需要的服务行业。其内容十分广泛，包括商业、饮食、修理业、服务加工、洗染、理发美容、房屋修缮、幼托服务、各种文化娱乐等。这些便民利民行业的发展，既可以获得一定的经济收益，又可以通过快捷、方便、优质的服务，减轻居民群众的生活负担，满足其求富、求安、求知、求乐、求美的愿望，使辖区内居民能够精神饱满地投入其本职工作。

第四，街道经济的发展，广开了就业门路，有利于社会的安定。城市街道是人口聚集区，在任何时候都会有一定数量的待业人员。因此，安排就业、解决待业人员的吃饭问题就成了街道民政工作的一项重要内容。街道企业，无论是工业还是第三产业，大多属劳动密集型企业，能容纳较多的劳动力，在劳动力资源相对过剩的情况下起着特殊的作用：一是安排了大量社会闲散劳动力，如城镇待业人员、伤残人员、"两劳"释放人员等，缓解了社会矛盾，为国家减轻了就业压力，促进了社会的稳定；二是为政府机构改革和国有大中型企业劳动用工制度改革中的富余人员提供了职业选择的机会；三是吸收了大量农村劳动力，对农村剩余劳动力的转移和这些劳动力资源的充分利用，对三大产业结构和城乡人口结构的调整以及对农业生产率的提高都具有积极的意义。

第五，街道经济的发展，加快了城市建设的步伐，改变了市容市貌。街道经济在这方面的贡献一方面表现在通过上缴财政的形式支持市、区承担的市政建设，以及通过自己的资金积累，在辖区范围内修路铺桥、建设各种基础设施，为居民群众创造一个安定、舒适、方便的生活环境；另一方面则表现在街道经济活动本身也改变着城市的面貌。街道的一些现代化水平较高、有一定规模的设施构成了繁华城市的一部分，对于市容市貌往往有锦上添花之效。如苏州沧浪区南门街道建了 5 个档次较高、在苏州颇有知名度的大酒楼、星级宾馆、高级娱乐场所等，既服务了群众、繁荣了经济，又美化了市容。

二

上述粗略的考察分析说明，街道经济在城市社区发展中具有重要的作用，因而应促进其发展。但是，鉴于街道在城市社区中的特殊性质和地位，在发展街道经济的过程中，又必须特别注意处理好以下几种关系。

第一，要处理好以经济工作为中心和认真履行综合管理、综合服务职能的关系。街道工作千头万绪、面广量大，综合性很强，经济工作固然重要，但毕竟只是其中的一个方面，此外还有许多方面的社会工作。而且，就宏观层面而论，街道在城市社区中处于"活动载体"和"后方基地"的地位。城市里的经济工作和市政建设主要由省、市、区条条分管，大中型企业具体承担，街道则是通过其综合服务和后勤保障支持大中型企业、机关和学校集中精力于经济建设和各项社会事业。街道发展经济的目的也正是强化管理服务的物质基础，提高为驻区单位和居民群众办实事的能力。

为此，街道抓经济的领导力量应该加强。过去街道经济被置于一种可有可无的境地，领导和管理力量也十分薄弱，通常由办事处下设的经济科具体负责管理，一名街道办副主任负责抓经济。随着工作重心的转移，各地街道普遍调整了经济领导和管理体制，加大了领导的力度。如苏州市、南京市的部分街道成立了经济发展总公司，总公司下设工业、商业、劳务等专业性分公司，分别对街道企业实施直接管理。总公司实行董事会领导的形式，由工委书记和办事处主任两个一把手分别担任董事长和副董事长，另有一名专管经济工作的副书记任公司总经理。这一体制从组织上确保了经济在街道工作中的中心地位，街道内部也形成了齐抓共管、同心协力促经济发展的局面。但是，在这种情况下，往往会出现矫枉过正的现象，从一个极端走向另一个极端。街道的大量社会工作是无法量化的"软任务"，很容易被经济工作挤掉，事实上，有些街道和居委会已出现了"全力以赴"抓经济，而管理服务工作无人过问或抓得不力，因而水平下降的现象。这就要求我们从指导思想到具体操作，都必须辩证地对待发展经济和搞好社区管理与服务的关系，切实做到两手抓，并通过相应的组织结构和办法措施，保证各方面的协调发展。

第二，要处理好追求效益与完善服务的关系。追求效益的最大化，这是市场经济的普遍法则，街道经济亦应如此。为了在激烈的市场竞争中立于不败之地，街道普遍调整了发展战略，旨在改变过去企业规模小、基础薄弱的落后状况，向上档次、科技含量高、规模经营的方向发展，此举无疑是正确的。但是值得注意的是，不能因此而忽视乃至放弃那些微利甚至无利，但群众生活必需的服务行业，切莫忘了街道工作必须全心全意为城市居民服务的宗旨。

"服务在先，赚钱在后；有利可图，但不唯利是图"，这是街道经济的优良传统。在市场经济条件下，在以经济工作为中心的今天，应该继承这一传统并使之发扬光大。

发展街道经济可以而且应该在社区服务方面大做文章。为辖区内企事业单位和居民群众的生产和生活服务本来就是街道应尽的责任，而这些又正是第三产业的内容，是街道经济新的增长点。街道寓服务于经济活动中，在完善社会化服务的过程中，通过各种便民利民的有偿服务，来发展和壮大经济，是一条切实可行并对城市现代化建设具有积极意义的途径，可收到搞好服务与搞活经济的双重功效，达到经济效益与社会效益的统一。而且，随着生产力的发展和社会分工的日益细化，这一领域潜力巨大，前景广阔。

第三，要处理好发展第三产业与加强城市管理，即繁荣与市容的关系。这是随着街道经济的发展日益突出的一对矛盾。特定的地理环境使街道经济具有一个致命的弱点，即缺少生存空间，经常苦于开店无网点，办厂无地盘。为了拓展生存空间，与市容卫生相冲突的违章搭建、乱设摊点等现象屡禁不止，污染环境、阻碍交通、扰乱秩序的负面现象日渐增多。有些服务网点和设施因一些问题处理不当，造成动机与效果的背离，由便民利民转化为扰民害民。更有打着为民服务的招牌，实则唯利是图，以致妨碍群众生活，损害群众利益的。凡此种种都是街道经济发展中应尽力避免的。为此，广大街道干部必须确立这样的指导思想：发展街道经济要以有利于城市社区各项事业的综合发展为出发点，不能以牺牲环境卫生、市容秩序为代价。在强调经济效益和社会效益的同时，还要强调环境效益，把三者的统一作为追求的最高境界。在大力发展经济的同时，努力为居民群众创造一个市容整洁、环境优美、社会安定、生活便利、秩序井然的生产和生活环境，实现经济繁荣与优美市容的统一。

农村社区发展道路与模式比较研究[*]
——以华西村、南街村、小岗村为例

一 一个普遍性的命题：乡村工业是农村社区发展的动力

从传统型到现代型，是农村社区发展的一个质的飞跃。从严格意义上说，"传统"抑或"现代"并非取决于时代，而是决定于生产方式，马克思说过，"随着新生产力的获得……人们也就会改变自己的一切社会关系"（《马克思恩格斯选集》第一卷，2012：222）。就农村社区而言，是传统型还是现代型，在当前主要看非农化程度，即乡村工副业的发展程度。如果某地还停留于自给自足的农业生产，没有任何包括农副产品加工及交换在内的工商业，那么，该地无疑属于传统农村社区。

世界历史证明，任何国家都要经历工业化、城市化、现代化的发展阶段，同样，农村社区的发展也要有非农化、工业化、城镇化、现代化的进程，其中，乡村工业化是由传统农村走向现代农村的必由之路，无非各地区的特殊情况决定了具体发展形势不一样而已。

无论是丹尼尔·贝尔的"后工业社会"理论，还是阿尔温·托夫勒的"超工业社会"理论，抑或是奈斯比特的"大趋势"理论，几乎都认为，人类的几次"文明浪潮"依次是农业社会文明、工业社会文明和超（后）工业社会文明。"第一次浪潮的变化，是历时数千年的农业革命。第二次浪潮

---

* 原文刊载于《南京社会科学》2000年第10期，收入本书时做了文字修订。该文是笔者于1998年底到1999年8月间对江苏省江阴市华西村、河南省临颍县南街村、安徽省凤阳县小岗村的实地调研所思而作。人大复印报刊资料《农业经济》2000年第12期全文转载。

的变革,是工业文明的兴起,至今不过是三百年",每次浪潮"都淹没了早先的文明和文化,都是以前人所不能想象的生活方式替代了原来的生活方式"(托夫勒,1983:52)。托夫勒认为,农业的兴起是人类社会发展的头一个转折点,而工业的兴起则迅速改变了世界的面貌,许多国家工业化的势头至今未见削减,渗透到社会基本结构、生产和个人活动等方面。美国未来学者甘哈曼认为,工业革命和农业革命一样,很快传遍全世界,使人类的生活质量发生永久性变化,尽管他认为人类的第四次经济活动是诸如"读书、著作""仪式、艺术""观光""美食""度假""保障"等,但这一活动仍然是工业经济活动(建设和制造活动)、后工业经济活动(服务性质经济)做铺垫的(甘哈曼,1984:1)。

发展工业,通过工业化来推动农村社会发展、改变国家面貌,是许多志士仁人、有识之士的共识。毛泽东同志在《论十大关系》《关于正确处理人民内部矛盾问题》等文章中指出,"在一定的意义上可以说,农业就是工业。要说服工业部门面向农村,支援农业","我国是一个大农业国,农村人口占全国人口的百分之八十以上,发展工业必须和发展农业同时并举"(《毛泽东文集》第七卷,1999:200、241)。邓小平同志一贯倡导大力发展农村经济,对发展农村工业给予了高度支持和评价,他认为,"农村改革中,我们完全没有预料到的最大的收获,就是乡镇企业发展起来了,突然冒出搞多种行业,搞商品经济,搞各种小型企业,异军突起……乡镇企业的发展,主要是工业,还包括其他行业,解决了占农村剩余劳动力百分之五十的人的出路问题。农民不往城市跑,而是建设大批小型新型乡镇","大量农业劳动力转到新兴的城镇和新兴的中小企业。这恐怕是必由之路。总不能老把农民束缚在小块土地上,那样有什么希望?"(《邓小平文选》第三卷,1993:238、214)。

成功地从社会学角度探讨农村社区发展道路的集大成者当数费孝通先生。1936年,费孝通先生通过对吴江庙港江村的调查发现,当地经济在蚕丝业改革的推动下得到显著发展,这就使他渐次产生了通过发展乡村工业来推动农村社区发展的思路。对江村的"重访"、"三访"乃至多次访问以及改革开放以来乡镇企业成功经验的启示,使得费孝通先生更是坚定、发展了这一观点。1957年,他在《重访江村》中记录了粮食的增长和农民副业收入的下降，呼吁发展乡村副业和工业。1981 年三访江村，他看到乡镇企业推动了农村发展，深深被"激动人心的巨大进步和令人陶醉的家乡情谊所感染"。在《吴江行》一文中，费孝通明确指出，"吴江从温饱型经济上升到小康型经济主要是工业化的结果"，因为只有农村工业化，才能推动农村经济发展、推动小城镇建设，改变农村面貌。

江苏省江阴市华西村地处江阴鱼米之乡，面积 0.96 平方公里，有 350 多户 1500 多人。该村在党委书记、集团公司董事长吴仁宝的带领下，经过 30 多年的奋斗，发展成为富庶、文明的现代化农村社区。1998 年，该村社会总产值为 28.7 亿元，销售收入为 27.61 亿元，利税 3.61 亿元，人均收入 9000 元。该村既创造了全国首屈一指的村级物质文明，也建设了具有特色的精神文明，既有现代的理想追求，也有传统的文化沿承，连续十多年被评为"江苏省文明单位"，成为"中国农村的希望所在"。

华西人从实践中认识到小农意识和产业单一的局限性，较早就举起了发展乡村工业的旗帜。他们从小作坊起步，经过工厂、企业、公司、集团等几个阶段；从简单的农机修造到铝型材、铜型材、钢材、纺织、化工、电子等六大生产系列；从 60 年代的几个小厂到 1999 年的江苏华西集团公司下设的 13 个分公司和 40 多个工厂企业；从农业起家、工业发家到第三产业兴家。用华西人自己的话来说，华西家家都是富裕户。村民实现了"八有八不"。"八有"为：小有教（从幼托到中学提供学费，考上大学给予奖励），老有靠（男 60 岁、女 55 岁享有退休保养金，每月至少 20 元），房有包（民房由集体建筑），病有报（人人有定额医疗费，工伤全报），购有商（村中有商场），玩有场（各种娱乐场所），餐有供（有各类档次的餐厅），行有车（30% 以上农民家庭有轿车）；"八不"为：吃粮不用挑（集体送粮到户），吃水不用吊（村里有自来水厂），做饭不用草（家家装有管道煤气），便桶不用倒（户户有抽水马桶），洗澡不用烧（热水管道通到户），通信不用跑（家家有电话），冷热不用愁（夏天有空调，冬天有暖气），雨天不用伞（村内有长廊环通）。华西村的发展历程和取得的成就说明，由传统型乡村到现代化社区，发展工业是前提、基础和关键。设想若无工业作铺垫，华西村就不可能有这一系列的变化，对国家的贡献、对落后地区的帮助就无从谈起。

河南省临颍县南街村处于豫中平原，面积 1.78 平方公里，全村 805 户

3130 口人，与华西村相比，自然基础较差。华西村位于江南经济发达地区，有务工经商的传统，左邻右舍发展水平都较高，它是"万花丛中一点绿"；而南街村地处纯农业区，底子薄，周邻地区发展相对落后，但它独辟蹊径成功发展，是一枝独秀。短短一年多时间，南街村从一个穷困乡村发展到拥有26 个企业 1.2 万名职工（其中外来职工 1.1 万人），年产值 17 亿多元，农民住公寓，实行工资制与供给制相结合发展模式的"共产主义小社区"，其斐然的成绩就连对该村实行共产主义分配方式持不同意见的人也不得不承认。

我们认为，坚持抓工业，是南街村发展首要的和基本的物质保证。与苏南农民一样，南街人较早就领悟了"无工不富"的道理，他们深知，在传统农业区不结合自己的实际发展工副业是没有出路的。从 20 世纪 80 年代起，南街村围绕农副产品深加工办企业——根据中原地区盛产小麦的优势，办起了方便面厂、食品厂、啤酒厂。围绕龙头企业上配套项目——以粮食深加工企业为龙头，配套发展相关项目，如生产方便面等食品每天需 40 多吨面粉，带动了南街村面粉厂的发展；每天需要 13 万只外包装箱，办起了南街制箱厂；每天需要 500 多万只彩印袋、胶印袋，办起了中日合资的彩印厂、胶印厂；每天需要运出运入近千吨原材料和制成品，成立了拥有 160 辆汽车的南街村汽车队。同时，每年生产方便面需要 200 多万元的花椒做汤料，南街村就把自己的地头地边种上了花椒树。为使方便面厂、面料厂的废料合理利用，他们将其收集后通过加工，电脑配方，制成混合饲料发展养鸡场；食品厂需要的鸡蛋又是该养鸡场提供的。南街人把这种做法称为"一业带动多业上，多业辅助一业兴"。就这样，以龙头企业带动其他企业的不断发展，南街村由最初的传统农业区发展成为一个产、供、销一条龙，农、工、贸一体化的经济实体，成为闻名遐迩的现代化农村社区。

安徽省凤阳县小溪河镇小岗村地处皖东北，南距蚌埠 20 余公里，有 90 户人家 370 口人，与华西村、南街村相比规模小、实力弱，但 22 年前的惊人之举——率先分田到户大包干，使其知名度大增，享誉天下。在历史上"十年倒有九年荒"的凤阳，小岗村更是穷得"冒了尖"，到 1978 年只剩下18 户。在"再不救自己就快饿死了"的时刻，1978 年春，这 18 户人家开了一个"自救会"，决定冒极大的政治风险分田，从而开农村改革之先河。地分了，农民的积极性得到充分激发，到 1978 年底，小岗村就获得前所未有的丰收。粮食产量达 6.5 万公斤，是上一年的 4 倍；油料 1.75 万公斤，是过去 20 年产量的总和；生猪 135 头，超过历史上任何一年。就是从这一年起，小岗人彻底扔掉了讨饭棍和要饭篮，过上了温饱的日子。但是，由于众多原因，小岗村的产业结构 20 年来基本上是单一的农业，几乎没有发展工副业，这就决定了该村还停留在传统农业社区，维持着温饱，发展缓慢，不要说与发达地区相比，就是与凤阳县其他地区相比，也显得落后了。

以上对华西、南街、小岗三个村的简单描述说明，农村社区的综合发展，其动力在发展乡村工业，单一的传统农业无法推动农村社区迈入现代化，尽管根据各自的情况，发展工业的路子不尽一致。华西村位于沪—宁城市带中，有较好的自然、社会、经济条件，其工业化有技术密集型、资金密集型之特点。南街村位于中原农业区，条件不如华西村，不能走"纯第二产业"道路，而走了一条费孝通先生称之为一点五产业的道路，即结合本地实情，发展农副产品深加工，提高附加值，带动了一系列相关行业的发展，推动了社区建设与发展。而小岗村的发展滞后，根本原因是没有走乡村工业之路。

二 一个实证性的结论：权威结构是农村社区发展的保证

马克斯·韦伯认为，有效的统治建立在权威基础上，权威有三种类型：①法理权威（合法型权威），这是一种设有官僚行政管理班子的合法性统治，获得这种权威的人根据制定规则的合法性而发布命令；②传统权威，统治者依据传统流传下来的规则而确定，对他们的服从是由于传统赋予他们固定的尊严，因而其形式主要为老人统治和地位世袭；③魅力权威，所谓"魅力"，是一个人之被视为有非凡的品质，具有这种品质的人具有超自然特别是其他人无法企及的力量与素质，因而这种魅力是由被统治者承认而决定的。在韦伯看来，社区统治团体是一种感情的共同化，魅力型统治的行政管理班子并非官员，它既不是按等级观点，也不是按对家族或个人依附的观点选择，而是按魅力的品质选择（韦伯，1997）。

美籍华裔学者黄宗智先生通过实地考察，在其《长江三角洲小农家庭与乡村发展》一书中对中国农村的权威结构做了较为系统的分析。他指出，在

20 世纪 30~40 年代，长江三角洲的村庄几乎没有正式的权力结构，权力组织是非正式的，而权威主要来自某人的人品和能力。新中国成立后，党政结构则成为乡村方方面面直至每家每户经济抉择的权威，农村中最重要的关系成为国家政权与农民的关系。农村改革后，国家政权在农村的影响收缩，"生产队长的权力从安排每人的日常工作变为仅仅是传达上级指示，显然意味着权威的削减"（黄宗智，1994：198~199）。

本文认为，就目前农村社区而言，权威是一种建立在法理型（乡村政权组织）、传统型（家族、宗族体系）、人格型（个人魅力）三种基础上的意志与广大村民的服从。具体来说，一为"组织权威"，代表着乡级政权和村委会组织的意志，类似于韦伯所说的"法理权威"。毋庸讳言，实行家庭联产承包责任制后，由于生产方式的分散、市场经济的推行以及少数干部的腐败等原因，为数不少的农村基层组织之权威已很难为农民所接受。按管理学家巴纳德的"权威接受理论"，权威不在于发布命令的人，而在于被命令者接受不接受，如果被命令者不接受，也就不存在这个权威。因此，在一些干群关系紧张、农民负担沉重的基层，这类"权威"往往意志大于服从。二为"传统权威"或"家族权威"，族内"长老"能成为某一社区的事实领袖，成为该社区的核心。他们或抛开村委会，或与村委会合一，能左右村中一切事务。这类权威的意志与服从较为统一，但易为少数人"弄权"，缺乏监督机制且很难与现代社会发展目标相一致。三为建立在个人魅力基础上，与村党组织、村委会相结合的权威。村党委（支部）书记、村委会主任个人有很强的号召力，是权威的关键和核心；村级组织有很强的凝聚力，是社区发展的中坚力量。这样的权威结构既有别于传统家族式权威，又不同于某些毫无号召力、形同虚设的基层组织权威。从功能上说，我们可以称之为"发展型权威"，从特征上看，可以视之为"魅力型权威"，其意志与服从达到辩证的统一。本文探讨的权威当属此类。

究其结构，这类权威具有几个要素：①有一个众人认可与推崇的，具有政治远见、经济头脑、奉献精神的组织者、带头人，这是"魅力型权威"的基础；②有一个具有"造福一村""致富一地"精神，团结一致，特别能工作的战斗集体，这是"发展型权威"的保证；③领导集体中的每个成员都有较高的来自实践的理论，有很强的市场经济意识，思想解放，敢为天下先，善于在市场经济的海洋中搏击，这是权威得以建立的组织基础；④绝大多数村民发自内心自觉接受与维护权威，因为他们从切身体验中领悟到，富庶发达、文明和谐的社区，丰衣足食、安居乐业的生活与强有力的组织和管理紧密地联系在一起，这是权威得以维持的群众基础。

华西村崛起的主要原因并不在于其优越的地理环境，而在于数十年来形成的具有强大权威的领导班子与好带头人。吴仁宝就是一个出身于农民，当过"村官"、乡官、县官，领导华西村的"农民管理家"。我们不从"农民企业家"而从"农民管理家"的角度来看他，主要是因为无论在理论还是在实践上，"农民管理家"对农村社区综合发展所起的作用要比"农民企业家"重要得多。从"大跃进"到"学大寨"直至改革开放，吴仁宝带领华西人苦战二十载，在实践中总结经验教训，实事求是、科学规划华西村的发展蓝图并上升到理论高度。在共同富裕的道路上，吴仁宝坚持自己不拿全村最高工资、不住全村最好的房子、不拿高额奖金的"三不"原则。在长期的实干过程中，吴仁宝靠拼命的干劲、清晰的思路、高效的业绩和廉洁自律，在群众中形成了很高的威信，打下了坚实的权威基础。

以吴仁宝为首的华西村党委、村委以及集团公司党政企三位一体，组成了精干高效的领导集体。吴仁宝认为，干部的权威来自三方面：一是廉洁，二是懂行，三是高度的事业心。在这样的权威结构中，无论是个人的魅力还是集体的号召力与组织力都得到了极大的发挥，群众的积极性空前提高，使得华西村"土地变平、道路变宽、村庄变新、人才变多、集体变富、贡献变大、生活变好、环境变美"①，成为名副其实的富裕村、文明村、示范村。

南街村发展的奥秘何在？有人认为南街人能抓住机遇，有人认为他们把苏南农民所首创的"无工不富"很好地实践在中州乡村，笔者则认为，是南街村领导班子的权威结构使然。

其一，党委书记王洪彬十多年来始终作为普通农民和村民劳作在一起，和南街村的发展联系在一起，表现出较强的领导能力、无私的献身精神和敏锐的政治远见。

其二，有一个团结奋斗、特别能战斗的领导集体，在带领全村共同致富

---

① 引自华西村介绍材料。

的道路上，他们身先士卒，在市场经济中与群众一起摸爬滚打；他们严于律己，坚信"公生明，廉生威"。群众深有感触地说，这样的党员干部我们信服、佩服，他们把领导干部看成致富领路人，自觉接受、维护干部的权威，以至于"夸自己村的干部能夸到眼含热泪"①。

其三，领导集体有一套清晰的发展思路——贸工农一体化；有独特的宣传、教育方式——以毛泽东思想教育人，建设"共产主义小社区"。他们把个人魅力形成的朴素权威与党组织、行政组织的法理权威很好地结合起来，成为南街村发展的动力与保证。

与华西村、南街村发展情况不同，无论是当初敢为天下先的大包干还是现在尚处于传统农村社区的状况，我们似乎都看不到权威结构在小岗村的作用。因为当初大包干实在是一种历史趋势，队长只是一个召集人罢了，而现在的小岗村尚未跳出落后农业社区的窠臼，缺乏好带头人则是主要原因。小岗村较为落后恰好可以反证权威结构在农村社区中的重要意义。

为什么自然条件相同，发展情况各异？为什么自然条件各异，发展趋势相同？为什么敢为天下先的典型会停滞不前？其解释可以各不相同，也可以各有道理，笔者从对三村以及其他地区的实地考察调查中分析认为，权威结构是农村村级综合发展的关键因素。有好的权威结构，条件差的地区亦可以向非农化、工业化、城镇化、现代化快速发展；缺乏权威结构，条件好的地区也不能很好地发展，条件差的地区更是举步维艰。

好的权威结构是凝聚群众，发挥村民政治参与性、生产积极性的基础，这是促进社区发展的原因之一。农民是农村发展的主体，他们对社区发展的关心程度、参与意识以及积极性在很大程度上影响、制约着决策者的决策以及决策的实施和落实。实践证明，村民积极性的发挥往往与村领导班子的权威直接联系在一起，这并不决定于村组织的合法型权威，而是决定于其魅力权威。马克斯·韦伯认为，"魅力的适用是由于被统治者承认决定的，这种承认是由实践的考验保障的……产生于领袖的信赖"（韦伯，1997：269~270）。华西村、南街村以吴仁宝、王洪彬为代表的管理者长期坚持带领群众在脱贫致富的道路上苦干、实干，取得了骄人的成绩，表现出高超的管理艺

---

① 引自南街村介绍材料。

术和非凡的魄力，形成了很高的权威，群众对其的信服是自觉的，社区的发展亦是自然的。而小岗村之所以还徘徊在温饱阶段，没有越过传统农业社区阶段，除自然条件以外，笔者认为主要是没有形成如吴仁宝、王洪彬式的核心权威人物及强有力的权威结构，该村二十多年来领导班子更换频繁就诠释了这一点。

领导班子的权威来自坚定的政治信念、敏锐的市场经济头脑、长远的发展规划，这是权威结构促使社区发展的原因之二。村党委（支部）、村委成员仅仅与群众同甘共苦，充其量只能有较好的口碑和群众基础，还不能认为就有较高的权威，或者说与群众打成一片就能推动社区发展。一个好的乡村领导集体除有为人民服务的精神，还必须有致富一地的良策，这一良策不是来自书本，不是别人馈赠，不是主观臆想，而是来自实践，来自实事求是，来自锲而不舍的追求和探索。华西村与南街村始终坚持集体经济为主体，在发展现代化农业的基础上，瞄准国内国际市场，大力发展工贸业，坚持共同富裕，用正确的思想教育人、鼓舞人，把为建设有中国特色的社会主义而奋斗与群众的切身利益结合起来，极大地激发了群众的积极性和创造性。南街村更是把建设"共产主义小社区"作为该村的发展目标，虽说社会对此有不同评说，但笔者认为，南街村的做法符合南街村自己的实际，因而不失为一种教育人、鼓舞人，促使社区发展的手段与方法。在小岗村，人们解决了温饱以后对大包干后如何进一步发展缺乏明确的目标和计划，仍然围着农业做文章，土里刨金。在实行家庭联产承包责任制的情况下，村行政组织基本丧失了生产上的决策权与指挥权，其推动该村综合发展的权威可想而知。

领导班子中魅力和法理相结合的权威与村民的接受、维护、发展权威形成良性互动，成为权威结构促使社区发展的第三个原因。黄宗智在长江三角洲的调查中看到，乡村中有号召力的人与被号召的人之间是有直接关系的。韦伯（1997：269~270）认为，魅力是一个人的非凡品质，其"关键是这种品质上被接受魅力统治的人即'追随者们'作出何种评判"。调查中我们看到，华西村、南街村的村民对领导集体评价甚高，亲切地称带头人为"好班长"，他们以主人翁的态度，积极地参与、支持村党委、行政的工作，使决策最大限度地民主化、科学化。领导和群众心往一处想、劲往一处使，形成良性互动，加速了社区发展。而小岗村由于还没有进行"第二次思想解放"，仍然局限在农业生产上，缺乏长远发展规划，加之其他人为原因，村委会与群众的互动不能"展伸"。干部的权威无法形成，群众亦不予承认，结果造成缺少核心力量的事实，直接导致该村发展滞后。由上可见，权威结构在农村社区发展中的重要作用不容低估。

三　一个现实而有趣的论题：农村社区发展模式探讨

农村发展模式在20世纪80年代有过较多讨论，不过那主要是指乡镇企业的发展形式，如以集体工业为主的苏南模式，以个体经营为主的温州模式等。这里我们试图从农村社区综合发展角度对之进行讨论。具体来说，在生产上，产业结构如何？生产方式怎样？在管理上，组织程度如何？教育手段、乡村风气怎样？

华西村农民从根本上打破小农意识，举起了大富、大农业、大天地的旗帜，稳定农业，发展工业，形成了一条农业起家、工业发家、第三产业兴家，三次产业协调发展的现代化发展模式。在管理上，华西村采取的是"两手抓、两富有、两结合"的发展模式。在抓物质文明的同时，加强精神文明建设。他们提出的爱国家、爱华西村的"六爱"教育，既闪现思想道德教育的光环，又带有浓郁的田园气息。在村党委的领导下，华西人有理想，争贡献，遵纪守法。"两富有"是既富钱袋又富脑袋，即在致富的同时，狠抓科学文化教育，全面提高人的综合素质。他们重视人才、尊重人才，自己开办工业大专班，选送优秀青年到大专院校深造和出国留学，组织华西村村民到发达国家考察，这　系列的措施提高了华西人的科学文化水平，也加速了华西村的经济发展。所谓"两结合"，即传统文化与现代文化结合，土和洋结合，在华西村，既有儒家文化的忠孝仁义，也有现代文化的理想追求；既有"孔庙"，也有"白宫"。虽说外界对此评说不一，但这体现了华西人把中华民族传统文化的精华、社会主义道德规范和现代文明熔于一炉的追求。可以认为，华西村的三次产业协调并举，两个文明一起抓的发展模式在我国农村具有较大的普遍意义。

在管理模式上，南街村的"意识形态立村"，建立"共产主义小社区"的实践则显得非常独特。

南街人认为，致富要靠党中央的富民政策、靠坚定的共产主义信念、靠战无不胜的毛泽东思想，"毛泽东思想像一轮红太阳，永远照耀着南街村前进"。在南街村，"政治挂帅，用毛泽东思想武装人的头脑""建设共产主义小社区"等标语到处可见；《东方红》《大海航行靠舵手》等风靡一时的革命歌曲时而可闻；毛泽东主席的汉白玉雕像前 24 小时民兵站岗，专职民兵连专业化训练坚持不懈；学"老五篇"以及开讲用会、斗私会蔚然成风。人们讲奉献、爱集体，南街村成了"没有腐败、没有贫富悬殊、没有精神滑坡的'净土'"①。这一在全国绝无仅有的实践，引起了外界的极大兴趣，有人激动得热泪盈眶，一位老干部说，我们干了一辈子革命还不就是为了这些？也有人对此嗤之以鼻，认为是"恍若隔世，又回到了六七十年代"……

南街村的分配机制——供给制与工资制相结合，带有浓郁共产主义色彩的分配模式，决定了南街村村民的生活资料来源以供给制为主、工资制为辅。集体为村民免费提供大到公寓式住房及室内设施、家具，小到粮、油、水、电、气甚至啤酒、鸡蛋等生活用品。随着生产的不断发展，供给的范围与水平也在不断扩大与提高，用南街人的话说，他们已"初步实现共产主义'各尽所能、按需分配'的原则"。客观地讲，这一很能体现公平、公正，为南街人引以为豪而又有浓郁意识形态色彩的分配模式虽说有很大争论，但是使农民衣、食、住、行、生、老、病、死有了依靠，社会化服务与保障使农民个体完全免除了后顾之忧。

南街村的发展模式在产业结构上与华西村并无差别，也是三次产业协调并举，无非南街村的工业以农副产品深加工为主，但南街村的发展模式有无普遍意义？这是一个较为深层的问题。有人说"南街村的路子是中国农村发展的方向"，也有人怀疑"南街红旗到底能打多久"，笔者经过短暂的考察、粗浅的研究认为，南街人大力发展经济，走农业产业化、乡村工业化以及共同富裕的道路，与全国农村的发展路子是一致的，具有普遍意义；但其分配方式等则在相当长时间里缺乏普遍意义的根据。

第一，由于马克思认为在共产主义社会消灭了商品交换，因而作为"共产主义小社区"的南街村自然也要逐步消灭商品交换，他们正在为村内消灭

---

① 引自南街村介绍材料。

货币流通而做准备和努力。最为有趣的是，南街村没有规模稍大的商场，仅有一两个小商店为参观访问者服务，以供给制为主的分配方式决定了本村人基本不需要到商店购物。所以笔者认为，从现代社会学角度看，南街村还不能说是一个小城镇，充其量只能说是一个农民居住点与农村工副业区，这样的格局并不能适应农村市场经济发展与现代化建设之要求。

第二，由于是准"按需分配"以及在此基础上强调的集体主义情绪与共产主义精神，因而在一定意义上或从另一个方面看，现代社会的竞争意识就很难扎根。笔者看到，商店、宾馆的服务员以及一些接待员多了些许计划经济时代的散漫、刻板、冷漠、被动而少了一些现代社会市场经济中的紧张、灵活、热情、主动，这明显与现代社会不相适应。

第三，由于南街村"自觉抵制资产阶级生活方式"，不跳交际舞、不唱流行歌曲、不看不健康的影视，而大唱革命歌曲、演革命戏剧，举行演讲会、报告会，因而整个南街村没有一家卡拉 OK、没有公共娱乐设施。虽然青年和社会公众以自己独特的方式寓教育于闲暇、娱乐之中，但我们认为，把一些时尚和革命传统截然分开，并不能说是科学的生活方式，就是从现代社会人们的物质文化需求，从人的现代化与人的个性发展来看，也可能认为是落后于而不是超前于时代的发展。

小岗村是典型的家庭分散经营农业的格局，这在我国欠发达地区是主要的发展模式。但是，产业单一，经营方式分散，缺乏组织，村民松散，劳动力外流，权威结构不能有效建立，易导致社区发展滞后。虽然家庭联产承包责任制作为一种基本政策还要长期坚持，但本文认为，在解决了温饱甚至小康之后，追求社区包括人的发展在内的综合发展应是我们要达到的重要目标和面临的紧迫任务。为此，农村基层组织及有关方面必须结合实际，提升农村发展的目标要求，找准适合自己的发展模式，在稳定农业的同时大力发展工副业；在富钱袋的同时富脑袋，提高村民的科学文化素质；在抓生产的同时抓农民教育，提高其文明程度；在坚持家庭联产承包责任制的同时，加强农民的组织管理，引导他们关心集体，摆脱落后，走向现代化，使农村社区发展有质的飞跃。

参考文献

阿而温·托夫勒，1983，《第三次浪潮》，朱志焱等译，生活·读书·新知三联书店。

《邓小平文选》（第三卷），1993，人民出版社。

甘哈曼，1984，《第四次浪潮》，林怀卿译，中国友谊出版公司。

黄宗智，1994，《长江三角洲小农家庭与乡村发展》，牛津大学出版社。

《马克思恩格斯选集》第一卷，2012，人民出版社。

马克斯·韦伯，1997，《经济与社会》，林荣远译，商务印书馆。

《毛泽东文集》（第七卷），1999，人民出版社。

乡镇社区发展模式和道路比较研究[*]

——以江苏省的三个周庄为例

　　农业、农村和农民之"三农"问题，是事关我国社会经济发展大局的重大战略问题，始终受到党和政府以及社会各界的密切关注。近年来，学术界与实际工作部门从多学科、多视角对"三农"问题作了较为全面与深入的实证研究和理论分析，取得了丰硕成果。但是，在众多的"三农"问题研究中，以具体乡镇社区发展道路为研究对象并加以比较者尚不多见。本文拟以江苏省的三个周庄为例，对农村基层乡镇社区发展模式作一实证研究。

一　一个有价值的研究领域："三农"问题中的乡镇社区发展及其意义

　　"三农"问题是个战略性的大问题，宏观上的"三农"问题必然反映和体现在无数的微观农村社区之中，在很大意义上说，"三农"问题要通过具体的农村社区发展来逐步解决。那么，究竟多大区域范围最有利于农村发展呢？从理论和实践看，乡镇社区是一个较为合适的基本区域。如果县域地区的研究是宏观视角，村社社区的研究是微观视角，那么，乡镇社区的研究就是中观视角。从中观层次把乡镇社区作为研究对象，对于总结农村社区发展的经验，推动农村社区的综合发展，具有极其重要的理论意义和现实意义。

---

　*　原文刊载于《南京大学学报》2006年第2期，收入本书时做了文字修订。该文是笔者承担的2002年教育部课题"乡村社区发展模式与道路研究——以江苏省三个周庄为例"（02JA840006）的中间成果。人大复印报刊资料《社会学》2006年第7期全文转载。

首先，从空间结构看，乡镇社区是介乎于县域地区与村社社区之间的中观区域，是农村发展较为合适与适中的部分。作为农村社区的基本单元——村社社区，其空间范围狭小、产业结构单一、经济实力弱小，很难作为一个独立的系统来推动农村发展。作为区分农村与城市的主要区域标志——县域地区，其空间范围过大，政治、经济、社会等要素构成复杂，有较为明显的非均衡性及差异性，很难形成具有特色的县域经济社会发展模式。而乡镇社区是县域地区的重要组成部分，又是若干村社社区的有机集合体，乡镇社区的综合发展，既能带动村社社区发展，也能促进县域经济发展，所以乡镇社区是农村发展中举足轻重的区域。

其次，从行政区划上看，乡镇管理机构——乡镇人民政府是农村基层政权组织，党和政府的各项政策都要通过乡镇政府的具体工作加以贯彻落实。县级政府的管理范围较大，管理视角和手法亦较为宏观，对于基层农村社区发展的影响力较为间接，必须通过乡镇政府的组织和落实来推动农村发展。尽管一些地区的村级经济有较大规模发展，但是，企图通过以农民居住和交往为主要纽带、以地缘关系和血缘关系为互动基础的自然村和行政村来推动整个农村社区的发展，至少从管理组织结构、管理范围和管理效应来看，是很不现实的。

最后，从社会经济发展上看，只有乡镇社区发展才可以担当起农村社区综合发展的重任。乡镇社区是农村的腹地，是一个以行政建制为基础、以行政村和自然村为主体的区域社会，乡镇社区比村社社区更有利于和县域社区以及周边农村地区在社会经济发展上进行沟通和联系。在大部分地区，限于规模、实力以及其他因素，要求村级社区推动农村社区的综合发展是难以实现的。

尽管有学者及实际工作者认为存在"弱乡实村"的情况而主张重视村社社区的发展（贺雪峰，2004：146～201），但是，笔者认为，中国农村发展的主要目标应该是通过发展第二、第三产业来减少第一产业的比重，通过提供从事工商业的职位来减少农民的数量，提高农民的福利和生活水准，这个目的的达成，不可能仅仅通过村民自治和村民委员会的力量来完成。在市场经济条件下，无论是乡村还是农民，都呈现明显的异质性特征，社会系统内部的互动程度已非传统的农业社会可比拟。在这种情况下，一个完备高效的乡镇政府机构和相对发达的乡镇经济就是不可或缺的。

那么，如何理解乡镇社区呢？一般认为，乡镇社区有两种界定：一种是以乡镇政府所在地为中心的集镇社区；另一种是以乡镇政府管辖区域为范围的整个乡镇行政辖区。本文所讨论的乡镇社区，是以集镇社区为中心，以乡镇行政辖区为"乡脚"的社区。之所以以集镇社区为中心，是因为它是乡镇社区非农产业的主要集中地，是农村城镇化的核心载体，其发展状况决定着整个乡镇社区社会主义新农村的建设水平。之所以把"乡脚"作为乡镇社区的范围，是因为"乡脚"是集镇社区的辐射区域，同时又与集镇社区相互作用，是农村社区发展的重要力量。集镇社区及其"乡脚"的发展过程，也就是"三农"问题的解决过程。

二 一个有意义的实证研究：三个周庄的多元化发展道路

为了清楚地说明和证实乡镇社区发展的重要性，我们以江苏省的三个乡镇——昆山市周庄镇、江阴市周庄镇、兴化市周庄镇——作为实证研究对象。之所以选取三个周庄，并非出于三个乡镇社区同名的缘故，而是因为这三个周庄都坚持实事求是，有自己的特征与个性，代表了江苏省乡镇社区不同发展水平地区之不同发展道路与不同发展模式；同时，从地区发展梯度上看，三个乡镇社区有发达地区和次发达地区的差别，有较好的代表性；从产业结构上看，三个周庄分别以第一、第二、第三产业为主导产业，有一定的典型性。

1. 旅游业和高新技术产业的两翼发展战略：昆山市周庄镇模式

昆山市周庄镇是一个具有900多年历史的古镇，四面环水，井字形河道纵横镇区，因水成街，傍水筑屋，依水成市，前街后河，河路相间，河、埠、桥、街、店、宅布局适宜，完整地保存着原有水乡建筑群体独特的格局，被誉为"集中国水乡之美"。联合国教科文组织世界文化遗产保护委员会亚太地区执行主席梁敏之考察了周庄后说："周庄不仅在江南水乡中第一，而且如此完好地保存也是世界第一。"（陈益等，1996）

尽管昆山周庄有悠久的历史，也出过如明初沈万三这样"富可敌国"的巨商富豪，但是，在改革开放之前，昆山周庄仍然是一个以农业为唯一产业、因四面环水而封闭的落后水乡，一度被称为"苦庄"。改革开放之后，周庄也尝试过发展乡镇企业，然而由于水乡交通不便，发展乡镇制造业的道路明显走不通。他们特地到北京求教于著名学者费孝通先生，费先生根据周庄的历史和自然条件指出，你们要把"苦镇"之"苦"字的草头去掉，在"古"字上大做文章。周庄人豁然开朗，从20世纪80年代初期起，他们就有意识地修复一些古建筑，开始探索和实践"旅游兴镇"的发展模式。1986年，周庄售出了第一张门票，虽然只有几毛钱，但周庄人从中看到了"旅游兴镇"的希望。一系列在国内国际有影响的推介活动，大大提高了周庄镇的知名度，为"旅游兴镇"奠定了良好的基础。20世纪90年代以后，周庄镇着重加强旅游配套设施建设以及景点的开发工作，规划新的行政区域；同时，建立周庄旅游公司，参加全国性的旅交会，努力打出自己的品牌。从1996年开始，周庄每年都举办国际旅游艺术节，其主要活动包括：中国苏州周庄国际旅游节，水乡玫瑰婚典活动，周庄摄影艺术节，以及"书画""旅游工艺品""周庄好电视片""吴文化"国际旅游艺术节等。最为引人注目的是，2001年在周庄举办了"亚太经合组织（APEC）贸易部长非正式会议"，国家主席江泽民出席了会议。这些活动使周庄的知名度不断提高，游客慕名纷至沓来，旅游收入逐年递增，旅游业成为周庄镇的支柱产业。

旅游业给昆山周庄带来了生机，但是，周庄人清醒地认识到，在市场经济条件下，把旅游作为单一的产业是十分危险的，因此，必须发展现代工业，坚持"两条腿走路"。1998年，周庄镇党委、镇政府坚持"保护和发展共举"的科学发展理念，提出了"以旅游产业和高新技术产业为两翼"的经济发展模式，即在继续发展旅游业的同时，推动高新技术产业的发展。经过多方考证及市场调研，在有关部门专家和技术人员的帮助下，周庄着手发展以传感器为特色的高新技术产业。这是一个占用土地少、耗费原材料少、附加值较高的项目，其广阔的市场前景保证了销路的畅通。周庄镇政府借助于中国科学院并与多家研究所协作，新建了12个高新技术企业，拥有26项自主知识产权，其中，国家级重点新产品2项，江苏省高新技术产品12项，江苏省高新技术企业7家，完成江苏省科技攻关项目4个，省创新服务体系建设和国家火炬专项资助项目2个，合作参与实施国家"863计划"项目3个，实施国家、省级火炬计划项目8个，实现科技成果转化并产业化项目15

个。所有这些都强有力地提升了周庄传感器产业的科技创新能力和竞争力。2004 年，周庄传感器产业销售额达 6.5 亿元，利税达 1.7 亿元，累计引进投资 15 亿元，形成了以传感器为主的高科技产业群，成为传感器产业基地。

坚持"两翼发展"的思路与实践，使得周庄的经济能够平稳发展，二者相得益彰。旅游经济的发展，为高新技术产业的起步发展提供了资金基础；高新技术产业的发展，有效地降低了旅游经济的风险。旅游业和高新技术产业的良性互动极大地促进了周庄镇经济与社会的协调发展，镇民生活福利提高，城镇建设在保护中得到开发。在这几年的实践中，昆山周庄逐渐构建了一个较为完善的社会保障机制，整个乡镇居民真正享有了"病有所医、老有所养、贫有所帮"。昆山周庄的发展模式很好地体现了发展与保护、富民与兴镇的有机结合。

2. 现代工业发展之路：江阴市周庄镇模式

江阴市周庄镇位于长江三角洲经济发达地区的中心地带，历史上就有做工经商的传统，手工业和商品交换较为发达。明朝末年其集市已经相当繁荣，清康熙三年（1664 年）周庄设镇，乾隆年间县志称周庄为"东南巨镇"。1949 年后，周庄镇有供销社、信用合作社、联合诊所、邮政代办所、棉织社、手工业生产合作社等，教育和服务业得到较大发展。1978 年以后，周庄依靠发展乡镇企业，极大地推动了经济社会发展，成为闻名遐迩的明星集镇。江阴市周庄镇是住房和城乡建设部小城镇建设示范镇、江苏省卫生镇、小城镇综合改革试点镇、环境与经济协调发展示范镇、江阴市重点中心镇，荣膺"江苏名镇"之称。在江苏省的三个周庄中，江阴周庄走的是一条发展现代工业的道路。

靠发展工业起家的江阴周庄人清醒地认识到，依赖市场的乡镇工业"只有醒得早、起得快，才能跑得稳"。当 20 世纪 80 年代中国的老百姓还在以万元户为羡慕对象的时候，周庄的乡镇企业就实现了跨越式的腾飞。当乡镇企业还处于"火红的年代"的时候，周庄镇的领导就清醒地认识到，短缺经济时代的那种"不怕卖不出，就怕产不出"的"好日子"不会长久。于是，他们狠抓企业上规模、产品上档次、技改上水平、管理上效益，以化纤、橡塑制品、汽车配件、纺织印染等行业为主打行业，瞄准市场，大力革新技术，积极扩大规模，把企业做大做强，使某些企业一跃成为国内主要生产企业，有些甚至成为行业的"单打冠军"。周庄的工业化实现了从过去的遍地开花、设备简单、产品初级的乡镇企业向现代化大企业的转变，从早期的较为单一的资源推动型、投资推动型转向了创新推动型，实现了科技创新、利用外资和资本运作的"三合一聚变"模式。其一，周庄在传统产业技术改造的过程中，注重培育高新技术产业。周庄有模塑集团等7家企业成立了科研开发机构，三房巷集团等5家企业与科研院所成立了产学研联合体，十余种新产品获省部级科学技术进步奖及创新项目奖，有8种产品通过省级新产品鉴定和获得省高新产品称号。通过技术改造和技术创新，周庄的传统产业不断获得新生。其二，在企业发展、科技创新的同时，周庄人大胆吸收和利用外资，推动了企业和全镇经济的高速增长。2004年，周庄镇新增独资合资企业18家，合同利用外资5286万美元，到账外资1983万美元，呈逐年增长的趋势。周庄人认为，他们引进的是外资，消化的是技术，赢得的是市场和竞争能力。其三，资本运作能力较强。作为江阴市第一大工业镇，周庄人不但善于吸引海外投资者的资金，还善于从国内资本市场上吸引资金，聚集资本，形成资本优势，带来高速增长。继模塑集团的模塑科技上市后，三房巷集团也在全国的A股市场中占了一席之地。2003年，周庄有包括三房巷聚酯切片在内的8种超亿元项目和一批超5000万元的项目，如此规模的资金投入，充分反映了周庄人的资本运作能力。

"三合一聚变"模式极大地提高了江阴周庄工业发展的实力，推动了周庄镇的社会经济发展。目前，周庄镇拥有工业企业1105家，其中2家上市企业、6家省市级企业集团，拥有纺织、轻工、机械、冶金、化工、建材、橡塑、电子等八大特色产业及十多个门类600多种产品，产品覆盖全国并远销上百个国家和地区，其中化纤、橡塑制品、汽车配件、纺织印染、人造革、铝塑型材、液压机械、杜美丝等产品已成为华东地区甚至国内行业"单打冠军"。周庄经济总量已连续19年位居江阴乡镇之首，成为江阴市第一工业大镇，2004年完成工业产品销售收入267.03亿元，比上年增长36.41%，应征税金35726万元，实现工业利税20.07亿元，实现工业增加值52.65亿元，完成工业性项目投资30.33亿元。周庄乡镇工业销售额已连续三年名列江苏省第一，在全省乡镇综合实力百强中排名第6，在全国乡镇综合实力百强排名中位列第13。

随着乡镇现代工业的蓬勃发展，江阴市周庄镇居民的收入水平和生活质量得到了极大的提高，乡镇居民过上了富裕的小康生活。2004 年农民人均纯收入为 8672 元，城镇人均可支配收入为 13702 元。由于村集体经济非常发达，大部分村民在当地的村集体企业上班。在实行企业改制后，村民在集团中还拥有一小部分股权。在集体经济实力比较强的村社社区，农民住上了环境幽雅、排列整齐、设备齐全、别具一格的别墅。周庄镇政府提出了"农业向适度规模集中，工业向园区集中，农民向社区集中"的新的发展思路，以进一步推进乡镇社区的工业化和城镇化进程。

3. 坚持"农企对接"道路：兴化市周庄镇模式

兴化市周庄镇位于兴化、姜堰、江都三市交界处，与地处苏南发达地区的昆山周庄和江阴周庄不同，兴化周庄地处较为贫困的苏中传统农业社区，如何在稳定农业的同时发展工副业，走富民强镇之路，是面临的重要问题。经过不断摸索，兴化市周庄镇走出了一条"农企对接"与"农型工业"的道路，形成了自己的发展模式。

20 世纪 80 年代，当乡镇企业在全国大多数地区发展得如火如荼的时候，兴化周庄也尝试过发展乡镇工业。但是，由于地处传统农业社区，远离大中城市，缺乏市场经济的意识，乡镇工业并没有得到很好的发展。为此，兴化周庄根据自身特点，对"乡镇工业"的内涵做了符合自己"社情"的界定。他们认为，兴化周庄受外部条件和内在实力所限，无法与苏南的昆山周庄和江阴周庄去比较现代工业发展。兴化周庄必须把乡村工业和农业有机地结合起来，走"农企对接"的道路，即通过农产品深加工、发展农型工业，以农业推动工业，以工业反哺农业，提高农民的经营性收入。

通过开展"五个一工程"，即"一朵花""一根草""一棵麦""一粒玉米""一棵树"工程，来推动兴化周庄的综合发展。

"一朵花"：周庄镇盛产棉花，种植面积逾万亩。为此，他们建立棉花轧花厂、油籽厂、药棉厂等一系列围绕棉花加工的企业，鼓励农民种植棉花，为棉花加工企业提供原料。"一根草"：以麦草加工纸板。周庄镇双蝶集团主要生产包装纸板，其主要原料麦草就是"就地取材"。该镇农民种植的大麦直接给春蕾集团生产麦芽，而原来一直被认为是废料的麦秸就成为双蝶纸板厂最好的原料。双蝶集团用麦草造纸以后，再以纸板为原料生产包装纸板箱。该企业现已成为苏北地区最大的包装生产企业之一，并拥有苏北地区最先进的七层瓦楞纸板生产线。"一棵麦"，即麦子加工，麦芽生产成为兴化周庄的又一支柱产业。兴化周庄有两家啤酒麦芽企业，这两家企业的麦芽生产，带动了当地优质大麦的大面积种植，不仅全部消化了本镇农民所生产的大麦，而且吸收了邻近乡镇农民的农产品，不仅直接促进和发展了农村工业，而且也提高了农业产业化水平。"一粒玉米"：把玉米加工成淀粉，再加工淀粉成麦芽糖。"一棵树"：鼓励农民种植意杨为板材厂提供原料，配套生产家庭装潢用的各种线条、木板、装饰板等。这"五个一工程"撑起了"农企对接"的农型工业框架，成为兴化周庄的发展特色。

找准自己的资源优势，以市场为导向，走"农企对接"之路，逐步形成具有地域特色的工业结构体系，已成为兴化周庄工业发展的方向。在发展农业产业化的基础上，兴化周庄工业绝大多数是与农业紧密联系在一起的农产品深加工企业。工业和农业的良性互动，有效地利用了农业资源，提高了农产品的附加值，增加了农民的收入。这种生产模式没有脱离农业，依然受自然条件的制约，尽管不能算是完全意义上的现代工业，但是，按照费孝通先生的说法，这是一种介乎于农业和工业之间的"一点五产业"，具有旺盛的生命力。兴化周庄"农企对接"的独特经济发展模式，创造性地走出了一条传统农业社区发展工业的道路，使工业与农业相互促进、相互发展进而改变了全镇的面貌，农民的收入水平也得到大幅提升。2004 年，全镇实现社会总产值 24.8 亿元，国内生产总值 4.33 亿元，名列兴化市第 3 位；工业总产值7.2 亿元，占工农业总产值的 72.5%，其中，农产品深加工达 3 亿元，占工业产值的 46%。以农业为基础，以工业为主导的"五个一工程"，托起了一个新周庄。2004 年，该镇农民人均纯收入为 5328 元，其中农型工业的贡献率达 60%，正是由于农型工业的发展，兴化周庄成为苏中地区较为富裕的乡镇社区。

三　一个值得探讨的问题：乡镇社区发展模式选择和比较

所谓发展模式，就是根据实际情况，走适合自己特点的发展道路，从而获得成功的模式或范式。固定的、统一的模式是不存在的。发展模式在 20

世纪 80 年代讨论乡镇企业时为大家所熟知，一般说来，在农村工业化过程中，一些地区有不同于其他地方的特点并取得了较大成绩者，都被冠以"模式"二字，如以工业为主导产业、集体经济为主体的"苏南模式"，以日用小商品生产和销售为主导产业、个体经济为主体的"温州模式"等。笔者认为，"模式"并非只是一个"样板"含义，从农村综合发展来说，发展模式特指农村社区在经济、社会、文化、管理等诸方面的运行机制和基本特征或特殊形式，是农村非农化、工业化、城镇化进程的具体路子。之所以称之为"模式"，无非在实践中这种做法较为成功，形成了某种类型的经验，而更多的是人们对这种经验模式加以概括、总结、提炼，上升为理性认识。具体看，农村社区发展模式有以下特征。

第一，地域性。社区发展模式特指某一地域社区，具体说是某一村社社区或乡镇社区发展的模式或做法，这种做法从本社区的实践中而来，是本社区的模式，不一定适合其他地区。第二，典型性。模式反映了某社区的发展特征，具有一定的代表性和典型意义。这种典型意义既具有普遍意义，又有其个性特征。若某社区发展路子或模式没有典型性，必然失去模式的特征。第三，示范性。既然某社区的发展具有典型意义，有其发展模式，那么，它自然具有其他社区可学习的东西。当然，这并不是作为"普遍意义"来推广，仅是某种参考、借鉴而已。第四，抽象性。社区发展的内容是具体的、全方位的，但发展模式之本质特征则是理论概括和总结，是揭示农村社区发展当中的规律性内容。

作为农村基层政权单位和农村区域的基本单元，乡镇社区走一条什么样的发展道路，采取什么样的发展模式，对于从传统农村社区向现代农村社区发展，对于社会主义新农村建设，具有极为重要的意义。我国幅员辽阔，受各种条件限制，农村发展的非均衡性很明显，乡镇社区只有找准和抓住自身特色，才能形成适合自己发展的模式。三个周庄镇最关键的就是坚持从实际出发，以市场为导向，因地制宜地找准并充分发挥了自身的优势，形成了鲜明而有个性的区域特色，既促进了经济的发展，又推动了社会的进步。

农村发展道路与模式既受制于具体社区的客观自然历史条件，又取决于人们的主观创造性抉择。实践表明，凡能够根据本地区的实际，正确选择发展模式的社区，其综合发展程度就高；反之，不能选择正确的发展模式，或根本就没有任何特点，无任何模式可言，社区发展就必然缓慢，社区发展程度就较低。江苏省的三个周庄乡镇社区之所以能够得到较大发展，主要是因为能够在认清自己客观实际条件的基础上，对本社区的发展规划做符合实际的研究，摸索出一条适合自己的发展道路，形成了自己的发展模式。诚然，发展模式对于村社社区的经济社会发展也是至关重要的——事实上，许多典型的村社社区有其独特的发展模式，笔者也曾就江苏省华西村、河南省南街村和安徽省小岗村的发展模式做过实证研究（周沛，2000）——但是，从整个和谐社会构建与社会主义新农村建设来看，乡镇社区的发展模式尤其显得重要，这是由乡镇社区在农村发展中的功能和作用决定的。其一，乡镇社区的地域范围较村社社区大，合适的发展模式对乡镇社区及农村社区发展的推动是村社社区所不能及的。其二，按照费孝通先生的说法乡镇社区的发展直接推动农村城镇化进程，农村城镇化最终要靠"星罗棋布"的小城镇建设来实现（费孝通，1996：51~99）。而小城镇建设和乡镇社区的发展是密切相关的，如何根据自身的实际，选择一个适合自己综合发展的模式，就显得尤为重要。其三，合适的发展模式可以提升广大农民的社会福利水平。农民兄弟是农村改革的肇始者和积极参与者，他们应该共享改革发展的成果，他们理应有较高的社会福利水平和完善的社会保障。从福利和保障的社会性来看，乡镇社区的综合发展是免除农民后顾之忧，提升其福利水平之最好的也是最直接的保证。乡镇社区担负着广大农民生产、生活、保障的重任，为此，一种合适的、行之有效的发展模式是十分必要和重要的。

那么，不同的发展模式之间有无优劣之分？实践证明，乡镇社区发展模式具有鲜明的区域性特征，不同的发展模式不可以简单地进行类比。只要符合本地实际，能促进当地社会经济发展的，就是成功的模式。各模式之间可以借鉴，但是不可以移植。尽管单纯从经济社会发展水平来看江苏省的三个周庄之间有较大的差异，但是，我们不能认为三个周庄的发展模式有优劣差异——因为它们都做到了与时俱进、实事求是，都在社会主义新农村建设与和谐社会构建中做出了开拓性尝试并获得了成功。

参考文献

陈益等，1996，《九百岁的水镇周庄》，西安地图出版社。

费孝通，1996，《爱我家乡》，群言出版社。

贺雪峰，2004，《乡村研究的国情意识》，湖北人民出版社。

周沛，2000，《农村社区发展道路与模式比较研究——以华西村、南街村、小岗村为例》，《南京社会科学》第 10 期。

社区服务机构运行逻辑与基层政社关系[*]

——以江苏省"残疾人之家"为例

一 问题的提出

党的十九届四中全会指出"推动社会治理和服务重心向基层下移"。[①]
社区是社会治理的基础单元与基本载体，其促进服务资源下沉及聚合于城乡
社区，实现各类社会服务的精准化、专业化、均等化供给，是保障"弱有所
扶"，增进"民生福祉"，实践"以人民为中心"发展理念之重要保障。在
职能转换以及效率提升的诉求下，社会服务的供给亦经历着社会化与多元化
的转型。服务的官方单独供给的局面被打破，政府从"划桨人"转变为
"掌舵者"（奥斯本、盖布勒，2006），通过"购买服务"等途径将社会服务
的直接生产与递送职能让渡于社会化主体。民间性、公益性、志愿性、专业
性的社会组织构成一类精巧的"第三方治理体系"（萨拉蒙，2008），成为
弥补政府失灵与市场失败，填补"治理盲区"，直接承担社会服务供给的
"天然主体"（梁德友，2019）。在行政力量的引导与支持下，各类社会组织
嵌入社区，基于社区平台，以社区居民尤其是特定群体（老年人、残疾人、
困境儿童等）为对象，开展多元化服务，具体表现为"社区服务机构"之

---

* 原文刊载于《学习与实践》2021 年第 1 期（与易艳阳合作），收入本书时做了文字修订。
该文是笔者承担的 2017 年度国家社会科学基金重大项目"中国残疾人家庭与社会支持机制
构建及案例库建设"（17ZDA115）的中期成果。人大复印报刊资料《社会工作》2021 年第
3 期全文转载。

① 参见《中共中央关于坚持和完善中国特色社会主义制度 推进国家治理体系和治理能力现
代化若干重大问题的决定》，人民出版社，2019。

供给主体形态。部分地区初步形成基层行政组织（街道/乡镇）、基层社区组织（居委会/村委会）、社区服务机构等多元主体参与的基层服务供给模式，社区服务机构则扮演着服务的直接生产者与提供者角色。厘清社区服务机构的生成与发展逻辑，理顺社区服务供给中的基层政社关系，是促进社区服务机构专业化成长与内涵化发展，精准满足服务对象需求，优化基层治理的重要基础。

社区服务机构是指以社区为依托开展特定人群服务的非营利性质组织，其致力于直接生产与传递各类在地化服务以满足相关人士的正常化与便利化需求，本质上属于社会组织中的"社会服务机构"范畴。在我国，社会组织的生成与发展绕不开"政社关系"的议题。西方"市民社会""法团主义"等理论范式对于中国本土政社关系的适用性受到学界质疑。中国学者致力于基于我国历史传统与现实，构建更契合本土"政社关系"的话语与知识体系（彭少峰，2019）。在本土政社关系中，作为主导方的政府之行动策略被学者们概括为两大类型：一是"控制论"，这类研究以"分类控制体系"等概念阐释了政府对社会组织的自上而下单向度以及差异化的控制机制（康晓光、韩恒，2005）；二是"吸纳论"，学者们认为，除了消极"控制"以外，政府以更为积极的方式比如"吸纳"策略处理政社关系。"行政吸纳社会"（Kang & Han，2007）体现出政府对社会组织的既控制又支持的二重关系属性。在当今中国，政府应更多地以"行政吸纳服务"（唐文玉，2010）策略对社会组织予以较多的支持，以提升公共服务质量。政社关系中的社会组织生存发展路径被学者们归纳为"嵌入论"与"依附论"等观点。在政府的职能空间让渡下，专业社会工作与其载体社会组织呈现"嵌入性"发展特征（王思斌，2011），并进一步变异出"反向嵌入性"（管兵，2015）、"双向嵌入"（纪莺莺，2017）、"嵌入型监管"（刘鹏，2011）等多种"嵌入"样态。大部分社会组织处于资源缺乏状态，以"寄居蟹的艺术"依附于政府而生存（邓宁华，2011），部分组织呈现"依附性自主"（王诗宗、宋程成，2013）的特质。与其他社会组织同质，我国的社区服务机构在孕育、运营、发展中，在基层亦面临多重复杂的政社关系场域，基层政社关系特征与社区服务机构的运营发展逻辑高度关联。

社区服务机构具体表现为面向全体社区居民的综合性社区服务中心、面向特定对象的社区老年服务机构、社区残疾人服务机构等不同实践形态。残疾人是社区照顾与社区服务的重点对象之一。2016年江苏省着力推进"残疾人之家"计划，省政府连续两年（2017~2018年）将"残疾人之家"建设列入"十大民生实事工程"。根据相关文件，"残疾人之家"是"依托乡镇、街道和村、社区"，"以辅助性就业为主，集托养、康复、培训、文化体育、维权等各项服务于一体的残疾人综合服务机构"，其须经由"合法的法人登记注册"，"并要求在全省乡镇、街道和有需求、有条件的村、社区普遍建立"。① 注册为"民办非企业"的"残疾人之家"，可视为以残障人士为对象的助残性质的社区服务机构形态。"残疾人之家"建设虽是自上而下推进的残疾人事业，具有官方色彩，但是"残疾人之家"的民办非企业的法人注册要求又明确标定了其机构的社会组织性质。笔者在江苏省范围内实地调研了多所"残疾人之家"，基于经验资料的收集与整理，试图通过多案例对比分析，审视功能同质的社区服务机构——"残疾人之家"所呈现的差异化运行逻辑，并剖析其中所蕴含的基层政社关系属性，基于此探讨基本公共服务落地于基层的应然实践样态。

二　社区服务机构的运行逻辑
——以江苏省"残疾人之家"为例

社区服务机构是嵌入社区从事各类非营利性质服务生产与递送的社会组织。"残疾人之家"是江苏省自上而下推进的重点民生实事项目。官方文件以"七有七服务"标准统一设定了"残疾人之家"建设与运营规范，"合法的法人注册""独立的财务核算""综合性的社区服务"等标准明确了"残疾人之家"的社会组织性质以及社区助残服务机构的实践形态本质。"残疾人之家"项目一方面推进残疾人基本公共服务落地于基层，另一方面催化了社会化的助残社区服务机构的培育与发展。笔者调研发现，在官方统一政策与标准下，各地基层"残疾人之家"的发展路径与运营方式异质性显著，在部分地区产生了"政策变通"与"政策变形"，从而形成了多元化的社区服

---

① 参见江苏省残疾人联合会《省残联关于印发江苏省"残疾人之家"建设实施方案（试行）的通知》（苏残发〔2016〕28号）。

务机构运行逻辑。作为一类社会组织，社区服务机构的运行逻辑可从生成路径与实践取向两个维度来考察。

1. 社区服务机构的生成路径

生成路径是指社区服务机构的产生缘起与发展轨迹。社区服务机构作为基层服务类社会组织，其生成与发展主要依循"体制内培育"与"体制外嵌入"（易艳阳，2019）两类基本路径。

"体制内培育"主要指社区服务机构"自上而下"的发展逻辑，历经"行政建构—组织孵化—资源赋予—扎根成长"的发展轨迹，街道等是"残疾人之家"等社区服务机构发展的直接培育者与推动者。"科层关联"直接构成组织合法性的基础（马超峰、薛美琴，2020）。其基本路径如下。第一步，行政建构。在"政社分开"的转型诉求下，在服务对象日益增长的个性化需求"倒逼"下，在社会治理重心下沉基层的导向下，行政性主体推动传统"大包大揽"式的社会服务供给机制转型，经由"政府购买服务"方式将部分服务以"项目"形式让渡于社会力量运作。行政性主体转变单一"管控"思路，有意识地主动培育各类服务机构，并通过立法与政策给予机构合法性身份，从而主动建构出社区服务机构发展的政策空间。第二步，组织孵化。在自上而下的指标化要求下，在基层行政性主体及相关业务主管部门的联合推进下，社区服务机构实现了从无到有、从非正式到正式的跳跃性发展。基层行政组织或直接孵化培育社区服务组织，比如，由街道民政科/残联工作人员作为法人，注册机构，以"一套班子，多块牌子"的形式"自我消化"基层行政组织发包的服务项目；或在基层行政力量的直接授意下，由地方热心人士或残疾人注册成立社会组织，而组织运营则主要由街道或者基层残联来直接承担或间接协助。在行政性主体的直接介入下，社区服务机构在数量上获得了迅速增长。第三步，资源赋予。作为行政性主体直接培育的社区服务机构，"体制内"机构在场地安排、人员配置、资源支持、项目运作等方面获得了官方的充分支持，甚而成为基层政府重点打造的"民生亮点"工程。第四步，扎根成长。社区服务机构在政府主导下快速孕育成长，成为公共服务体系的重要主体，在本土化的创新社会治理与优化公共服务的政策环境中扎根发展。

"体制外嵌入"主要指社区服务机构"自下而上"的发展逻辑，经历着

"自我孕育—身份获取—资源汲取—自愿依附"的发展轨迹。官方以外的个人或组织是体制外社区服务机构的直接创办者，体制外机构尽力争取官方支持，嵌入官方主导的公共服务体系中。"体制外嵌入"的基本路径如下。第一步，自我孕育。一方面，直接利益相关者（比如残障者本人或家属）出于共同需求，相互沟通，相互支持，形成利益共同体，并通过收费、众筹等方式初步自我拓展资源，开展自助或互助服务；另一方面，个人或群体出于公益情怀、利益诉求或者专业价值，瞄准服务需求，为有需要的个体或家庭开展专门化服务。此时该类组织尚未获得合法性身份，表现为"自组织""互助组织""草根组织"等形式。第二步，身份获取。在社会治理创新背景下，政府通过多项举措鼓励社会组织的发展。"自组织"等逐渐获取了合法化身份，在民政部门注册为"民办非企业"机构，向正式的社会组织转型。第三步，资源汲取。"自组织""草根组织"的服务供给虽具备一定的社会资源基础与社会功能效应，并通过"注册"获得组织合法性，但是在我国公益慈善发展不充分的背景下，行政性主体仍是社区服务机构的主要资源来源。承接"政府购买服务"项目、"公益创投"等，是当下社区服务机构获取资源的主要方式。第四步，自愿依附。行政性主体所给予的合法身份、办公场所、资金支持、业务指导、优惠政策等成为社区服务机构生存与发展的主要根基，体制外机构亦主动"嵌入"官方主导的公共服务体系中，自愿依附于残联、民政部门或街道/乡镇等探索发展。

2. 社区服务机构的实践取向

实践取向是指社区服务机构的业务开展方式及服务供给特质。总体来看，社区服务机构的运作运营包括"行政化"与"专业化"两类实践取向。

"行政化"取向是指本应作为社会性主体的社区服务机构，受行政性力量的主导、驱使甚至控制，其服务供给亦呈现"行政性"特征，具体表现在以下几个方面。一是指标化的目标导向。官办性质或者完全依赖于政府资源供给的社区服务机构的工作导向是"对上负责"，其业务开展与服务供给更多指向各类上级主管部门或者"服务购买方"的偏好，组织目标更偏重各类行政化业绩与指标的完成。二是被动性的服务动机。在行政性主体的主导下，社区服务机构或者被动地履行上级行政主管部门的工作任务布置，或者消极地完成"购买合同"中的服务人次等指标要求，而较少积极主动地从服务对象需求出发，拓展多元化、个性化、精准化的服务。三是文牍化的工作事务。除了被动执行式服务以外，社区服务机构工作人员的日常工作淹没于各类文牍台账事务之中，以应付各类检查与评估，行政部门的文书工作也成为社区服务机构的常态化行为。四是权威型的决策方式。部分社区服务机构或受行政性主体的指令式领导方式的传导，或基于家族式的管理方式，以专断权威而非平等的组织决策方式推进机构事务。五是"保姆式"的服务人员。相当一部分社区服务机构的一线服务人员，缺乏专业理论素养与技能方法，以传统"保姆式""护工式"的手法开展服务，只关注服务对象的基本生活照料，忽视能力建设等发展性环节，难以保障高质量的服务供给。

"专业化"取向是指社区服务机构作为社会组织与行政性主体构成"优势互补"关系，以供给更加个性化、弹性化并契合服务对象需求的服务。"专业化"是社区服务机构的本体性价值与本质性特征，具体表现在以下几个方面。一是人本化的理念目标。作为公益性组织，专业化的社区服务机构运营的首要出发点，应是契合服务对象的个性化需求而非行政化的结构与指标。以人为本，以个性化高质量服务满足残疾人等服务对象的美好生活需求，是社区服务机构运营的目标导向。二是能动性的运营方式。"专业化"取向的社区服务机构运营不是被动执行行政指令或者完成业绩目标，而是以积极能动的方式拓宽多方资源渠道，开发多元服务项目，挖掘与激活组织发展的内生动力，致力于提升机构的可持续发展能力。三是多样化的工作方式。"专业化"取向的社区服务机构超越行政化组织的"文牍主义"，以个体增能、家庭治疗、小组工作、社区营造、资源链接、内外公关、外展服务等多样化、弹性化的方式开展业务与提供服务。四是民主式的管理方式。"专业化"取向的社区服务机构以"扁平型"替代传统"科层式"的组织结构形态，以平等、民主的管理方式替代传统权威、独断的领导决策方式，尊重专业工作者的专业判断，充分动员与发挥普通工作者的能动性与参与性。五是专业性的一线人员。"专业化"取向的社区服务机构充分吸纳社会工作者、特教工作者、康复师等持证专业技术人员加盟，以专业性的一线工作者保障机构的服务品质。

三 社区服务机构类型与基层政社关系样态

—— 四个"残疾人之家"的案例

"生成路径"与"实践取向"二重维度构成了社区服务机构的基本运行逻辑。在"生成路径-实践取向"二维交叉组合的分析框架下,对江苏省"残疾人之家"的基层实践进行类型化考察,包括"残疾人之家"在内的社区服务机构呈现四种类型,并从中折射出不同的基层政社关系样态(见图1)。

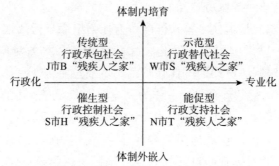

图1 社区服务机构类型与基层政社关系样态

1. "传统型"机构与"行政承包社会"

案例一:J市B"残疾人之家",由当地镇政府提供场地,为周边贫困残疾人提供辅助性就业、日间托养、文化娱乐等服务。统战、民政、残联部门牵头,与本地商会合作,将当地特色的针织加工作为"扶贫车间"项目引入"残疾人之家"。爱心企业提供加工材料,派出专业指导技师,教授残疾人缝纫、编织等简单易学的技能。B"残疾人之家"初步带动了周边残疾人的就近就业与脱贫。机构的法人代表是该乡镇的残联理事长,管理与运营由镇残联理事长、镇残联专职委负责,并聘用了一位残障者家属协助处理机构的日常事务。

该案例中的B"残疾人之家"依循"体制内培育"的生成路径并以

"行政化"的实践取向而运作，其本质是各类行政指令在基层的落实以及行政事务在社区的延伸，可归类为"传统型"社区服务机构。B"残疾人之家"是由乡镇等自上而下推进的体制内组织。基层行政组织为完成上级的指标化任务，直接由"内部人士"充当法人注册机构，机构的建设运营亦完全依托于基层政府、残联等官方组织。社区服务机构的管理人员即基层体制内的残联/民政专员，服务人员也直接受薪于基层行政性主体。该机构运营完全依照传统"行政化"思路，围绕着上级政府的指标化要求与基层政府的重点任务，依托体制内的人力、物力及影响力资源来推进工作，以达成政治目标。比如，作为B"残疾人之家"特色业务的"扶贫车间"，则充分体现出基层行政组织的民生工作重心与上级"残疾人之家"建设指标任务的相结合。以B"残疾人之家"为代表的"传统型"社区服务机构，与其说是社会组织，不如说是基层行政性主体为因应上级的指标化任务而结合当地特色自我拓展的社区服务场所。

"传统型"机构的运作逻辑中体现出"行政承包社会"的基层政社关系样态，"承包"意指"行政主导"与"社会缺位"的政社关系特质。该案例中B"残疾人之家"虽通过民政注册获取了社会组织身份，但是机构的法人代表与管理运营人员均是当地基层行政组织中的工作人员。基层政府整合了统战、民政等行政资源，以B"残疾人之家"为场地平台，推进以"扶贫车间"为特色的基层助残服务。乡镇、残联等"出钱、出人、出场地"，完全包揽了社区服务组织的生产、链接、服务、评估等功能。基层行政组织既是规划与支持者，又是生产与服务方。助残等各类社区服务仍是由基层行政性主体通过行政化手段来推进开展的，真正意义上的社会化、独立化、专业化运营的社区服务机构缺失。除了拥有"民办非企业单位"的外壳外，B"残疾人之家"的管理人员、运作方式、资源获取、服务开展等与基层行政性主体几乎不存在差别，在一定程度上履行了残疾人基本公共服务的职能。

2. "示范型"机构与"行政替代社会"

案例二：W市S"残疾人之家"源于当地自2012年起运行的以承接企业来料加工订单与农作物种植为内容的残疾人"工疗-农疗"项

目。在省残联"残疾人之家"的建设要求下，在基层行政性主体的推进下，该"工疗-农疗"组织注册为"民办非企业单位"，转型为以多元化、项目化、专业化为特色的助残社区服务机构。S"残疾人之家"的法人代表为一名残障服务对象，而机构的项目策划、资源链接、运营运作、宣传推广等均由街道一位获得"社会工作师"专业资格的民政专员负责。机构链接各类资源，对服务对象开展发饰、烘焙、果蔬种植、书画、声乐等订单式培训，打造了"益耕农场"多肉植物栽培、"匠心工坊"泥塑制作、"翼伴艺"艺术培训等助残服务项目，并进行产品的线上销售。

该案例中的S"残疾人之家"依循"体制内培育"的生成路径以及"专业化"的实践取向而发展。机构由街道等孵化并主导其运作，但其运行理念与方式导入了社会工作等专业思维，成为官方助残服务的典范，可归类为"示范型"社区服务机构。S"残疾人之家"虽是以"外部人士"充当机构法人而注册为社会组织，但其发端于官方主导的残疾人安置单位，在"残疾人之家"建设的风口下，重新挂牌并通过注册获得了社会组织身份，机构法人基本是"挂名"性质，基层街道的民政专员是该机构的实际运营管理者。S"残疾人之家"虽仍是体制内社会组织，并依托行政资源而运营，但相较于案例一的J市B"残疾人之家"，该机构并未依循传统官方组织的"行政化"实践取向，而是以专业化尤其是专业社会工作思路拓展服务。比如，"授之以渔"的服务理念、项目化的运营方式、个性化的培训增能、综合性的服务目标等渗透着鲜明的专业色彩。由此可见，"体制内"与"专业化"亦可有机结合，S"残疾人之家"依托丰富的行政资源保障开展专业化运营，收到了较好的效果，是当地政府、残联等官方主体广为宣传的典型性示范性社区服务机构。但是，"示范型"机构的生成具有偶然性，是大量行政资源的不计成本直接导入的产物，政社边界模糊，成本-效益比低，可复制推广程度不高。

"示范型"机构的运作逻辑中呈现"行政替代社会"的基层政社关系样态，"替代"意指行政性主体以"专业化"运作取代了社会组织的功能。公共管理的主流理论观点将社会组织视为应对"政府失灵"与"市场失败"

的直接供给公共服务最优化主体。专业性的社会组织与行政化的政府部门功能互补，合作供给公共物品。"专业化"显然是社会组织的特质与优势，是赢得资源导入与政府合作的资本。但该案例中的 S "残疾人之家" 的运行则表明："专业化"并非社会组织的专利，行政性主体亦可依循"专业"的逻辑供给服务。基层行政性主体学习吸纳大量社会工作的理论理念与方法技术，并通过体制内工作人员的专业资格认证，进一步提升了机构运营与服务开展的专业能力。处于行政体系末梢的基层行政力量对社区服务机构的专业化运营，实质上形成了对被主流视为"最专业"的民间社会服务机构的功能替代（杨宝、杨晓云，2019）。基层行政组织充分介入 S "残疾人之家"的专业化运营发展，叠加以充沛的官方资源基础，保障了该机构的服务品质与效果，并赢得了上级部门及服务对象的双重认同。

3. "催生型"机构与"行政控制社会"

案例三：S 市 H "残疾人之家"，成立于 2017 年底。当地街道原本没有专门的助残服务机构，在"全覆盖"的指标要求下，以"政府购买服务"吸纳社会主体运营"残疾人之家"。该街道某物业公司负责人临时注册了"民办非企业单位"以承接该街道的"残疾人之家"运营。"残疾人之家"场地由街道免费供给，康复设施由残联提供，并获得一次性建设补贴、运营补贴等资金支持。除了负责人外，机构工作人员是一名护工与一名厨师。该机构亦承接了社区老年助餐服务，同时为社区老年人及残疾人提供服务，但机构中接受服务的残疾人的人次要远低于老年人。

该案例中的 H "残疾人之家"是体制外生成的社区服务机构，机构负责人与工作人员的非专业化背景致使其实践取向呈现"专业化"不足而"行政化"有余的逻辑，可归类为"政府购买服务"背景下的"催生型"社区服务机构。"残疾人之家"是官方主体着力推进的民生实事项目，是残疾人基本公共服务落地于基层的载体。在"街道/乡镇全覆盖"的指标化要求下，在"有合法的法人注册"的标准条件下，基层行政性主体充分动员社会力量承担"残疾人之家"运营，创设出民间主体介入社区助残服务的契机与空间。机构负责人缺乏助残或相关社会服务的运营管理经验，机构服务人员以低文化水平的中老年妇女为主，缺乏社工、康复师等专业化的岗位设置。主要满足官方需求，与基层街道/社区建立良好的关系，沿循"行政化"的实践取向，是"催生型"社区服务机构的主要生存策略。

"催生型"机构的运行逻辑构成"行政控制社会"的基层政社关系样态，"控制"意味着"行政主导"与"组织依赖"的政社关系特质。"催生型"社区服务机构成立的临时性与非专业化运营，剥离了其作为社会组织所应具备的天然优势，缺乏与行政性主体平等对话合作的资源禀赋。由于专业性的不足，社区服务机构亦缺乏资源获取与自我造血能力，只能单方面依赖于基层行政性主体的资源支持而生存。由此，基层行政组织与社区服务机构之间构成了"不平衡"的关系形态。行政性主体掌握社会组织生存发展所必需的资金、场地、设施等资源，在基层政社关系中处于绝对的主导地位。行政性主体对社区服务机构的功能设置、服务人次、内容形式等均有严格的指标化要求。为获取行政资源的支持，社区服务机构单向迎合于基层行政性主体诉求的运营方式常错位于服务对象的需求，致使服务效用低下，效果不好。

4. "能促型"机构与"行政支持社会"

> 案例四：N 市 T "残疾人之家"源于 2013 年底注册成立的"残疾人互助乐园"。该机构的创始人/负责人是肢体障碍人士，创办初衷是残障人士的自助与互助。机构致力于探索专业化发展路径，聘用了多名具有社工、特教等专业背景的专职工作者，并与高校社会工作专业师生建立了良好的合作关系。2017 年，在"残疾人之家"的建设要求下，在街道的引导下，机构更名注册为 T "残疾人之家"服务平台。T "残疾人之家"致力于拓展多元发展路径，除了政府购买服务与公益创投项目资金外，更注重内生性资源的激活与孕育。"洗车""菜鸟驿站"等均是该"残疾人之家"所拓展的"自主""自助"型助残项目。

该案例中的 T "残疾人之家"发端于残障人士"自组织"，经由正式身份获取与专业培育成长，获得官方的认可与支持。该机构注重组织资源拓展与能力建设，可归类为"能促型"社区服务机构。T"残疾人之家"超越了机构成立之初的"自娱自乐"功能，因循正规化、可持续的路径而发展。该机构通过聘用专业人才、吸纳创新理念、学习先进方法、拓宽资源渠道、优化工作方式等途径实践专业化的运营发展道路，收获了服务对象的良好口碑，同时亦获取了残联、街道等官方主体的高度认同与主动合作。T"残疾人之家"通过不断探索与学习，多方链接资源，自创或引进创新性的助残服务项目，除为残疾人提供基本的日托等服务以外，还注重服务对象的能力建设。比如链接生产企业，开展手工方向盘套缝制的辅助性就业项目，增加残疾人收入；引进"喜憨儿洗车"项目，从优势视角发现并激活心智障碍者潜能，增强其自信心与自助能力。以服务对象为中心的项目运营，一方面使服务对象增能成长，培养其独立生活的能力；另一方面也激活了组织的内生性资源，拓展了机构的资源来源，促进机构"自我增能"与自主发展。

"能促型"机构对应着"行政支持社会"的基层政社关系样态，"支持"意指"行政资源赋予"与"组织自主发展"的政社关系特质。该案例中的T"残疾人之家"转型于残疾人"自组织"，经过多年实践探索，在社区助残服务领域积累了专业经验，赢得了服务对象认可，获得了良好的业界声誉。这些均成为社区服务机构与基层行政性主体合作的资源禀赋。基层行政组织主动邀请该类明星型社会组织入驻与合作，注册为上级部门所要求的"残疾人之家"，履行残疾人基本公共服务落地于基层的功能。行政性主体的支持是社区服务机构生存发展的必备条件。该案例中的基层政府亦在场地、资金、设施等方面给予了社区服务机构充分的支持，赋予了社区服务机构高品质服务开展所必备的外部资源。除了行政资源赋予与支持以外，"能促型"社区服务机构的重要特质是注重以专业理念与创新思维激活组织内生发展动力，提升社区服务机构的自主性与能动性，从而摆脱单维依赖于政府的"伙计"角色，由此促进基层政社关系平衡，优化社区服务供给。

四　结论与讨论

在"生成路径-实践取向"的二维分类框架下，"残疾人之家"等社区服务机构呈现"传统型""示范型""催生型""能促型"四种类型，并分别对应于"行政承包社会""行政替代社会""行政控制社会""行政支持社会"四类基层政社关系样态。在公共管理的主流话语中,"能促型"机构与"行政支持社会"显然是最理想的社会组织实践与基层政社关系样态。但"能促型"机构作为一种理想类型,在发展不平衡、不充分的背景下,显然不具备在我国即时全面推广的可能性。每一种类型的机构均有其生成与发展的土壤,是适应于当地基层的政策制度、行政资源、历史沿革、官方惯习、组织禀赋、项目性质、文化传统等多重综合环境要素的特有实践形态,是理性选择的产物,具有合理成分与本土特色。"行政化推进"与"社会化运营"均是当下基本公共服务落地于基层的可行路径。

党的十九届四中全会提出"建设人人有责、人人尽责、人人享有的社会治理共同体"。[①] 在公共服务供给领域,超越基层社会服务的单纯"机构式"的供给样态,从社会治理的高度,结合不同的基层政社关系样态与社区服务机构特质,将"社会治理共同体"具象化为"基层服务共同体",是推进社区服务机构发展转型,优化社区服务供给,平衡基层政社关系,推进基层治理现代化的应然趋势。如何从"价值-目标-资源-功能"四个维度对社区服务机构进行优化升级,形塑囊括"共建共享"的价值共同体、"人民中心"的目标共同体、"多方共赢"的资源共同体、"服务现代化"的功能共同体等多重内涵意蕴的"基层服务共同体",将是本议题的后续研究方向。

参考文献

戴维·奥斯本、特德·盖布勒,2006,《改革政府:企业家精神如何改革着公共部门》,周敦仁译,上海译文出版社。

邓宁华,2011,《"寄居蟹的艺术":体制内社会组织的环境适应策略——对天津市两个省级组织的个案研究》,《公共管理学报》第3期。

管兵,2015,《竞争性与反向嵌入性:政府购买服务与社会组织发展》,《公共管理学报》第3期。

纪莺莺,2017,《从"双向嵌入"到"双向赋权":以N市社区社会组织为例——兼论当

---

① 参见《中共中央关于坚持和完善中国特色社会主义制度 推进国家治理体系和治理能力现代化若干重大问题的决定》,人民出版社,2019。

代中国国家与社会关系的重构》，《浙江学刊》第 1 期。

康晓光、韩恒，2005，《分类控制：当前中国大陆国家与社会关系研究》，《社会学研究》第 6 期。

莱斯特·M. 萨拉蒙，2008，《公共服务中的伙伴——现代福利国家中政府与非营利组织的关系》，田凯译，商务印书馆。

梁德友，2019，《社会组织参与社会共治的合法性困境及其政策调适》，《社会科学辑刊》第 3 期。

刘鹏，2011，《从分类控制走向嵌入型监管：地方政府社会组织管理政策创新》，《中国人民大学学报》第 5 期。

马超峰、薛美琴，2020，《组织资源禀赋与社会组织党建嵌入类型——基于南京市社会组织的案例分析》，《学习与实践》第 6 期。

彭少峰，2019，《理论脉络与经验反思：政社关系研究述评》，《社会主义研究》第 2 期。

唐文玉，2010，《行政吸纳服务——中国大陆国家与社会关系的一种新诠释》，《公共管理学报》第 1 期。

王诗宗、宋程成，2013，《独立抑或自主：中国社会组织特征问题重思》，《中国社会科学》第 5 期。

王思斌，2011，《中国社会工作的嵌入性发展》，《社会科学战线》第 2 期。

吴月，2015，《政府购买公共服务的偏离现象及其内在逻辑研究》，《求实》第 10 期。

杨宝、杨晓云，2019，《从政社合作到"逆向替代"：政社关系的转型及演化机制研究》，《中国行政管理》第 6 期。

易艳阳，2019，《助残社会组织内源发展动因与策略研究》，《江淮论坛》第 2 期。

Kang，Xiaoguang & Han，Heng. 2007. "Administrative Absorption of Society：A Further Probe into the State Society Relationship in Chinese Mainland." *Social Sciences in China.*

第四编

残疾人保障与服务

社会治理视角下中国特色残疾人事业探略及发展路径分析[*]

一 问题的提出

近年来，特别是 2008 年下发《中共中央 国务院关于促进残疾人事业发展的意见》（以下简称《意见》）以后，我国残疾人事业发展成绩斐然。与此同时，理论界开始重视残疾人事业发展研究，并取得显著成果。但总体上看，相对于其他领域，残疾人事业发展研究尚处在起步阶段，相关研究成果无论在量还是质上都有待提高。通过梳理相关文献可知，在研究主题上，学界研究者大多使用"中国特色残疾人事业"的提法。此概念是 2008 年 11 月由邓朴方同志在中国残联第五次全国代表大会上所做的报告中首次间接提出。该报告题为《高举中国特色社会主义伟大旗帜 为加快残疾人事业全面发展而奋斗》，报告指出，"中国特色社会主义事业日益焕发出勃勃生机。伟大的时代成就崇高的事业，在波澜壮阔的改革开放进程中，残疾人事业乘势而起，迎来了新的春天"，"我国残疾人事业走出了一条适合国情、具有特色的健康持续发展之路"。尽管该报告没有直接提出"中国特色残疾人事业"概念，但报告的视角是"中国特色社会主义事业"中的"残疾人事业"，其含义是明显的。此后，"中国特色残疾人事业"这一概念逐渐为学界和实践部门接受和援用。

---

* 原文刊载于《社会科学》2015 年第 8 期，收入本书时做了文字修订。该文为笔者承担的国家社会科学基金一般项目"积极福利视角下残疾人就业问题研究"（14BSH104）的阶段性成果。人大复印报刊资料《社会保障制度》2015 年第 11 期全文转载。

值得注意的是，对于什么是"中国特色残疾人事业"，怎样去理解和阐述其本质内涵，学界及实际工作者鲜有文章专门研究，人们对此还缺乏清楚的认识。在强调"中国特色残疾人事业"的背景下，大部分研究似存在三个方面的缺憾。一为"帽子式"提法，即不管具体研究的主题或实际工作的内容，言必称"中国特色残疾人事业"，以至于使其成为一个套用的帽子或口号。二为"实际工作经验特殊性"想法，即不考虑是否为中国特有，把凡是中国残疾人工作中的理念和做法都看成"中国特色"，过于突出普遍中的特殊性。三为"就事论事"做法，即往往局限于具体残疾人工作，如医疗与康复等，较少从社会经济发展的全局，特别是从社会治理的大背景下来研究中国特色残疾人事业发展，带有一定的片面性。鉴于此，本文试图从社会治理的视角，就中国特色残疾人事业发展做一探讨。

二 残疾人事业发展与社会治理的内在逻辑联系

社会治理的重点在于以社会建设为基础，以基本公共服务均等化为保障，以社会治理体制创新为路径，着眼于维护最广大人民群众的根本利益，最大限度增加和谐因素，以促进社会公平正义、增进人民福祉为出发点和落脚点。社会治理概念的提出与理念的确立，标志着治理主体的多元、治理方式的灵活、治理手段的综合、社会关系的平等，是一种不同于社会管理的全新范式。残疾人是具有特殊困难的群体，是社会大家庭中的重要成员，他们的平等与发展、参与和共享事关社会治理与社会发展大局。如习近平总书记所指出的那样，"中国梦，是民族梦、国家梦，是每一个中国人的梦，也是每一个残疾人朋友的梦"[①]，关心、关注、关怀、关爱残疾人，从制度设计、政策制定、社会服务以及理论研究等多方面入手来完善残疾人基本权益、保障其基本生活、提升其福利水平，促使残疾人真正做到"平等、参与、共享"，是全社会义不容辞的历史责任。这与社会的公平正义、协调发展具有内在的必然联系。残疾人事业发展是社会治理过程中的题中应有之义。

社会治理的民生取向决定了推动残疾人事业快速发展的重要意义。推进

---

① 习近平：《在会见第五次全国自强模范暨助残先进集体和个人表彰大会上的讲话》，新华社，2014 年 5 月 16 日。

国家治理体系和治理能力现代化，必须让发展成果更多更公平地惠及全体人民，必须紧紧围绕更好保障和改善民生、促进社会公平正义、深化社会体制改革、促进共同富裕。民生问题，就是全体民众的日常生活、学习、就业、保障等基本福祉，但又是极为重要、事关社会公平与社会发展全局的大问题，无疑是社会治理的目标之一。诚如党的十八届三中全会决定所指出的，创新社会治理，必须着眼于维护最广大人民根本利益……确保人民安居乐业、社会安定有序。作为具有特殊困难的弱势群体，作为社会大家庭中的成员，残疾人具有与健全人完全相同的发展权，他们理所当然地包括在民生建设之中。长期以来，特别是中共中央、国务院 2008 年下发《意见》以后，我国的残疾人事业得到了长足发展。从民生取向视角看，残疾人事业发展无疑是社会治理中的重要内容和目标指向，二者具有内在的逻辑关联。从社会治理视角看，各级党委和政府"从坚持立党为公、执政为民的高度，从全面建设小康社会、构建社会主义和谐社会的高度，充分认识发展残疾人事业的重要意义"[1]，是残疾人事业发展的制度保证和政策依据。

社会治理的服务性特征突出了残疾人事业发展的核心内容。2010 年，中国残联会同教育部、民政部、人力资源和社会保障部、卫生部等十六部门，提出了《关于加快推进残疾人社会保障体系和服务体系建设的指导意见》，在全国相继推行残疾人"两个体系建设"。为残疾人提供服务，是残疾人事业发展的核心内容，无论是制度化的社会保障，还是社会化的支持帮助，都要通过不同形式的服务来达至。社会治理把"解决好人民最关心最直接最现实的利益问题，努力为社会提供多样化服务，更好满足人民需求"作为推进社会事业的改革与创新；通过社会领域制度创新，推进基本公共服务均等化，加快形成科学有效的社会治理体制，确保社会既充满活力又和谐有序。社会治理关注更多的是"社会"，社会治理强调治理主体的多元、社会关系的平等、治理方式的灵活及手段的综合，在以社会建设为基础、以基本公共服务均等化为保障、以社会治理体制创新为路径的基础上，多元化参与公共服务与社会服务，形成合理的社会结构（王思斌，2014）。具体到残疾人服务，只有在社会治理的大背景下，坚持"政府主导、社会参与，国家扶持、

---

① 参见《中共中央　国务院关于促进残疾人事业发展的意见》（中发〔2008〕7 号）。

市场推动，统筹兼顾、分类指导，立足基层、面向群众"① 的原则，调动和应用全社会的力量来多元推进和参与残疾人服务，才能确保残疾人服务体系的有效建设，提升服务水平。

社会治理的公平性特征在制度上保证了残疾人的"平等、参与、共享"。我国改革的总目标是推进国家治理体系和治理能力现代化，其出发点和落脚点是促进社会公平正义、增进人民福祉。社会治理的起点、过程和目标，追求的都是公平正义。社会是否公平与公正，不仅是衡量改革成功与否的标准，更是检验社会治理能力之强弱的标准。社会的公平公正与否，在很大程度上是通过比较而得出的评价性结论。一般意义上，通过比较，处于较弱势地位的群体和个人，相对于处于较高地位的群体和个人，更容易得出不公平与不公正的结论。为此，作为国家治理体系，社会治理对公平性的追求，就在制度上保证了包括残疾人在内的弱势群体的发展空间，唯有如此，残疾人的平等、参与、共享才能得到制度性保证。

社会治理增进民生福祉目标追求，为提升残疾人生活质量提供制度运作保障。让一切创造社会财富的源泉充分涌流，让发展成果更多更公平地惠及全体人民。以促进社会公平正义、增进人民福祉为出发点和落脚点，解决好人民最关心最直接最现实的利益问题，努力为社会提供多样化的服务，更好满足人民需求，则是社会治理过程中的重要目标追求。囿于身心等方面的障碍，残疾人在各方面要比健全人面临更多更大的不便和困难，他们最期盼政府和社会给予他们有效的服务。社会治理增进民众福祉的目标追求，对于残疾人的生活环境和生活质量的快速改善和提高，无疑在制度运作层面提供了保证。

三　中国特色残疾人事业发展内涵

继《意见》提出关心残疾人"是社会文明进步的重要标志，残疾人事业是中国特色社会主义事业的重要组成部分"之后，"中国特色残疾人事业发展"的概念逐渐为相关部门及社会各界接受，以"改革创新精神推进中国

---

① 参见《中共中央　国务院关于促进残疾人事业发展的意见》（中发〔2008〕7号）。

特色残疾人事业发展"（鲁勇，2014）的宏大工程也在全国深入开展，推动中国特色残疾人事业发展被提上了各级政府的议事日程。残疾人事业发展是任何国家和地区都必须重视与推动的工作，我们为什么要把其提到"事业"的高度，并且强调"中国特色"？对之做系统分析，不仅有利于在理论上揭示中国特色残疾人事业发展的内涵，更有助于在实践中推进残疾人事业的快速健康发展。

1. 何谓残疾人事业？

"事业"是从国家发展战略角度来认识和推进残疾人工作。残疾人工作绝非操作层面上简单对单个残疾人的服务工作，而是把残疾人看成社会有机整体中不可分割的组成部分，从国家发展战略、社会治理的视角加以推进的重要工作。关心残疾人、服务残疾人，让残疾人融入社会，是国家和社会义不容辞的责任，要自觉把残疾人发展有效融入国家发展大局之中，在理念和制度设计上确立推进残疾人发展工作是国家的历史责任。只有把残疾人发展作为"事业"加以推进，才能保证残疾人工作的良性发展，才能做到各种具体事务的落实，才能调动残疾人融入社会、参与社会的积极性。

"事业"意味着有制度安排和政策设计，有目标设定，有工作步骤，有实施与评估等系统性、制度性保障。在社会治理的大背景下，必须不断完善中国特色残疾人事业的法律规章、管理体制、工作机制和制度框架，围绕实现残疾人与全国人民同步小康奋斗目标，加强残疾人事业发展的顶层设计。如中国残联提出，结合国家推进新型城镇化，细化落实残疾人基本民生保障安全网的总体框架、具体内容、推动措施。综合运用法律法规、政策制度等手段，统筹协调保障残疾人基本民生的政府托底、社会保险、慈善捐助等资源，合理整合政府引导、残联推动、社会参与、市场运作等机制，重点推进残疾人基本民生保障等工作，就是把残疾人发展工作作为"事业"来认识和推动的具体体现。

"事业"指残疾人工作是社会各界的历史责任。让广大残疾人安居乐业、衣食无忧，过上幸福美好的生活，是我们党全心全意为人民服务宗旨的重要体现，是我国社会主义制度的必然要求，为残疾人的生活、工作营造一个宽松和谐的环境，使残疾人能平等地参与社会，共享改革发展成果是政府的责任，也是社会各界义不容辞的历史责任。要动员全社会力量参与残疾人事业，营造全社会理解、尊重、关心、帮助残疾人的浓厚氛围。诚如《意见》所指出的，围绕建设社会主义核心价值体系，在全社会大力弘扬人道主义思想和中华民族传统美德，倡导"平等、参与、共享"的现代文明社会残疾人观，消除对残疾人的歧视与偏见，形成人人理解、尊重、关心、帮助残疾人的良好社会风尚。唯有在全社会形成关心、关怀、关爱残疾人的氛围，残疾人"事业"才有良好的社会基础。

2. 如何理解中国特色？

残疾人事业是中国特色社会主义事业的重要组成部分。"中国特色残疾人事业发展"道路是我国残疾人事业发展的基本前提。做好残疾人工作，对于全面建成小康社会具有重要意义。充分保障残疾人权利、全面增进残疾人福祉、提高残疾人发展能力、促进残疾人平等参与，是社会主义制度的本质要求，也是社会公平正义和文明进步的重要标志。解放和发展社会生产力、增强社会活力、保障公平正义与共同富裕的制度，是中国特色社会主义制度的本质要求。而解放和发展蕴含在广大残疾人及其亲属中的社会生产力，解放和增强广大残疾人及残疾人组织的社会活力，保障包括残疾人在内的全社会的公平正义和共同富裕，则是中国特色社会主义的题中应有之义，是中国特色残疾人事业发展的必然要求。残疾人是社会大家庭的平等成员，是人类文明发展的一支重要力量，是坚持和发展中国特色社会主义的一支重要力量，[①] 中国特色残疾人事业发展理所当然地是中国特色社会主义建设中的重要内容。

残疾人事业发展的中国特色决定了政府在推动残疾人事业发展中的主体责任及重要作用。由于社会制度、历史传统、文化理念等多方面的原因，国（境）外的残疾人工作大多是自下而上，由社会层面自觉予以推动的，政府不一定需要制定专门政策来推进残疾人事业发展。欧美等发达国家的残疾人工作，绝大多数也是由慈善组织及宗教机构、民间爱心人士所自发与自觉推动的，政府只是起到了立法、监督、购买服务的作用。由于历史、文化及社会等多方面的原因，特别是长期以来"大政府""强政府"管理方式及社会的适应惯性，残疾人事业发展依然需要政府承担主体责任来加以推动。《意

---

① 习近平：《在会见第五次全国自强模范暨助残先进集体和个人表彰大会上的讲话》，新华社，2014 年 5 月 16 日。

见》中指出，各级党委和政府要高度重视残疾人事业，把残疾人工作列入重要议事日程，进一步完善党委领导、政府负责的残疾人工作领导体制。除制定相关法律和政策之外，我国政府对残疾人事业发展的推动，主要表现在把残疾人事业纳入国民经济和社会发展总体规划、相关专项规划和年度计划；将残疾人事业经费列入各级财政预算，并随着国民经济发展和财政收入增长逐步增加，建立稳定的残疾人事业经费保障机制。唯有如此，才能在制度上和经费上确保残疾人事业的稳定发展。

残疾人事业发展的"中国特色"反映出加快农村残疾人事业发展的重要性与迫切性。虽然改革开放后我国农村的社会经济发展有了翻天覆地的变化，城镇化对农村的面貌改变越来越明显，但是，我国的二元社会结构依然存在。相比城市，农村社会总体上落后、经济欠发达，农村残疾人的发展存在不同程度的困难与问题。根据第二次全国残疾人抽样调查数据，我国 8500 万残疾人中，农村残疾人就占 6225 万。其中，贫困残疾人又占农村残疾人的很大比例。农村残疾人的基本生活、医疗康复及社会保障等的水平，都要明显低于社会其他群体。农村残疾人分布广、数量多，绝大多数处于贫困及无助状况；他们社会交往范围狭窄，发展机会缺失；农村残疾人基本保障与相应服务、基本医疗与康复、就业与自立等，都处于较为严重的缺失状况。很明显，加强与加快农村残疾人事业发展，是中国具体国情的必然要求，是残疾人事业发展的主要内容与重点所在，具有明显的中国特色。

残疾人事业发展的"中国特色"突出了推进残疾人共同奔小康的积极意义。党的十八大报告指出，到 2020 年全面建成小康社会。强调残疾人共同奔小康是因为残疾人的发展状况与一般健全人完全不一样。残疾人的基本生活、医疗卫生、康复、教育、就业、社会参与等方面还存在许多困难，总体生活状况与社会平均水平存在极大差距，而农村残疾人由于分布广、数量多，绝大多数更处于贫困状态。2015 年，国务院常务会议审议通过了《国务院关于加快推进残疾人小康进程的意见》，这是在中央加快保障和改善民生这样一个大形势下，对残疾人事业做出的新的具体政策安排。该意见聚焦残疾人基本民生，特别是对重度残疾人、城乡贫困残疾人和残疾儿童明确了特惠保障制度。如何推进残疾人小康进程，特别是如何使得全国 8500 万残疾人在基本生活、医疗、康复、教育、就业、社会保障、公共服务等各方面能和全国人民共同奔小康，是极为重要的研究课题与实际工作，无疑是中国特色残疾人事业发展的重要内容和目标追求。

综上，我们可以把中国特色残疾人事业发展定义为：在中国特色社会主义道路总体框架下，坚持党委领导、政府负责、社会参与，根据中国国情及残疾人的实际生活，秉持以人为本的基本理念，从社会治理的角度，把改善和推进残疾人事业发展作为社会建设的重要组成部分；把残疾人事业纳入国家政治、经济、社会、文化、生态文明各项建设之中，促进残疾人的平等、参与、共享；在制度设计、政策制定、服务实施等方面推进残疾人由生存型到发展型，推动以保障残疾人健康权、生存权、发展权为主要内容的制度创新，为残疾人创造良好的生活与发展环境。

四 中国特色残疾人事业发展路径分析

厘清了中国特色残疾人事业发展的内涵，就明确了中国残疾人事业发展的主要内容与发展方向。道路明确，如何去推动与促进，保证与保障中国残疾人事业发展？

中国特色残疾人事业发展的制度保证——加快残疾人事业的立法与执法。在依法治国的大背景下，推进我国残疾人事业发展的科学立法与严格执法，在制度上保证中国特色残疾人事业的健康良性发展，是最为重要与紧迫的工作。为残疾人立法殊非易事，我们从联合国签署《残疾人权利国际公约》的过程可以看出立法的重要性与艰巨性。2006年9月，联合国按法律程序提交开幕联大审批《残疾人权利国际公约》草案，然后交给各国签署和批准，批准国家达到规定的数量后，公约将生效。当时，据联合国问题专家估计，公约将于2008年或者2009年正式生效。从公约的正式诞生到生效之间的时间较长的主要原因是，各国政府要将公约各项条款的要求纳入本国的法律体系之中，因此各国政府特别是尚未在残疾人保护方面立法的国家需要一定的准备时间。而据联合国资料，当时世界上仅有45个国家有关于残疾人的法律。可以看到，加快与加强对残疾人立法，是一个国际性的紧迫问题，也是一个不能一蹴而就的问题。为此，《残疾人权利国际公约》第四条第一款指出，"缔约国需要承诺采取一切适当的立法、行政和其他措施实施本公约确认的权利；采取一切适当措施，包括立法，以修订或废止构成歧视残疾人的现行法律法规、习惯和做法"，以使"残疾人享有在法律面前的人格在任何地方均获得承认的权利"，"确认残疾人在生活的各方面在与其他人平等的基础上享有法律权利能力"。① 我国在 1990 年 12 月 28 日第七届全国人民代表大会常务委员会第十七次会议通过，2008 年 4 月 24 日第十一届全国人民代表大会常务委员会第二次会议修订了《中华人民共和国残疾人保障法》，明确了残疾人的公民权利和人格尊严受法律保护，国家在法律层面维护残疾人的合法权益，发展残疾人事业，保障残疾人平等地充分参与社会生活，共享社会物质文化成果；还在残疾人康复、教育、劳动就业、文化、社会保障、无障碍环境等方面做出了明确的法律规定。除了《中华人民共和国残疾人保障法》之外，涉及残疾人的一些具体事务，尚有多种条例、条令及文件，但是其权威性不足，层级偏低，缺乏可操作性与强制性。在推进中国特色残疾人事业发展的进程中，我们一方面需要继续完善关于残疾人发展方面的法律法规，做到有法可依；另一方面需要把残疾人事业发展及其相应立法，放在依法治国的大背景下加以落实，做到有法必依，不仅使相关法律成为残疾人维护自身权利与利益的有力武器，更要使法律成为政府及社会在社会治理过程中推动残疾人事业发展的制度保障。

中国特色残疾人事业发展的政策设计：整合、调整及加强残疾人发展政策。所谓政策，是国家政权机关、政党组织和其他社会政治集团为了实现自己的利益与意志，就某事项、某目标的实施与实现，以权威形式，标准化地、强制性地对某事项或目标的具体规定或行动原则、具体措施。对于残疾人事业发展中的诸多内容与项目，相应有不同层次的社会政策加以规范和指导，可以从两个层面加以理解与推进。首先，宏观层面的政策设计。把残疾人事业纳入社会经济发展的大局中加以通盘推进。把残疾人事业发展纳入各地区国民经济和社会发展总体规划，纳入本系统发展规划，加以统一部署、统筹安排、同步实施，是残疾人事业发展中最为明显的"中国特色"。它体现出政府推动、政策推进、财政支持、管理服务等多方面的制度性保障。毋庸置疑，非此举而不能确保中国特色残疾人事业的良性健康发展。如何做到

---

① 参见《联合国〈残疾人权利国际公约〉》，https://www.cdpf.org.cn/zwgk/zcwj/zcfg/b9401df 2adc64e52b06aa18c6fd04fe0.htm，最后访问日期：2024 年 12 月 30 日。

把残疾人事业发展纳入社会经济发展大局？除相关法律保障外，最重要的就是把残疾人事业发展作为对各级党委和政府、对各单位系统的考核内容，把残疾人事业发展与社会经济发展的考核评估融为一体，纳入地方政府、单位机构的工作计划与发展规划中。建立与健全系统的考评机制，把残疾人事业发展状况与地方综合发展、社会满意度等各方面对政府的综合评价结合起来。唯有如此，才能在制度层面根治残疾人事业发展停留在口头上、会议上和文件上的顽疾，从根本上推进中国特色残疾人事业的健康有序发展。其次，微观层面或具体层面的政策设计。残疾人事业发展有许多具体的内容与项目，包括有助于残疾人发展的社会氛围，无障碍环境建设，残疾人社会保障，残疾人社会服务，残疾人康复、教育、就业、托养等基本公共服务，农村残疾人事业发展等，在每个具体内容上，都应有相应的具体政策加以规范和引导。目前尽管有诸多各级各类相关政策出台，但还存在政出多门、有些政策之间相互矛盾与抵触、残疾人特惠型福利政策体现不够、农村残疾人发展的政策针对性不强等问题，亟须对残疾人事业发展具体政策进行整合、调整及加强。通过完善政策设计来推进残疾人事业发展，不仅是残疾人事业发展的"中国特色"，更主要的是中国特色残疾人事业发展的有效途径与有力保障。

中国特色残疾人事业发展的社会参与及社会氛围：残疾人事业发展的外部环境与内在动力。坚持中国特色残疾人事业发展，在法律制度及政府推动、政策引导下，还需要积极的社会参与及良好的社会氛围。坚持政府主导与社会参与相结合，是我国残疾人事业发展的基本原则与总体要求之一。为什么把强调社会参与、社会氛围作为促进中国特色残疾人事业发展的路径之一呢？原因在于，在我国残疾人工作中，社会参与及社会氛围尚存在不少问题与缺陷。只有提升残疾人工作中的社会参与度，营造残疾人工作的社会氛围，才能为中国特色残疾人事业发展奠定良好的土壤基础。首先，残疾人的社会参与，主要表现为残疾人的社会融入。残疾人要认识到自己是社会的一分子，是社会大家庭中的成员，需要投身到社会交往与社会活动中来。由于各方面原因，许多残疾人事实上被隔离于社会之外，对社会参与有某些能力上的欠缺和情绪上的抵触。这就需要通过全社会的努力，采取各种形式的措施，让他们自愿、乐意融入社会。其次，社会成员的社会参与，形成良好的助残社会氛围。通过多种形式，在全社会形成关心、关注、关爱、关怀残疾人的良好社会风气，形成人人平等、人人参与、人人共享的残疾人事业价值取向，使其在"平等、参与、共享"的理念下实现有尊严地生存和发展，这不仅是中国特色残疾人事业发展的题中应有之义，也是从最本质意义上践行社会主义社会以人为本发展理念的价值诉求与应然选择（梁德友、周沛，2015），更是中国特色残疾人事业得以顺利推进的外部环境与内在动力。

中国残疾人事业发展的合力推进：调动社会力量，推动多元化主体整合。鉴于我国社会事业发展中社会力量不足现状，特别需要发挥社会力量来推动残疾人事业发展，这是中国特色残疾人事业持续稳健发展的重要途径，其行之有效的方式就是残疾人社会服务。无论是残疾人社会保障体系建设，还是残疾人公共服务体系建设，抑或是残疾人共同奔小康等项目的实施，在具备法律制度、政策设计、社会参与的基本前提下，还需要残疾人社会服务来加以最终落实。2014 年 11 月，中国残联、民政部联合出台了《关于促进助残社会组织发展的指导意见》，提出将适合由社会组织开展的残疾人服务工作通过购买服务项目、服务岗位等形式交由助残社会组织承担，推动政府购买服务规范化、制度化、法治化。我们必须乘政府购买服务之东风，推进残疾人服务的社会化，围绕均等化、标准化、职业化、专业化而展开。在继续发挥残疾人联合会组织与协调功能的基础上，调动社会各界的积极性，发挥其在残疾人事业发展中的综合作用。整合多元主体的功能，形成合力以保证残疾人事业发展具有源源不断的推动力。

从发展战略看，在社会治理的大背景下，抓住民生建设的重心，发挥各方面的力量，从积极福利视角审视残疾人社会福利政策，为残疾人发展政策效能最大化奠定良好的理论与实践基础（周沛，2014），这才是中国特色残疾人事业发展的必由之路。

参考文献

梁德友、周沛，2015，《中国特色残疾人事业发展的三个向度》，《河南社会科学》第 1 期。

鲁勇，2014，《以改革创新精神推进中国特色残疾人事业发展（学习贯彻十八届三中全会精神）》,《人民日报》2 月 10 日, 第 7 版。

王思斌, 2014,《社会工作在创新社会治理体系中的地位和作用——一种基础 - 服务型社会治理》,《社会工作》第 1 期。

周沛, 2014,《积极福利视角下残疾人社会福利政策研究》,《东岳论丛》第 5 期。

基于"共建共治共享"的残疾人基本
公共服务探析[*]

　　习近平总书记指出："2020 年全面建成小康社会，残疾人一个也不能少。"① 保障残疾人基本权益，促进残疾人平等享有均等化、专业化、个性化的基本公共服务，是推进残疾人全面小康进程的重要环节，也是中国特色残疾人事业发展中的重要内容。残疾人基本公共服务是指在政府主导与社会参与下，为保障与实现残疾人美好生活需要的各类具有公共物品性质的"非排他性""非竞争性""非营利性"服务供给。2017 年，国务院颁布《"十三五"推进基本公共服务均等化规划》（以下简称《规划》），指出"享有基本公共服务是公民的基本权利，保障人人享有基本公共服务是政府的重要职责"。②《规划》将残疾人服务作为我国基本公共服务均等化实施框架中的重要内容之一，"为残疾人平等参与社会发展创造便利化条件和友好型环境，让残疾人安居乐业、衣食无忧，生活得更加殷实、更加幸福、更有尊严"③。在"共建共治共享"的社会治理格局下，将残疾人基本公共服务与"共建共治共享"理念相结合，提升残疾人基本公共服务的协同性、专业性与精准性，对推进中国特色社会主义残疾人事业发展必将具有极为重要的理论意义和应用价值。

---

　　*　原文刊载于《江淮论坛》2019 年第 2 期，收入本书时做了文字修订。该文为笔者 2017 年承担的国家社会科学基金重大项目"中国残疾人家庭与社会支持机制构建与案例库建设"（17ZDA115）的阶段性成果。人大复印报刊资料《社会工作》2019 年第 7 期全文转载。
　　①　《小康社会不能少了他们》，https://www.mca.gov.cn/n152/n166/c45104/content.html，最后访问日期：2025 年 5 月 6 日。
　　②　参见《国务院关于印发"十三五"推进基本公共服务均等化规划的通知》，2017 年 3 月 1 日。
　　③　参见《国务院关于印发"十三五"推进基本公共服务均等化规划的通知》，2017 年 3 月 1 日。

一 "共建共治共享"理念与"残疾人基本公共服务"实践之逻辑耦合

党的十九大报告提出"加强社会治理制度建设，完善党委领导、政府负责、社会协同、公众参与、法治保障的社会治理体制"，"打造共建共治共享的社会治理格局"（习近平，2017），"共建共治共享"已经成为我国社会治理的新思路与新战略。"共建"指政府与其他社会力量"共同参与社会事业建设"；"共治"指社会各方"共同参与社会治理"，保障人民的参与权；"共享"指通过"共享的制度保障"实现包括弱势群体在内的全体公民"共享发展成果"（马庆钰，2018：34~38）。作为特殊弱势群体，残疾人基本权益的保障与基本诉求的实现，是保证社会"底线公平"的重要基础，需要全社会的协同推进与大力支持。将"共建共治共享"理念引入"残疾人基本公共服务"，不仅是实践所需，也是理论提升，二者在价值理念、实践原则、推行方式与结果导向方面具有逻辑契合性。

价值理念上的"以人民为中心"。"以人民为中心"是党的基本执政理念，其"落地"举措就是"惠民"，使人民拥有"获得感"。增进民生福祉是发展的根本目的，党的十九大报告把"多谋民生之利、多解民生之忧"（习近平，2017）作为加强和创新社会治理的重要内容，而加强和创新社会治理的主要构架就是"打造共建共治共享的社会治理格局"。为此，以人民为中心，增进民生福祉，保障群众基本生活，满足人民日益增长的美好生活需要，促进社会公平正义，把人民利益摆在至高无上的地位等，无疑是"共建共治共享社会治理格局"中的有机组成部分。推进残疾人基本公共服务，是在基本生活、就业创业、社会保障、社会服务、康复护理、教育文化及无障碍建设等方面，对残疾人进行全方位的帮助和扶持，以保障他们能够幸福、有尊严地生活。残疾人是社会大家庭中的重要成员，为残疾人提供基本公共服务，是"以人民为中心"执政理念及服务意识的具体体现，是"共建共治共享"社会治理格局中的有机组成部分。在"增进民生福祉"及"以人民为中心"的基本执政理念上，"共建共治共享"与残疾人基本公共服务是完全一致的。基于"以人民为中心"的价值理念，把"残疾人基本公共服务"纳入"共建共治共享"社会治理的大背景下加以推进，不仅确定了残疾人公共服务的制度性保障，还在治理上突出了"共同""协同"特征。如果说"共建共治共享"是在党的领导下社会各界共同协作与努力，在各领域构建社会治理新格局，那么，残疾人基本公共服务就是在新的社会治理格局中，在党的领导、政府主导下，整合与协调社会各方面力量，通过公平、可及、均等的基本公共服务供给，让残疾人更加具有幸福感、尊严感与获得感。

实践原则上的公平参与。"共建共治共享"强调人民是社会建设与社会治理的主体，创造与确立推动包括残疾人等弱势人群在内的全体公民平等参与社会建设与社会治理的机会与途径，促进民众意志与诉求的合理表达，充分凸显"以人为本""公平参与"的特征。"平等·参与·共享"是在借鉴国际残疾人运动的经验基础上，结合我国残疾人事业发展实际而提出的基本原则，是现代文明社会残疾人观的核心内容，也是残疾人基本公共服务的基本实践准则。"平等"意味着残疾人平等权利的获取、友好环境的营造，是"共建"在残疾人服务领域所致力的目标；"参与"意味着残疾人对政治、经济、社会、文化、生活等多方面的积极介入与社会融入，本质上是"共治"的具体表现，通过"参与"来保障残疾人对社会事务的"共治"；"共享"意指在"平等""参与"的基础上，实现残疾人共享经济社会发展成果。如果说"共建共治共享"治理格局内在地含有公平、参与、以人为本的基本实践准则，那么，中国特色残疾人事业发展之"平等·参与·共享"原则，完全是与新型社会治理格局理念叠加，对加强与完善残疾人基本公共服务起到了极为重要的推动作用。

推行方式上的多元化与规范性。从治理主体看，"共建共治共享"应该是由社会各界共同参与、资源整合的多元动力系统，其特征就是"社会协同、公众参与"。需要激发与调动全社会的积极性，整合社会资源与力量，共同投入社会治理中。从具体推进看，针对社会治理中各种需要解决的问题，"共建共治共享"也是一个"社会化、法治化、智能化、专业化"的规范性过程，需要社会的参与、法治的保障、智能的引领及专业的指导，这是社会主义新时代对社会治理的新要求。根据《规划》，包括残疾人在内的基本公共服务需通过多元服务主体介入，"加强中央和地方、政府和社会的互动合作"①，形成统筹协同与多元供给机制。培育助残社会组织，探索 PPP 模式，充分调动与挖掘社会资源建设运营专业化的残疾人康复、托养等服务设施。针对残疾人需求的特殊性，残疾人基本公共服务还要突出其服务体系的系统性与专业性特征，特别是在残疾人康复、托养、特殊教育、护理照料、就业服务、社会工作等方面都需要有规范的专业要求。在具体实践中，基于"共建共治共享"的"残疾人基本公共服务"叠加于社会治理格局中的多元主体合力，不仅保证了残疾人基本公共服务供给主体的系统性和服务供给的可持续性，还保证了在整合社会力量基础上服务的专业性和规范性。如果说"共建共治共享"可以提高社会治理社会化、法治化、智能化、专业化水平，那么，在此基础上的残疾人基本公共服务，无疑在多元化介入、专业化推进的过程中，能够进一步提升服务有效性，精准满足残疾人需求。

结果导向上的公平正义与共享发展。"共建共治共享"以政府为核心的多元治理架构为基础，整合协同社会组织、市场企业等各方资源优势，通过参与协商、互动开放的治理机制，促进资源沟通与整合，优化公共服务供给，实现供需对接与匹配，满足公民发展需求，以"不断促进社会公平正义"（习近平，2017），实现"共享发展"。而"残疾人基本公共服务"是基于人道主义关怀，为遭遇特殊困境的身心障碍人士及其家庭提供各类支持。如《残疾人权利公约》所指，"促进、保护和确保所有残疾人充分和平等地享有一切人权和基本自由"，"确认无障碍的物质、社会、经济和文化环境、医疗卫生和教育以及信息和交流，对残疾人能够充分享有一切人权和基本自由至关重要"。②通过康复、教育、就业、托养、文体等多项服务满足残疾人的基本需求，消除环境障碍，促进社会认同与接纳，保障残疾人平等参与权与发展权，促使残疾人有平等机会参与公民的政治、经济、社会和文化生活。为残疾人平等参与社会发展创造便利化条件和友好型环境，让残疾人更具"获得感"，这就是"残疾人基本公共服务"的结果导向。如果说保障和改善民生，增进民生福祉是发展的根本目的，是"共建共治共享"治理格局的重要内容，那么，通过残疾人基本公共服务增进残疾人福祉，促进残疾人享有起点公平、过程公平与结果公平，共享改革发展成果，也是"共建共治

---

① 参见《国务院关于印发"十三五"推进基本公共服务均等化规划的通知》，2017 年 3 月 1 日。

② 参见联合国《残疾人权利公约》，2006 年 12 月 13 日。

共享"治理格局的题中应有之义。

二 基于"共建共治共享"的残疾人基本公共服务内涵

基于"共建共治共享"的残疾人基本公共服务之本质是政府、社会组织等多元服务供给主体的协同与协作，在残疾人服务对象的共同参与下，实现残疾人基本公共服务的协同化、精准化与专业化供给，以达至共享发展的目标。"残疾人基本公共服务"的"共建""共治""共享"分别以"一核多元""协商参与""公平享有"为核心关键词，构成了相互关联、紧密联系、依次递进的有机系统（见图1）。

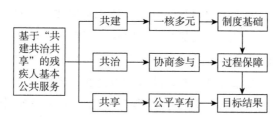

图1 基于"共建共治共享"的残疾人基本公共服务的内涵

"共建"强调"一核多元"的服务主体，奠定残疾人基本公共服务的制度基础。理顺与优化服务供给机制，明确服务供给主体系统及其关系等制度框架，是残疾人基本公共服务的前提基础。"共建"意味着残疾人基本公共服务供给应转变"唯政府主义"传统，避免"单一化""碎片化"的服务供给窠臼，形成"一核多元"的"元治理"格局（张平、隋永强，2015：49~55）。"一核"指政府是服务供给系统的核心，"多元"指多元服务主体的协同与协作。残疾人一直是我国兜底性福利政策的重点对象，长期以来，政府是我国残疾人基本公共服务的唯一供给主体，依托于残联、民政等部门，集决策、服务、管理、监督等职能于一身，忽略了社会力量的参与。这种"大包大揽式的'福利兜底'方式是畸形的，也是片面的"（周沛，2008），不仅具有明显的低效倾向，而且忽视了残疾人个性化需求的满足。因此，残疾人基本公共服务供给应在突出政府主体责任的基础上，积极引入社会组织、社区、市场机构等多元主体资源。西方学者鲍勃·杰索普提出的"元治理"理论强调"协调不同形式的治理，并确保它们最低限度的一致性"（Jessop，

1997）。"元治理"是"治理的治理"，在残疾人基本公共服务供给中，政府作为"元治理"的主体，与其他供给主体的角色功能并不是平权的，各供给主体之间构成了"一核多元"的关系模式。政府是残疾人基本公共服务供给的核心，承担着政策制定、财政支持、监督评估等关键职能。社会组织、社区、市场机构等主体在政府的支持、引导与监督下，分别发挥其专业优势、社会参与优势与资金优势，整合资源、通力合作、协同配合，具体开展各类多元化的残疾人服务，实践与实现残疾人基本公共服务的"共建"。

"共治"强调"协商参与"的服务进程，构筑残疾人基本公共服务的过程保障。在"一核多元"残疾人基本公共服务"共建"的制度框架基础上，残疾人基本公共服务的具体实施需要以"共治"机制为保障，注重残障服务对象协商参与，促进残疾人利益与需求表达，实现残疾人基本公共服务的精准化供给。目前，我国残疾人基本公共服务仍存在"粗放式"供给特征，如政府统一免费发放的辅助器具难以精准适配每位残疾人的需求，导致利用率低甚至闲置；一些无障碍设施的设计与建设忽视了残疾人的特殊性需求，有些成为摆设。为此，残疾人基本公共服务供给需引入服务对象"共治"机制，以解决供给与需求不匹配的矛盾，为残疾人带来切实的服务与福祉。"共治"意味着"平等协商""协同参与"，无论是行政性主体还是专业性主体，在残疾人服务供给过程中，应充分重视残疾人服务对象本身主体作用的发挥与利益需求的满足。政府在制定残疾人基本公共服务相关政策过程中需运用协商机制，关注残疾人自身诉求，凸显政策制度的人本主义关怀。专业性的社会组织在开展康复、教育、就业等具体服务时，需明确服务对象是服务组织的最佳理解者与诠释者，避免"专业威权主义"，强调"与服务对象一起"，制订契合残疾人需求的个别化方案。各服务主体应尊重残疾人利益表达权与平等参与权，注重"需求导向""以人为本"，凸显残疾人的主体地位与价值，尽力消除残疾人参与的障碍，匹配残疾人基本公共服务的供给与需求。在"共治"协商参与下，保障并提升残疾人基本公共服务供给的精准性与有效性。

"共享"强调"公平享有"的服务宗旨，明晰残疾人基本公共服务的目标结果。在"一核多元"的"共建"框架下，在"协商参与"的"共治"基础上，"共享"构成了残疾人基本公共服务供给的目标结果。"共享"理念是我国残疾人工作的固有价值原则，意味着"公平享有"与"共同发展"。社会代价理论认为，残疾现象是人类社会发展过程中所付出的代价，因此社会也必须对这种代价进行补偿。残疾人与健全人共享平等的政治社会生活权利，共享社会经济文明成果，"残疾人可以在平等基础上享用为公众提供的社区服务和设施，并确保这些服务和设施符合他们的需要"。① 当前，社会上仍存在大量阻碍残疾人共享发展的障碍因素，比如物理性的环境障碍、歧视性的社会偏见、非融合性的政策制度等，在一定程度上妨碍了残疾人的"公平享有"。为此，必须通过"共建"与"共治"，优化残疾人基本公共服务供给，通过多主体协同合作，赋予残疾人平等权利，加大社会宣传力度，形成和谐友善、平等友爱的良好社会氛围；避免对残疾人的"标签化"，尽力消除物理、心理与社会层面的障碍，防止残疾人的边缘化，以"共享"的环境保障残疾人权益。强化残疾人自身的主体地位，以优势视角充分挖掘并发挥残疾人潜能，促进其自助自立意识与能力的形成，激活其主观能动性，使得残疾人凭借"劳动者"而非仅是"分享者"身份"公平享有"社会经济发展成果，加快推进残疾人全面小康进程，实现"共享"目标。

三 残疾人基本公共服务"共建共治共享"的实践掣肘

专业掣肘：供给主体非专业化制约"共建"效度。基于"一核多元"逻辑，在政府的支持与引导下，社会组织、市场机构与基层社区均是残疾人基本公共服务的供给主体。其中，政府是核心与主导，社会组织是关键与主力，二者是残疾人基本公共服务中最为重要的"共建"主体。然而，由于历史与现实因素，政府作为政策的制定者与推进者，社会组织作为服务的落实者与实施者，都呈现"行政性"大于"专业性"的特征，制约了"共建"效度的提升。作为"共建"主体核心，政府是残疾人基本公共服务的政策设计者、财政支持者与监督管理者。"政府主责"是我国公共服务供给的指导思想，在政府推动下，我国初步建成了包括生活保障、特殊教育、基本康

---

① 参见联合国《残疾人权利公约》，2006年12月13日。

复、托养照料、就业支持、文化体育、无障碍化建设等在内的残疾人基本公共服务体系。集"代表""服务""管理"职能于一身的残联部门，事实上主要扮演管理者角色。由残联等部门自上而下推动的残疾人基本公共服务难以避免具有"行政化""非精准化""非专业化"等弊端。在"专业的事交由专业的机构去做"的共识下，"政府购买服务"逐渐成为残疾人服务供给的重要形式，各类公益性的助残社会组织逐渐成为残疾人服务的递送主体，也是"共建"的主要力量。但是我国社会组织发展滞后，而服务对象的特殊性、服务项目的专业性、服务范围的有限性，以及政府在社会服务领域的重"养老"轻"助残"倾向，致使助残社会组织的发展更是面临特殊困难。除部分发达地区以外，多数地区的助残社会组织培育不良，相当一部分助残社会组织在残联或者街道的直接支持下成立，具有明显的官方、半官方性质。大部分草根助残社会组织由于政府支持不足、自我造血能力缺失，发展举步维艰。助残社会组织专业性人才缺乏，运营管理经验不足，缺乏内源性、自主性发展动力，服务供给的质量、效率不高，"共建"的效度亟待进一步提升。

条件掣肘：残疾人面临的不利因素限制"共治"深度。在"协商参与"理念下，残疾人基本公共服务的具体实施过程中除了多元供给主体的协同推进以外，更应充分考虑残疾人服务对象的特殊性与需求，促进服务对象的意志、利益与诉求的合理表达，推动残疾人参与，实现"共治型"残疾人基本公共服务供给。然而在具体实践中，诸多不利的内外部条件限制了残疾人的参与能力，导致"共治"的深度不足。从内部条件看，残疾人的特殊性限制了其深度参与"共治"的能力。一方面，由于生理、心理及社会因素，面临身心障碍的残疾人的总体自理能力、活动能力、认知能力、表达能力、交往能力、生产能力、适应能力等普遍低于健全人。大部分残疾人尤其是先天性残疾人受教育水平较低，缺乏对政治权利、社会知识、交往技能、参与途径等方面的具体理解，参与动机与能力不足；加之外部支持与推动缺乏，残疾人无力实质性地深度参与公共服务实施过程中的"共治"。另一方面，在身心障碍的限制下，残疾人的社会交往与互动不足，社会化程度较低。以就业为例，残疾人集中就业所依托的传统福利企业不适应市场经济的发展而渐趋式微，导致残疾人就业往往具有分散化、个体化特征。残疾人"自组织"难以培育,"群体合力"难以形成,残疾人对于公共服务的合理诉求难以得到有效凝聚与整合。从外部条件来看,无障碍环境的不完善影响了残疾人深度参与"共治"。无障碍环境是保障残疾人自尊独立、平等参与、合理表达的重要外部条件。无障碍环境包括两方面内容:一是物理层面的住宅、公共建筑、公共设施的无障碍;二是社会层面的心态、价值观、社会融合等方面的无障碍。在硬件设施上,我国的无障碍环境建设存在重数量、轻质量,重城市、轻农村,重布局、轻效用的倾向。无障碍设施分布不均衡、利用率低等弊端明显。在社会环境中,公众对于残疾人的理解与包容程度仍有待进一步提升,残疾人在参与社会生活时仍不时遭遇歧视性对待。无障碍环境的不完善,导致残疾人在日常出行、接受教育、就业创业等方面仍存在诸多困难,形成了对于残疾人深度"共治"参与的阻隔。

设施掣肘:基础服务设施分布不合理阻碍"共享"程度提升。在"公平享有"的宗旨下,残疾人基本公共服务通过"共建""共治"机制,致力于保障残疾人的平等权利,满足其美好生活需要,使其共同享有社会经济发展成果,实现"共享"的残疾人基本公共服务目标。残疾人基本公共服务的具体实施与推进需以综合服务、康复、托养等各类残疾人基础服务设施为物质保障。目前我国残疾人基本公共服务基础设施存在分布不均衡、不合理的问题,残疾人"共同享有"成本高,难度大。截至2017年底,全国已投入使用的各级残疾人综合服务设施2340个,总建设规模533万平方米;残疾人康复设施833个,总建设规模261.4万平方米;残疾人托养服务设施649个,总建设规模161.2万平方米。① 政府主导的残疾人基础服务设施"大而全"特征明显,市、县、街道(乡镇)、社区(村)各级服务设施功能趋同。一些托养中心、康复中心等设施规模庞大,功能齐全,却远离城市中心及居住区,设施的共享使用需要付出较高的交通成本与时间成本。服务设施的功能设置往往是自上而下的统一规划,所供给的服务可能错位于残疾人的具体需求。服务设施地理布局的郊区化与功能设置的错位化致使残疾人使用意愿度低,服务设施资源闲置率高。残疾人基本公共服务的可及性差,利用率低,惠及残疾人数量有限,辐射效果欠佳,难以达成"共同享有"的目

---

① 参见中国残疾人联合会《2017年中国残疾人事业发展统计公报》,2018年4月26日。

标。与此同时，残疾人基础服务设施分布还存在非均衡性问题。部分发达地区残疾人服务设施"拥挤使用"与"设施过剩"并存，一些设施需要排队进入使用（比如某些儿童康复机构），另一些设施则长期处于闲置状态（比如某些大型托养中心的部分床位）。部分欠发达地区则呈现"设施缺乏"状态，当地残疾人需奔赴外地接受相应服务。残疾人服务设施分布的不合理不均衡，供需矛盾突出，成为妨碍残疾人充分享用公共服务，实现"共享发展"的现实梗阻。

信息掣肘：技术滞后限制"共建共治共享"广度。无论是"共建"、"共治"还是"共享"，"共"字意味着社会治理与服务供给中的"沟通"与"协作"机制。残疾人基本公共服务"共建共治共享"的本质是各服务主体之间、服务主体与残疾人服务对象之间协商对话沟通，整合资源，发挥优势，依托现代化技术手段，让残疾人共享公共服务，实现共享发展。目前，公共服务领域的"互联网+"等信息化建设方兴未艾，如社区服务领域的"智慧社区"、养老服务领域的"智慧养老"等信息化载体如雨后春笋般地出现。信息化建设与应用无疑也是残疾人基本公共服务中的重要内容。但由于残障服务对象的特殊性，助残服务导入市场机制的难度高于养老等其他服务项目，残疾人信息化建设仍以政府为主导来推进。政府主导的残疾人信息化建设主要功能是"建设全国残疾人人口综合管理与服务平台""开展残疾人大数据分析研究""完善残疾人数据资源标准规范体系"[①] 等，其目标导向是优化残疾人管理，服务端口单一面向政府部门，缺乏各服务主体之间、服务主体与服务对象之间的信息化沟通、互动、分享的平台机制。残疾人基本公共服务领域的信息技术应用远滞后于市场机制充分介入的"智慧养老"等社会服务领域。开放性、互动性、协同性、共享性的残疾人基本公共服务信息平台亟待建设与提升。此外，以健全人标准建立的信息环境本质上形成了对残疾人的"信息排斥"，致使残疾人对于互联网技术运用能力低下。残疾人社会参与度不高，社会阅历不足，易遭受网络电信诈骗，信息安全问题突出。残疾人与健全人在信息技术方面的"数字鸿沟"显著，进一步增大了残疾人基本公共服务中信息技术应用的难度，限制了"共建共治共享"的广度。

---

① 参见中国残疾人联合会等《残疾人事业信息化建设"十三五"实施方案》，2016年9月21日。

四　残疾人基本公共服务"共建共治共享"实施保障

基于"共建共治共享"的残疾人基本公共服务之实施推进，需通过服务主体的专业化建设以保障"共建"，促使残障人增能赋权、减少外部障碍以保障"共治"，优化基础服务设施空间布局以保障"共享"。完善残疾人基本公共服务的信息化建设，推动信息无障碍化，保障"共建共治共享"的残疾人基本公共服务的高效供给。

培育专业主体，优化"共建"结构。美国学者萨拉蒙认为，政府与社会组织呈现互补的关系特质（萨拉蒙，2008：51）。政府是社会组织的合法性来源与资源保障，社会组织可弥补政府不足，提供更加个性化、弹性化与精准化的服务，是服务的专业性供给主体。在残疾人基本公共服务中，应明晰"政社分开"，推进"政社协同"，在政府支持下，促进专业性服务主体即助残社会组织的专业化成长，形成"共建"的专业基础与组织保障。政府应秉承"服务型"理念，简化审批流程，进一步"放管服"，促进助残组织合法性身份的获取。作为基本公共服务均等化的实施重点，政府要进一步针对残疾人基本公共服务进行细化的制度安排，在人、财、物等方面进一步加大对于助残社会组织的支持力度。具体包括：合理规划开展残障社会工作者、康复师、心理咨询师等助残服务专业人才队伍建设；通过"项目申请""补贴资助""税费减免"等多种形式，给予助残社会组织稳定的资金支持，以保障组织可持续发展；在助残社会组织运营所必需的场地、设施、信息等方面进行适度的资源注入，保障组织运营的物质基础。助残社会组织在明确自身价值理念、发展目标、组织定位的基础上，应着力提高自身管理水平与运营能力，拓展经营性收入、企业捐助、社会众筹、基金会捐赠等多元化资金获取途径，提升组织抗逆力。助残社会组织应尤其关注专业素养的提升，吸纳专业理念，启用专业人才，引进专业设施，运用专业方法，提升专业服务的质量与效果。以此既赢得残疾人服务对象的信赖，又获取政府主动寻求合作的契机，从而增强助残社会组织的专业自主性。

促进"增能减障"，推动"共治"参与。在残疾人基本公共服务实施过程中，残疾人服务对象的自我表达与积极参与是"共治"的基本条件。推进

"共治"，须优化残疾人社会参与的内外部条件，促进残疾人自我增能与集体增能，完善无障碍化建设，构建残疾人"共治"参与的能力基础与环境保障。"增能"（empowerment）又称为"增权"、"充权"或者"赋权"，源于美国针对黑人群体的种族社会工作实践，其基本要义是通过助人工作，使受助者在能力、技术、心理、资源、社交等多方面得到大幅提升。基于"增能"理论，运用专业方法，激发残疾人的潜能，尽可能恢复其基本生活与社会功能，使其平等参与社会活动。通过导入专业社会工作方法等途径，协助残疾人排除各类主观与客观障碍，重拾自我能力，挖掘自我潜能，重塑自我形象，重建自我价值，努力改变不利的生活状态。除了帮助残疾人个体"自我增能"以外，还应帮助残疾人"集体增能"，引导并促进残疾人"互助化"与"组织化"，使其走出封闭隔离的生活状态。通过"互助小组""联盟组织"等形式将分散的残疾人个体合法化整合到组织中，形成团体合力，增强残疾人协商对话、"共治"参与的能力。"减障"即减少残疾人社会参与的各种障碍。在物理环境层面，推进残疾人无障碍设施的精准化建设，在精准调研与精准评估的基础上，推进无障碍化的硬件设施与残疾人特征及需求的精准匹配。关注社区与家庭内部的无障碍化改造，改善残疾人的生活环境，为其平等参与创造良好的客观条件。在社会环境层面，政府与媒体要进一步加大宣传力度，树立残疾人的正面形象，促进社会公众消除歧视性的态度，鼓励公众以平等包容的心态理解残疾人。去除针对残疾人的"污名化"标签，营造良好的扶残助残社会氛围。通过残疾人自身的能力提升与无障碍环境的改善，减少残疾人的参与阻碍，保障残疾人"共治"参与的权利。

优化设施分布，创造"共享"空间。残疾人服务设施的空间分布状况，决定着服务设施在"时间、空间与人群"方面的"可达性"（曹海林、任贵州，2017），影响着残疾人对于公共资源的使用体验。残疾人应具有平等的权利或者耗费均等的成本来享用残疾人基本公共服务。"大而全"、"郊区化"及"不平衡"的服务设施并不能有效实现残疾人基本公共服务的"共享"。残疾人服务设施建设的重点方向是建设小型社区嵌入型设施，促进设施布局的"社区化"与"均衡化"，营造"共享"的物质基础与空间保障。残疾人服务设施的"社区化"是指摒弃一味贪大求全的设施建设理念，关注残疾人的使用体验，将服务资源导入社区，以社区小型助残机构为依托，提供社区助残服务。社区是残疾人日常活动的主要场所，是他们最为熟悉的公共空间，以基层社区为平台，依托现有场地、人员、设施等资源，将康复、就业、文体、托养等专业服务导入社区，建设"嵌入"社区的小型化残疾人服务机构，就近就地就便提供各类助残服务。与社区老年服务相类似，构建"以社区为平台、多元主体共同参与"（易艳阳、周沛，2018）的社区化残疾人服务体系。以江苏省"残疾人之家"建设为例，其依据"社区化"思路，强调"依托乡镇、街道和村、社区，建设以辅助性就业为主，集托养、康复、培训、文化体育、维权等各项服务于一体的残疾人综合服务机构"。① 虽然目前类似"残疾人之家"的社区化残疾人服务设施尚处于探索性实践过程中，仍存在高成本、非专业化、不均衡等问题，但社区化的服务设施是保障残疾人"正常化"的生活方式，便利化地"共享"公共服务的空间保障。残疾人服务设施的均衡化是指残疾人服务设施应遵循均等化与适合性原则进行设施布局。应强调基本服务设施在服务低水平地区的覆盖，保障当地残疾人接受均等化的基本公共服务的权利，满足残疾人就近"共享使用"的需求。基于效率原则，结合不同地区残疾人的异质性，比如残疾人数量、年龄结构、残疾类型、残疾程度、就业状况、家庭状况、行动偏好等，促进助残服务设施的差异化分布，实现服务设施供给与使用对象需求相对接匹配，提升助残服务设施的利用率，精准化、均衡化地满足残疾人需求。优化残疾人服务设施的布局，创设"共享空间"，提升残疾人"共享使用"的意愿度与满意度。

普及"智慧助残"，构筑"共建共治共享"信息保障。在"互联网+"背景下，残疾人基本公共服务需充分运用信息化、智能化技术，以提升沟通效率，促进残疾人基本公共服务供给过程中的多元主体信息整合。推进信息无障碍化建设，保障残疾人平等使用现代信息技术的权利，实现"信息化共建共治"与"信息共享"，构筑"共建共治共享"的技术基础与信息保障。"信息化共建共治"意味着依托现代移动互联技术与智能化终端，打造信息齐备、功能完整、动态更新的残疾人服务信息数据库。打破信息壁垒，消除政府、社会组织、社区、市场等服务主体与残疾人服务对象在

---

① 参见江苏省残疾人联合会《省残联关于印发江苏省"残疾人之家"建设实施方案（试行）的通知》，2016 年 7 月 26 日。

助残服务实践中的沟通障碍，延伸多元主体跨时空合作契机，拓展残疾人基本公共服务"共建共治"的广度。在具体实践中，可开发"智慧助残信息综合平台"，针对政府、助残社会组织、残疾人等不同对象，综合平台具有不同登录入口，分别享有相应权限与功能。通过综合平台，各"共建"主体的信息资源得以整合与共享，服务透明度与效率得以提升，同时实现残疾人基本公共服务供给主体与残疾人服务对象之间的有效沟通，链接匹配供给与需求，促进高效"共治"。"信息共享"意味着进一步促进信息无障碍化建设，消弭残疾人与健全人之间的"数字鸿沟"。"信息无障碍"强调信息对于残疾人的可及性，其关注重点是通过改进信息化技术，如视听符号的切换等，减少各类信息载体对于不同类型残疾人的使用障碍，消除"信息排斥"。与残疾人服务密切相关的网站与手机应用等在开发阶段，更应充分考虑残疾人的身心障碍之特殊性，以适应残疾人的使用。信息无障碍化建设还需关注信息传播中的制度、社会与心理等非技术因素（李东晓、熊梦琪，2017），从真正意义上实现信息的顺畅化传播与接收，保障残疾人平等使用互联网技术，分享信息科技发展成果的权利，实现信息融合与信息共享。

参考文献

曹海林、任贵州，2017，《农村基层公共服务设施共建共享何以可能》，《南京农业大学学报》（社会科学版）第 1 期。

莱斯特·M. 萨拉蒙，2008，《公共服务中的伙伴——现代福利国家中政府与非营利组织的关系》，田凯译，商务印书馆。

李东晓、熊梦琪，2017，《"可及"之后：新媒体的无障碍传播研究与反思》，《浙江学刊》第 6 期。

马庆钰，2018，《共建共治共享社会治理格局的意涵解读》，《行政管理改革》第 3 期。

习近平，2017，《决胜全面建成小康社会　夺取新时代中国特色社会主义伟大胜利》，《人民日报》10 月 28 日，第 1 版。

易艳阳、周沛，2018，《蒂特马斯三分法视角下的社区医养结合国际经验探究》，《老龄科学研究》第 10 期。

张平、隋永强，2015，《一核多元：元治理视域下的中国城市社区治理主体结构》，《江苏行政学院学报》第 5 期。

周沛，2008，《福利国家和国家福利——兼论社会福利体系中的政府责任主体》，《社会科学战线》第 2 期。

Jessop，Bob. 1997. "Capitalism and Its Future：Remarks on Regulation，Government and Governance." *Review of International Political Economy* 4（3）：561-581.

残疾人支持中的"三I"范式:内涵逻辑 与推进路径*

一 引言

增进民生福祉是发展的根本目的。党的十九大报告提出,必须多谋民生之利、多解民生之忧,在发展中补齐民生短板、促进社会公平正义,在幼有所育、学有所教、劳有所得、病有所医、老有所养、住有所居、弱有所扶上不断取得新进展(习近平,2017:23)。就"弱有所扶"而言,大力发展残疾人事业,加强残疾人康复服务,是全社会对残疾人这一特殊弱势群体的具体支持与帮助。社会各界除了从物质层面给残疾人支持以外,还应该动员全社会的力量,在精神层面、资源整合等方面对残疾人进行支持,以"加强社会心理服务体系建设,培育自尊自信、理性平和、积极向上的社会心态"(习近平,2017:23)。

关心、支持、帮助残疾人,是社会文明进步的重要标志。残疾人事业是中国特色社会主义事业的重要组成部分,被纳入经济社会发展全局中加以推进。我国残疾人事业发展工作采取的是"政府主导、社会参与,国家扶持、市场推动,统筹兼顾、分类指导,立足基层、面向群众"的推进模式;[①] 为残疾人提供服务,是各级政府的责任,也是全社会的义务。当前,残疾人事

---

* 原文刊载于《南京大学学报》2019 年第 3 期,收入本书时做了文字修订。该文为笔者 2017 年承担的国家社会科学基金重大项目"中国残疾人家庭与社会支持机制构建案例库建设"(17ZDA115) 的阶段性成果。

① 参见《中共中央 国务院关于促进残疾人事业发展的意见》(中发〔2008〕7 号)。

业发展及残疾人支持工作与国家的扶贫战略、全面建成小康社会的目标有机地结合在一起，使残疾人能够得到普惠加特惠的政策支持，从制度与政策上进一步保证了残疾人支持的有效展开。但是，问题的另一方面是，在残疾人支持的诸多项目中，如残疾人托养、康复、就业与创业、教育、救助与保障等方面，往往就事论事地采取统一的政策依据、通用的工作模式以及一些技术性的手法来实施，是一种"政策性支持"与"统一服务供给"模式。此类支持与服务模式注重政策性、物质性等外在因素对残疾人的扶助，忽略了残疾人内在因素以及社会环境，特别是社会心理及社会心态因素在残疾人支持中的积极作用。其弊端主要体现在以下几个方面。

其一，标签式"定位"残疾人支持，不利于残疾人自身发展。单纯依靠政策性支持，如残疾人救助、康复、托养、就业等，可以在制度上保证残疾人支持的连续性，使残疾人，特别是重度残疾人能够得到基本生活保障。但是，单纯的政策性支持，也会给残疾人带来不良影响：一是部分残疾人容易形成依赖思想，认为被救助是理所当然的，因而减弱了残疾人自强自立的信心及行动；二是有些残疾人会由于复杂的原因（如考虑到家人的影响及面子、隐私等）而拒绝接受政策支持与社会援助。

其二，"外部式"政策支持，不利于增强残疾人积极参与的内生动力。以政策性支持为主的残疾人服务工作使得支持者与残疾人局限于政策落实层面，而残疾人的社会支持及能力建设等则不在政策支持框架范围之内，这就减弱了残疾人支持的效果。政府实施的覆盖性"兜底"性政策支持之稳定性与连续性特征，不可避免地在一定程度上助长了一些被支持者的依赖思想与行动，弱化了残疾人自立意识而使之缺乏积极参与的内生动力。

其三，支持渠道单一，不利于整合各种资源和力量而使之形成合力，降低了服务效能与质量。残疾人服务和支持大多数是各级残联"基于政策"的支持，在社会资源整合等方面还存在一些缺憾。而社会性支持往往表现为各行其是，各自为政，未能真正形成合力，分散了残疾人支持的资源利用，残疾人服务的效果有待提高。

其四，政策性支持导致残疾人服务需求与残疾人服务供给之间的不对称性。残疾人残疾类型与残疾程度各不相同，其支持需求也各不一致；残疾人政策性支持主体单元、指向单维、内容单一、形式单调，统一的政策性支持很难满足残疾人的多维需求，支持效果欠佳，残疾人的获得感还有待提高。由此，在单一政策性支持下，残疾人的社会融合度、自身的独立性、社会支持整合度等都存在一定程度的缺陷，需要系统完善残疾人支持的制度设计、政策制定、内容创新及方式运用等。

二 "三 I"范式内涵与逻辑

针对当前残疾人支持工作中存在的缺陷，借鉴国际先进经验，我们认为，构建"融合"（Inclusion）、"整合"（Integration）、"独立"（Independent）的"三 I"范式，是残疾人支持中最具先进理念、最有效果，也是最为迫切的工作思路与实施路径。其中，融合是残疾人支持中的基本价值理念与服务手法；整合是残疾人支持相关政策的综合运用，社会资源的协调、集中与共享；独立是残疾人支持的目标追求与终极策略。三者各自独立又互相联系，构成一个完整系统的残疾人社会支持范式。

1. 融合

残疾人支持中的融合特指社会融合。社会融合（Social Inclusion）是与社会排斥（Social Exclusion）相对立的概念，是针对客观存在的社会排斥而提出的理念以及可采取的行动。"融合"指几种不同的事物合成一体，[①] 英文释义为"包含""包括"，中文又翻译为"包容""全纳"。"融合"犹如我国传统文化中的"和"，指多种要素的相互渗透，使某一客体事物有了新的生命力和新的气象，而非相同点的叠加。正所谓"和实生物，同则不继"（《国语·郑语》），即用一物融入另一物而"和"之，因此能丰富、发展，并使万物不脱离"和"而得到统一。孔子的"君子和而不同，小人同而不和"，更是把"和"上升到人际交往甚至政治层面来加以考量，其中，也包括"君子"善于利用各种资源和力量来看待和处理人际关系及政治问题的观点与思想。对于残疾人等弱势群体来说，其弱势的地位往往容易导致社会排斥，而社会排斥又强化了残疾人的弱势地位，带来了更大的社会排斥，并最终形成持久的多重剥夺（De Haan，2000：22-40）。鉴于此，社会融合对于

---

① 参见《现代汉语词典》，商务印书馆，2017，第1107页。

残疾人具有十分重要的意义。如果把社会和残疾人看成融合的两个维度，那么，残疾人社会融合就是一个双向的过程。一方面，残疾人自身需要提高其"自我认同"即"社会我"意识程度。正如威廉·詹姆斯所说，"社会我"来自他人经验，是他人给予的；"社会我"是人们之间社会关系的派生物。人类本能地追求得到社会上他人的承认，并据此来衡量自我价值（贾增春，2000：315～316）。残疾人极其需要确立并增强这个意识，以积极融入社会。另一方面，社会要提高对残疾人的接纳程度，即社会接纳（Social Acceptance）程度。费伊将社会接纳定义为自我接纳、对他人的接纳和对他人接纳自我的感觉（Fey，1955）。社会由无数个体构成，如果绝大多数人能够做到自我接纳，对残疾人接纳，关心关注残疾人，那么就在社会上营造了接纳残疾人的良好环境和氛围。残疾人的社会融合，首先体现在社会心理层面，让全社会，包括残疾人形成主动融合社会的心理，培养积极向上的社会心态来加以解决。融合是残疾人事业发展的基本理念，也是残疾人运动的发展目标。第二次世界大战后，人们提出了反对歧视残疾人、为残疾人争取平等的诉求。其标志性事件是提出了融合和正常化的概念（吴文彦、厉才茂，2012）。2006 年 12 月第 61 届联合国大会通过的《残疾人权利公约》，明确提出了把"机会均等""充分参与和融入社会"，列为实现残疾人权利应遵循的一般原则。特别是随着时代的发展与社会的进步，人们的残疾观从"个人模式"、"医疗模式"转变到"社会模式"，① "融合"就成为残疾人支持工作中被普遍接受的重要理念与行动。

2018 年初笔者在美国波士顿实地调研时体察到，"融合"是美国残疾人支持实践与研究推进的理论基石。无论是政府政策的制定、社会组织的服务还是科研机构的研究，残疾人的"融合"都是多维度、全方面、实质性的社会融入。除社会对残疾人主动接纳、残疾人积极自我认同等基本价值理念外，还通过一些具体的支持服务举措来促进残疾人融合。在社区融合以及职场融合等环境下，相关服务机构帮助残疾人获得就业机会，促进残疾人权益与尊严的维护；实现同工同酬、平等报酬；获得教育平等、机会平等，在很

---

① 所谓残疾"个人模式"指把残疾现象归结为个人原因，残疾是残疾人个人的事情；"医疗模式"指残疾现象是医学层面的原因，只能通过医疗方式解决残疾问题；"社会模式"指残疾现象是社会原因，解决残疾问题需要全社会的努力。

大程度上促进了残疾人个人价值的实现，提升了其社会融入程度。在美国麻省大学波士顿分校社会融合与发展学院的社区融合研究所（Institute for Community Inclusion，ICI）的研究者看来，所谓"融合"就是指所有人，无论是残疾人还是健全人，都能作为社区中有价值的成员而受到尊重和欣赏；参与社区的娱乐活动；拥有一份能够充分发挥自己能力的职业，在社区工作并获得有竞争力的工资；有参加普通教育课程，从学前教育到大学，再到继续教育的权利和机会。无论对于什么人，包括残疾人，融合是来自各方面的尊重和支持，是多元参与、多管齐下、多方助力、多种形式的融合。① 本文认为，残疾人融合应该包括以下含义。

其一，平等是融合的目标，融合促进平等。强调与推进残疾人社会融合，是针对事实上存在的对残疾人的社会排斥现象而做出的主动、积极的应对。残疾人身心存在的障碍，在一定程度上会招致社会甚至家庭及本人的"排斥"，导致对残疾人不同程度的偏见、歧视等，而融合就是以残疾人的平等为目标，通过具体的支持服务工作，促进残疾人获得人格平等、权利平等、地位平等、机会平等以及社会平等之全方位的平等。犹如联合国《关于残疾人的世界行动纲领》所指出的，平等的要义恰恰是"每个人的需要同样重要，所有资源的使用必须确保每个人有平等的机会，充分参与社会生活和实现发展，平等分享因经济和社会发展而改善的生活条件"。② 唯有通过实际的融合行动，才能真正实现"平等、参与、共享"的基本理念和目标追求，才能保证残疾人真正共享改革发展的成果。

其二，接纳与互动是残疾人融合的过程，融合推进社会与残疾人之间的接纳与互动。融合是个人和个人、个人和社会、社会和个人之间的接纳与互动过程，残疾人与健全人、残疾人与社会无差别地、不分彼此地共融一体。只有实现了社会与残疾人之间的接纳与互动，才能真正实现融合。通过互动接纳促进融合，通过融合实现接纳互动，这是残疾人社会融合的动态过程。通过融合，消除对残疾人的社会排斥，社会更能理解残疾人，更加关注关心关爱残疾人，把残疾人作为社会大家庭成员来加以认识；残

---

① 根据美国麻省大学波士顿分校社会融合与发展学院的社区融合研究所相关资料整理。
② 参见《关于残疾人的世界行动纲领》，https://www.un.org/zh/documents/treaty/A-RES-37-52，最后访问日期：2002 年 11 月 12 日。

疾人真正确立"社会我"意识，不把自己作为"特殊者"而积极主动融入社会；通过融合，残疾人回归正常的社会角色，其个人价值和社会价值就能得到很好的彰显。

其三，融合是由外而内的"倡导推进"与由内而外的"自愿自决"相结合的过程。残疾人融合需要有一个良好的社会氛围和外部环境，需要社会的倡导和推动。对残疾人的无差别接纳及无障碍环境建设，是残疾人社会融合的外部推力。而残疾人自身的自愿与自决，则是残疾人融合的内在拉力。社会融合并非一厢情愿式地强加于残疾人的"要他融合"，而是残疾人渴求参与社会的"我要融合"。所谓"我要融合"，是指在社会环境的倡导与推动下，残疾人自身主动积极地融入社会。残疾人支持必须尊重残疾人自身的诉求和选择，这实际上就是一个"自决权"的保障，是一种以人为本的价值取向。从国内残疾人融合现状看，人们往往片面地觉得让残障人士到社区、工作场所或参加培训，就是实现了融合，其实这是一个误区，充其量仅是让残疾人在一定的公共场合活动，而没有考虑到残疾人自身对融合的需求和拉力。因为机械地把残疾人聚合于社会，并不能使残疾人实现与社会、与他人在心理、情感上交流与互动的认知、认同与认可。如果因为残疾人身心方面存在的障碍而给予其"特殊待遇"，就不是真正的融合。残疾人具有自身的优势，而融合，就是实现、发挥、彰显其优势的最好路径。残疾人通过自我的抉择参与社会并与社会相互接纳和互动，才是真正实现了融合。

2. 整合

残疾人支持中的整合是指调动和集中分散的资源和力量，使之成为残疾人支持的整体资源系统。整合是和分散、分离相对的概念，英文释义是集成、综合；中文解释为"通过整顿、协调重新组合"[①] 成为一个相互作用的"整体"。在学理上，整合与协同是同一层面的概念。所谓协同，就是指协调两个或者两个以上的不同资源或者个体，使他们一致地完成某一目标的过程或能力。协同具有目标一致、资源共享、互利互惠、责任共担以及深度交互的特征（张贤明、田玉麒，2016），通过整合与协同，把原本分散的要素整合为一个新的整体。以波士顿残疾人服务为例，其"整合"表现在纵向上的

---

① 参见《现代汉语词典》，商务印书馆，2017，第 1669 页。

残疾人支持政策协调与横向上的残疾人服务主体协同。

在纵向上，美国联邦政府、州政府以及各城市政府都具有相应的残疾人社会政策。联邦宪法对联邦政府与州政府在残疾人政策上都做了明确划分，既使联邦政府、州政府、市政府等各自在宪法规定的权限范围内运作，又规定了联邦政府与州政府相互间不可干涉和重叠的运作区域；既增加了中央与地方的合作机会，又为双方提供了更大的回旋余地和空间，较好地协调了中央和地方的关系。在资金来源上，各级政府都有一定比例的投入，以保证残疾人救助等工作能有足够的资金支持。[①] 在横向上，波士顿市残疾委员会（Disabled Committee of Boston）负责对残疾人工作进行协调和整合，其负责连接地方政府、社会组织及市场，整合各方面的力量和资源，整合残疾人服务项目，实现出生、年老、独居、旅行、教育、就业、身体康复和心理支持等各个方面的"一站式"服务。从残疾人支持视域，整合应该包括以下几方面的含义。

其一，整合的目标是调动与集中社会力量和资源，覆盖残疾人支持的外部空间，放大残疾人服务的内在效力。针对残疾人支持和服务中客观存在的资源分散甚至相互掣肘的现象，以协调、协同为内核的整合，就是要调动、运用全社会的力量和资源，使之成为一个服务残疾人的力量和资源的集中整体。社会各界采取多种形式，变资源分散为集中，集小溪而成大河，全方位地支持与服务残疾人，有效促进残疾人的平等、参与、共享。

其二，整合的方式是协调残疾人服务中的各种关系，构建残疾人支持社会网络。残疾人支持中的整合工作，其主要方式是协调各种关系而发挥整体的作用。在残疾人支持政策协调上，就是把地方政府和中央政府的政策、宏观层面和微观层面的政策加以整合运用，使得政策功能的发挥最优，政策的"聚合"作用最大。如我国"最低生活保障"政策与"困难残疾人生活补贴"及"重度残疾人护理补贴"之"两项补贴"政策，就是对残疾人支持的政策叠加。再如对残疾人支持主体关系的协调——整合政府、市场和社会组织等部门，就是以"福利多元主义"理念来构建残疾人支持的社会网络，把残疾人纳入可兜底、全覆盖的支持网络之中。

---

① 根据对美国麻省大学波士顿分校社会融合与发展学院院长 Kierenan 的访谈整理。

其三，整合的功能是营造全社会支持残疾人的良好氛围，提升残疾人福祉水平。习近平总书记说，残疾人是一个特殊困难的群体，需要格外关心、格外关注。让广大残疾人安居乐业、衣食无忧，过上幸福美好的生活，是我们党全心全意为人民服务宗旨的重要体现，是我国社会主义制度的必然要求。[①] 调动、协调、整合政府、社会、市场、家庭以及残疾人本人的积极性，为残疾人提供多维度的支持，营造关心关爱残疾人的良好氛围，这是社会经济发展过程中的重要组成部分，是社会文明进步的标志，也是提升残疾人福祉水平的内在要求。通过整合，推动残疾人事业发展，是实现中国梦的题中应有之义。正如习近平总书记指出的："中国梦，是民族梦、国家梦，是每一个中国人的梦，也是每一个残疾人朋友的梦。"[②]

3. 独立

残疾人支持中的独立是指通过各种社会支持举措，促使残疾人在思想意识、行动选择等方面克服消极被动，确立并采取积极主动的态度和行为。独立和依赖（Dependent）相对应，指不依赖他人而能自立与自助。在社会生活中，出于个体和社会等多种原因，会存在一些依赖现象，如"行动依赖""福利依赖""政策依赖"等。1601 年英国通过了《伊丽莎白济贫法》，在解决了很多无家可归、无劳动能力的贫困者之基本救济的同时，也造成了一些依赖救济的"懒汉"，使得英国政府不得不在 1834 年启动了《济贫法修正案》，以"最低工资原则"和"济贫院检验原则"来规范并限制救济依赖者获得救济。[③] 有西方"福利国家橱窗"之誉的瑞典等国家，长期以来也不同程度地存在福利依赖现象。对于福利依赖者，除用制度设计加以制约之外，还需要从理念上加以引导，使其树立并增强独立意识。在残疾人社会政策设计和服务供给过程中，要让残疾人自主进行选择以培养、彰显其独立性。残疾人的独立不是依托外部帮扶实现独立，而是通过外部的支持，激发残疾人积极向上的独立意志与能力，挖掘其内在的独立自主性。残疾人独立主要体

---

① 《微视频 | 为了 8500 万个你》，https://baijiahao.baidu.com/s? id=1766507420588180242&wfr=spider&for=pc，最后访问日期：2025 年 5 月 10 日。
② 习近平：《在会见第五次全国自强模范暨助残先进集体和个人表彰大会上的讲话》，新华社，2014 年 5 月 16 日。
③ "最低工资原则"为接受救济者之实际生活水平不能高于社会就业最低工资者的收入水平。"济贫院检验原则"为无法自立者必须在济贫院内接受救济。

现在理念、意识、思想层面的独立以及实际行动能力等方面，在社会支持的大环境下，促使其发扬自强自立的精神，自主地应对生活、融入社会。

其一，实现独立是残疾人支持的最终目标。在采取了融合、整合等方式之后，营造出关心关注残疾人的社会氛围与外部环境，增进了残疾人与社会的互动与接纳，提高了残疾人的社会认同和自我认同程度；集中和协调了残疾人支持的社会资源与社会力量，在很大程度上保证了残疾人的"正常化"，残疾人获得了全社会的支持与帮助。如果从静态的物质生活追求看，这样的结果似乎起到了保障残疾人基本生活的作用；但如果从动态的、人的全面发展角度看，残疾人生活的改变依然是依赖于政策、社会及他人，还缺乏自我主动参与意愿和行动，缺乏"独立"性。残疾人支持中的融合与整合，需要有残疾人的独立参与其中。只有实现了独立，残疾人才能真正融入社会；社会支持资源与力量的整合才能起到系统的作用，残疾人才能真正实现"正常化"。为此，独立是残疾人支持的最终目标。人要先实现独立，才能自主地选择自己的生活。残疾人有其自身的发展潜力，但这个潜力经常会被其自卑性与消极性掩盖，使其丧失独立生活的自信心。因此，社会各界要发挥"桥梁"的作用，为残疾人创造条件实现独立，激发出残疾人的发展潜力，培养其独立性，使其发挥自身的自主性，促进残疾人参与社会、融入社会，并在参与社会中实现平等与共享。

其二，独立是残疾人自我发展、社会融合的过程。尽管独立是残疾人社会支持的最终目标，但是，这一目标并非静止、固定的远景，而是一个通过努力可以达到的动态过程。换言之，残疾人的独立，就是通过其社会融合、资源整合等多种方式，在社会支持与互动、在残疾人自我发展中得到实现。以美国波士顿残疾人服务机构"波士顿独立生活中心"（Boston Center for Independent Living，BCIL）为例，该中心旨在增强残疾人的独立性，实现残疾人自主生活。通过资源的链接，指导和引导残障人士、无家可归人士能在心理等方面自立与独立，积极投身到求职工作中去。该中心超过70%的工作人员是残疾人，90%的服务是间接服务。他们不是直接帮助残疾人解决生活与就业等问题，而是收集残疾人需要解决问题的信息，并将信息传递给残疾人，安排专门的工作人员教会残疾人如何筛选出有效信息，进行实地操作，让残疾人自主进行选择与决策，中心只充当"桥梁"的角色。中心还为残疾人提供一项同伴指导（Peer Mentoring）的服务，残疾工作人员为求助者提供一对一的、具有同理心性质的服务，让残疾求助者产生共鸣，并以此激励求助者实现自立，更好地自主生活和融入社会。

其三，独立是残疾人"正常化"的重要特征。"正常化"的理论原则起源于 1959 年丹麦颁布的《社会福利法案》，该法案提出"允许智力障碍人士尽可能实现正常化的生活"。后经若干学者演绎（周沛等，2012：38），意为应尽力纠正将残疾人视为"异常"的社会认知，使残疾人获得"正常化"的对待；尽力帮助残疾人构建与健全人相似的生活环境，残疾人的日常起居、教育、就业、社会交往等应尽可能实现"正常化"，残疾人应平等地参与各项日常的社区生活与社会活动。残疾人的"正常化"表现在社会认知、社会环境、社会交往以及教育、就业等方方面面，而所有这些，都是以残疾人的独立为前提基础的。激发每个残疾人独立向上的意志与能力，挖掘其内在的独立自主性，是理念、意识、思想层面的独立，最终残疾人能够自由地应对生活与融入社会。残疾人的独立，是其真正融入社会并实现"正常化"的前提与逻辑必然。

4. 融合、整合、独立三者之间的运行逻辑

在"三 I"范式中，"融合""整合""独立"具有整体逻辑关系。在残疾人支持体系中，"融合""整合""独立"是一个整体，具有完整性、系统性与功能性特征。三者构成了残疾人支持中的"三 I"范式：既是残疾人支持中的基本理念，也是行之有效的实践手法；既各自独立，自成体系，又相互联系，一脉相承；既分别起作用，又整体发挥功能，从而呈现残疾人支持中先进理念、科学协同、实际行动、理想目标的运行逻辑。

在"三 I"范式中，"融合""整合""独立"具有逻辑层次对应关系。融合是残疾人支持与残疾人事业发展的基本理念与战略要点，是具有导向性、倡导性的价值观，是残疾人社会参与的基础与前提，也是残疾人"正常化"的过程与保障。在"三 I"范式中，融合是逻辑起点与理想追求，是贯穿始终的逻辑主线，是残疾人支持的核心。整合是残疾人支持的主要方式，具有系统性、全局性、协同性、技术性特征，是对残疾人支持中资源与力量的集中调动与运用。在"三 I"范式中，整合是继融合后的逻辑必然与逻辑保证，是残疾人支持的实际推动力。因为没有相应的整合，残疾人融合则缺乏有效支持而显得空洞漂浮。独立是残疾人支持的过程目标，是融合、整合之后残疾人支持的必然结果。"过程"意味着独立是一个不断渐进的路径；"目标"意味着独立是一种方向、一种追求、一种境地。在"三I"范式中，独立伴随着残疾人支持的始终，独立既是理想，又是行动，是"基于理想与行动"的社会共识与奋斗方向。

"三I"范式中之"融合""整合""独立"在运行中存在递进性的逻辑关系：只有实现了残疾人的社会融合，并且全社会消除对残疾人的社会排斥，普遍接纳残疾人，残疾人自身积极融入社会，才能有效整合——调动、协调及运用各种资源与力量对残疾人进行社会支持与帮助；通过融合与整合，在基本理念与价值观、资源合力与综合服务等方面对残疾人进行引导与支持，残疾人才能作为一个完整的个体和群体，实现无差别化的、正常化的独立。可见，"三I"范式是残疾人支持的重要方法与路径，唯有实现了残疾人支持的"三I"范式，中国特色残疾人事业发展的"平等、参与、共享"理念及原则才能得到很好的体现，中国特色残疾人事业发展也才具有坚实的理念基础与明确的行动逻辑。

三 残疾人政策借鉴及"三I"范式在中国残疾人事业发展中的推进

由于制度体制及文化理念的不同，中国残疾人支持的形式、内容等与美国等国家及地区的做法不同，但是我们完全可以借鉴"三I"范式来指导残疾人支持工作，提高残疾人的服务效果，促进中国特色残疾人事业发展。根据笔者对美国波士顿残疾人支持与服务的实证调研，[①] 本文认为，中国残疾人事业发展和美国残疾人支持与服务工作在宏观上存在某些共同点与差异性。

共同点表现在两个方面。其一，政府的责任主体作用。政府在残疾人事业发展及残疾人支持中的责任主体作用表现在颁布法律、设计制度、制定政

---

① 笔者承接了无锡市残联"无锡波士顿残疾人事业发展比较研究"课题，于2018年1~2月，与数名博士生赴美国波士顿，在麻省大学波士顿分校社会融合与发展学院的支持与配合下，进行了为期一个月的美国残疾人支持与服务研究。

策及资金支持、监督落实等方面。美国在残疾人支持上具有一系列完善的制度与政策，包括联邦层面、州层面及各城市的具体相关政策。波士顿有一整套完善的法律法规，如残疾人康复领域有《国家康复法》《社区精神健康中心法》等，社会保障领域有《残疾人社会保障保险法》《收入补助保障法》等，教育领域有《残疾儿童平等教育法》等。① 这些法律法规约束性强，为波士顿残疾人支持与服务的有效推进构建了完备的法律基础。我国政府历来在制度和政策等方面给予残疾人特殊关注与关怀，1990 年我国颁布了《中华人民共和国残疾人保障法》，2008 年修订颁布了《中华人民共和国残疾人保障法》，在法律上保障了残疾人在教育、康复、就业等方面的基本权益。特别是 2008 年出台了《中共中央　国务院关于促进残疾人事业发展的意见》（中发〔2008〕7 号），我国政府把对残疾人的支持看成国家发展战略中的重要组成部分，积极推动残疾人事业发展，大幅提升了残疾人的社会地位和物质生活水平。从国际经验看，政府的制度、政策及财政支持，是残疾人支持与残疾人事业发展中最为重要、最为关键的一环。其二，社会组织的介入。在残疾人支持社会力量的整合与应用上，社会组织在残疾人支持中发挥了十分重要的推动作用。美国波士顿有大量的社会组织在社区、街区从事着对残疾人帮助与支持的具体工作。如美国波士顿的残疾人服务机构"波士顿独立生活中心"和"一站式服务中心"（One-Stop Career Center）等，负责了解、掌握残疾人的需求，及时向政府部门申请服务经费，为残疾人提供具体的服务和支持工作。其间，社会组织通过各种手法，在社会上营造"融合"的氛围，促使社会和残疾人的相互接纳；对政府的政策、社会的资源进行有机"整合"，提升残疾人支持与服务的效果，促使残疾人走向"独立"。在我国，社会组织正在逐步介入残疾人支持和服务工作中，但是从整体上看，我国社会组织的孕育与发展尚处于起步阶段，在服务能力、水平、范围及资金支持上还存在很多不足，亟须提升社会组织的介入程度，提高残疾人服务的水平及效果。

在发展差异性上，中美两国残疾人服务及残疾人发展工作主要是支持指向上呈现不同的路径。美国残疾人支持依循"自下而上"的路径，即由社

---

① 根据和麻省大学波士顿分校社会融合与发展学院的研究者座谈整理。

区、街区的社会组织面对面了解残疾人的不同需求，再由社会组织以项目的形式向政府相关部门申请经费支持。一般情况下，政府能根据社会组织的申请下拨足额经费，社会组织再去具体开展残疾人服务。在这种模式下，社会组织能够针对残疾人个体做出个性化服务，更能让残疾人从理念到行动实现"独立"。而中国特色残疾人事业发展则是依循"自上而下"的道路，即通过"政府主导、社会参与，国家扶持、市场推动……立足基层、面向群众"①的方式，从国家层面、省市县到基层乡镇、社区，都"把残疾人事业纳入当地国民经济和社会发展总体规划、相关专项规划和年度计划"，"残疾人事业经费要列入各级财政预算，并随着国民经济发展和财政收入增长逐步增加，建立稳定的残疾人事业经费保障机制"②。这种由政府直接推动的"自上而下"的、通过行政力量来推进的中国特色残疾人事业发展路径，在制度上很好地保障了残疾人支持的顺利进行，残疾人的生活及发展水平不断得到提高。当然，由于起步较晚及专业性不强，我国提供残疾人服务的社会组织数量还不多，服务水平还不高，社会支持的力量整合还不够，需要在政府的支持下，进一步动员和发挥社会的力量参与其中，以推进中国特色残疾人事业的快速发展。尽管中美残疾人支持工作的路径不同，但是，"三I"范式对中国残疾人支持的具体工作开展，推进中国残疾人事业发展，无疑具有十分积极的意义。为此，应该从以下几个方面发力推进"三I"范式在我国残疾人事业发展中的应用。

其一，理念先行。"三I"范式是一个体系，把"三I"范式引入我国残疾人事业发展，首要任务就是进行理念的宣传与推进。尽管在我国残疾人服务工作中，也偶见有融入、整合、自强自立等观点和提法，但尚不能构成"三I"范式，更不能发挥功能性作用。因为三者仅是分离孤立的概念，没有被作为一个有机整体来加以认知和推进，缺乏内在的逻辑联系，不能发挥出"范式"功能。为此，必须在全社会大力宣传和推进融合、整合、独立的概念，其关键点是残疾人支持中的价值取向与行动指南——调动全社会的力量关注关心关爱残疾人，促使残疾人在社会参与中做到融合、整合、独立的统一。变残疾人支持由政府单一主体为政府与社会协同多元主体，形成新的合

---

① 参见《中共中央 国务院关于促进残疾人事业发展的意见》（中发〔2008〕7号）。
② 参见《中共中央 国务院关于促进残疾人事业发展的意见》（中发〔2008〕7号）。

力服务残疾人；变单纯残疾人生活支持为生活与发展支持并举；变单纯残疾人社会救助为社会救助与社会服务并举；变对残疾人"他助"为"他助""自助"并举，最终达到残疾人的"独立"。这些都是"三 I"范式在残疾人支持与服务中的基本理念与具体体现。

其二，制度推进。我国残疾人事业发展的基本路径是"政府主导、社会参与，国家扶持、市场推动"①，是一个"统筹兼顾"的多元支持过程。但是，出于多方面原因，在对残疾人具体支持事务中，其支持力量和资源的社会整合程度不高。必须在政府的统领下，由残联会同政府各部门，与残疾人社会支持力量相链接，聚合资源、集中力量，构建并优化残疾人社会支持体制机制，为残疾人支持中的"三 I"范式提供制度和政策上的保障。其关键点是——切实协调、整合好目前残疾人支持中的各项政策，在"管理与服务体制"上，突破目前残联单一部门的"代表、服务、管理"的职能，在残疾人支持项目及服务手段上做到多部门的"社会化""系统化"协作。在残疾人服务机构上，在制度上协调好专业化服务机构与基层社区群众性、自助式服务的"残疾人之家"之业务关系。在残疾人支持经费上，在制度上保障并整合来自政府、社会等多方面的投入，达到残疾人支持"整合"的目的。

其三，专业驱动。专业化的方法与手段是促进残疾人与社会相互"融合"，助残服务资源"整合"，从而在真正意义上实现残障人士"独立"的技术保障与驱动力量。在残疾人的专业化支持主体中，除了特殊教育、残障康复等专业化职业以外，专业残障社会工作者的介入尤其应得到充分的重视。基于平等、尊敬、接纳等专业价值观的残障社会工作者，可扮演"倡导者"角色，通过具体的助残服务项目，在协助残疾人走出家门、迈入社会的同时，向社会公众展现残疾人积极正面的自我形象，致力于倡导公众去除残疾人"标签化"的负面认知，重塑公众开放接纳的社会心态。残障社会工作者通过自下而上地反馈残疾人的诉求，倡导政府出台有利于残疾人融入的社会政策，消除物理及心理层面的融入障碍，以达至"共享"与"融合"。专业残障社会工作者扮演"资源中介者"的角色，精准评估残疾人的需求，链

---

① 参见《中共中央　国务院关于促进残疾人事业发展的意见》（中发〔2008〕7号）。

接与整合各供给主体之内容多元、形式多样的助残服务资源，使助残服务供给与残障服务对象的需求有效匹配，提升助残资源的利用率与助残服务的效率，以达至"协同"与"整合"。专业残障社会工作者扮演"使能者"角色，基于"助人自助"的基本理念，以优势视角重新审视残障，充分挖掘残疾人潜能，从客观上提升残疾人的个人能力，从主观上提升残疾人的自我效能感，使之摆脱"依赖者"角色，成为能动性自主性的社会主体，从而实现其"自助"与"独立"。

其四，心理调适。让残疾人能够自强、自立、自决、自助，是残疾人支持中的高层次目标。而要达到这一目标，除了为残疾人提供基本物质生活支持外，还需要从精神和心理层面支持残疾人使之得到心理调适，逐步树立"独立"的心理意志并在社会生活中得到充分体现。相较于物质生活层面的支持，国内残疾人支持对残疾人的心理服务及心理调适工作存在不足甚至被忽视。在残疾人支持的"三I"范式中，"独立"是一种发自内心的意识，是残疾人面对自己、面对他人、面对社会的一种价值观，更是残疾人社会行动的标杆。要让残疾人真正做到"独立"，需要全社会全方位的努力，需要一个良好的社会环境，还需要有对残疾人的教育、精神支持、心理疏导等方式介入，更需要在残疾人支持的目标选择上有所突破，其关键点是对残疾人支持，要由物质支持为主转变为物质支持与心理支持并举；要把单纯残疾人心理支持具体化到残疾人就业、康复之中。如残疾人辅助性就业，不仅能让残疾人走出家门、迈向社会，而且能有一定收入，无疑会极大地增强其自信心与自助意识，使残疾人的心理疏导和心理调适在劳动康复中得到实现。要把残疾人作为"社会人"而不是"残疾人"融入社会，通过就业、托养、康复、教育等方式，让其在社会交往与社会生活中得到最大限度的融合、整合与独立。

其五，实现价值。通过"三I"范式，社会接纳残疾人，残疾人与社会融合；调动与集中社会资源和力量支持残疾人；残疾人自强、自信、自立、自决、自助，实现了残疾人的社会价值和个人价值，这是残疾人事业发展的终极目标。从我国当前残疾人事业发展的具体工作看，在发展战略上，把残疾人社会支持工作与全面建成小康社会和精准扶贫工作联系在一起，实现残疾人的"全面小康""精准脱贫"。正如习近平总书记说的那样，"2020年全面建成小康社会，残疾人一个也不能少"。[①] 在这一战略实施过程中，残疾人支持的"三Ⅰ"范式也必将得到很好的运用。残疾人个人或群体，从生存到发展，从支持到福利，必须加以融合。对残疾人的支持，是政府的责任，是社会的义务；残疾人支持与服务，是多项目多方式的行动，必须加以整合。残疾人同步小康、残疾人精准扶贫、残疾人事业发展，都需要以残疾人"独立"为社会一分子为前提。残疾人发展的目的是在"他助"的基础上，加强其"自助"，这是残疾人的自立与独立，是残疾人的内生动力增强，是能力建设的过程。通过包括残疾人在内的全社会的努力，在"增进民生福祉"的政策框架下，在物理和心理无障碍大环境改善中，在"三Ⅰ"范式的推动下，中国特色残疾人事业以及残疾人必将实现跨越式发展。

参考文献

贾增春，2000，《外国社会学史》，中国人民大学出版社。

吴文彦、厉才茂，2012，《社会融合：残疾人实现平等权利和共享发展的唯一途径》，《残疾人研究》第 3 期。

习近平，2017，《决胜全面建成小康社会 夺取新时代中国特色社会主义伟大胜利——在中国共产党第十九次全国代表大会上的报告》，人民出版社。

张贤明、田玉麒，2016，《论协同治理的内涵、价值及发展趋向》，《湖北社会科学》第 1 期。

周沛、曲绍旭、张春娟等，2012，《残疾人社会工作》，社会科学文献出版社。

De Haan, Arjan. 2000. "Social Exclusion: Enriching the Understanding of Deprivation." *Studies in Social and Political Thought.*

Fey, F. William. 1955. "Acceptance by Others and Its Relation to Acceptance of Self and Others: A Revaluation." *Journal of Abnormal Psychology* 50 (2): 274-276.

---

① 《全面小康，残疾人一个也不能少——写在第二十八次全国助残日之际》，https://www.gov.cn/xinwen/2018-05/20/content_ 5292233. htm，最后访问日期：2018 年 5 月 29 日。

社会投资：残疾人辅助性就业服务的
逻辑与效用[*]

就业是民生之本。劳动就业是包括残疾人在内的每位公民的基本权利，是其实现美好生活的重要条件。在生理障碍、环境限制、社会歧视等多重因素作用下，解决"就业难"问题一直是残疾人工作的焦点。集中就业、按比例就业等传统残疾人就业支持形式，在一定程度上从制度上保障了残疾人就业权利。然而智力残疾、精神残疾等心智障碍者和部分重度肢体障碍者的就业问题依然是传统就业支持难以解决的痛点。2015年，中国残疾人联合会等八部门联合发布《关于发展残疾人辅助性就业的意见》（以下简称《意见》），主要针对"具有一定劳动能力的智力、精神和重度肢体残疾人的就业需求"，[①]兴办辅助性就业机构，开展辅助性就业服务。从"积极福利"视角透视残疾人辅助性就业服务，已成为开发心智障碍者、重度肢体障碍者等特定群体人力资本，释放残障家庭生产力资源，激活公益主体与市场主体发展的一种"社会投资"。本文基于社会投资范式，致力于分析我国残疾人辅助性就业服务的实践逻辑与功能效用。

一　社会投资范式下的残疾人就业支持形式拓展

20世纪90年代，在传统社会民主主义"从摇篮到坟墓"的制度性福利

---

[*]　原文刊载于《社会科学辑刊》2020年第2期，收入本书时做了文字修订。该文为笔者2017年承担的国家社会科学基金重大项目"中国残疾人家庭与社会支持机制构建与案例库建设"（17ZDA115）的阶段性成果。

[①]　《关于发展残疾人辅助性就业的意见》（残联发〔2015〕27号），https://www.cdpf.org.cn/hd-jl/gjflfg1/jyfplzc/61a8fa2cffb74c7e9b9c5cd26864aeaf.htm，最后访问日期：2019年12月20日。

与新自由主义市场原教旨主义传统之争论背景下，吉登斯提出"第三条道路"，倡导西方福利国家改革转型为社会投资型国家（Social Investment State）。社会投资的基本逻辑是以积极福利替代传统消极福利，以能动性的视角重新审视社会风险，重新划定社会福利利益相关者之间的权利与义务关系。社会投资的核心观点即权责统一、主体多元与利用风险。权责统一强调无责任即无权利的福利供给伦理原则（吉登斯，2000：6），个人责任与义务的履行是个人权利的保障与延伸。主体多元强调以福利社会替代福利国家，充分发挥第三部门等其他福利主体的功能与作用，自上而下分配福利资金的做法应当让位于更加地方化的分配体制，福利的重组应当与积极发展公民社会结合起来（吉登斯，2000：122），主张福利供给的多元化与地方化。利用风险强调风险并非完全是负面的，风险亦是社会中充满动力的规则（吉登斯，2000：66）。风险中蕴含着机会，机会与风险可以相互平衡、相互转化。福利国家的改革应强调接受风险、承担风险以及利用风险，而非隔离风险。因此，应采取人力资本投资策略，将老年人、失业者等视为一种尚能承担责任的资源，而非仅是福利享受者的负担。社会投资成为当代福利国家转型的主要理念基础。

就业是个体与家庭的生计之源，对残疾人的就业支持具有人力资本投资的典型特征。我国对残疾人的就业支持由来已久，就业帮扶一直是残疾人事业之重点，是帮助残疾人增收减负、参与社会的主要举措。遵循集中与分散相结合的方针，政府针对残疾人制定了各类就业支持政策，包括集中就业安置、按比例就业分配、自主就业创业扶持等。集中就业是以税收减免为激励手段，以特定的经济实体为载体，集中安置一定数量具备相应劳动能力的残疾人就业的帮扶方式，传统的福利企业就是残疾人集中就业与正规就业的主要载体。以福利企业为代表的集中就业安置具有浓厚的计划经济色彩，在市场经济背景下则呈现管理落后、竞争力弱、利润率低、虚假就业等弊病，发展日趋衰微。另外，可安置更多残疾人就业的新"残疾人集中就业企业"资格申请认定困难，"能进能出"的残疾人集中就业企业动态调整机制尚未完善。按比例就业是各类用人单位依据国家政策规定，按照单位职工数的一定比例安排残疾人就业，否则须以相应额度的残疾人就业保障金抵充，其本质是政府以行政手段敦促全社会力量支持残疾人就业。然而，按比例就业的政策执行力低、激励机制不足，交钱不用人、虚假挂靠现象普遍存在，违背了促进残疾人就业的政策制定初衷。自主就业创业扶持是依托相关资金、技术、金融等优惠政策，促进有能力的残疾人自主创业，以实现其高质量就业的帮扶方式。自主创业虽是残疾人高质量就业的重要途径，但其受限于残疾人的个人能力与家庭成员的协助动机，亦存在较大的局限性，仅适合于少部分残障个体。

诚然，集中与分散相结合的残疾人就业支持政策在推动部分残疾人参与劳动力市场，进入工作场域方面，具备有效的引导与促进作用。但总体来看，现行残疾人就业支持仅是针对就业的消极政策安排，尚不具备积极福利理念下的社会投资之实质属性与功效。具体体现为以下几个方面。一是支持方式的外部化。集中就业、按比例就业等就业政策，使现有残疾人就业支持往往限于政策落实层面，表现为以政府为主导的外部支持主体的单向性推动，而忽视了残疾人自身的能力建设、动机激活与责任履行，不利于激发残疾人自我增能的内生动力。二是支持主体的单一化。无论是集中就业还是按比例就业，政府在残疾人就业支持中占据绝对主导地位。政府以强制性政策推动残疾人就业具有典型的计划性，无论是集中就业的福利企业，还是按比例就业的普通企业，都仅是消极被动的执行者角色，或效率低下，或虚假执行。社会组织等其他就业支持主体缺位。三是支持对象的有限性。按比例就业等就业支持政策的受益者主要是轻度残障者，并不能解决心智障碍人群等真正就业困难者之难题。心智障碍者、重度肢体障碍者仍常被排斥在就业市场之外。四是支持手段的粗放性。政府出台的残疾人就业支持政策基本是笼统的、一概而论的，并未针对不同残障类型、残障程度以及个体需求等群体差异制定精准化的支持政策。总之，强制性单一化的政府政策推动是我国残疾人就业支持的主导形式，其主要关注点是"起点公平"，即拓宽残疾人进入就业市场的渠道，增加残疾人的就业机会，却忽视了就业支持的系统性、连续性与针对性，难以保障残疾人就业的"过程公平"与"结果公平"，导致残疾人就业支持的效率低下与效果不佳。

辅助性就业是主要针对"具有一定劳动能力的智力、精神和重度肢体残疾人"开展的"在劳动时间、劳动强度、劳动报酬和劳动协议签订等方面相对普通劳动者较为灵活"的一种非正规就业形式。① 2015 年《意见》的出台极大地推动了残疾人辅助性就业的发展。② 相较于传统的残疾人就业支持，辅助性就业在对象、方式、空间、功能等方面得到拓展。第一，支持对象从就业困难者拓展至就业特困者。辅助性就业重点针对心智障碍者与重度肢体障碍者，着力于传统就业特困群体的人力资源开发，拓展了残疾人就业支持对象。第二，就业形式从正规就业拓展至非正规就业。区别于集中就业与按比例就业等正规就业形式，辅助性就业在时间、场所、报酬、社保等方面相对弹性与灵活，从而拓展了残疾人就业形式。第三，就业空间从隔离式拓展至开放式。区别于国外以庇护工场为依托的集中化、封闭性、隔离式的"庇护性就业"，残疾人辅助性就业的场所更加多元化并具有开放性。机构、社区、家庭等都可以成为残疾人辅助性就业的场地，比如江苏省力推的"残疾人之家"即依托于社区的残疾人辅助性就业载体，从而拓展出重残人士就业的正常化与开放性公共空间。第四，功能效用从单一拓展至复合。除了基本的就业功能以外，残疾人辅助性就业服务同时具有了减负增收、劳动康复、社会参与等多重效应叠加的复合功能属性。总体来看，残疾人辅助性就业超越了单纯的就业政策扶持范畴，注重残疾人就业支持中的政策推进与服务供给并举。相较于传统就业扶持政策，辅助性就业支持的实践更具社会服务属性。残疾人社会服务是基于社会多元供给网络的、针对残疾人福利的非现金性供给。残联、助残社会组织、社区等多元服务主体介入，将社会政策转化为社会服务，以服务性福利惠及残障者及其家庭。辅助性就业服务超越了传统残疾人就业支持政策之受益对象有限化、服务主体单一化、功能结果低效化的限制，关注每一位残障个体的价值与尊严，注重发掘与激活心智障碍者等边缘群体的人力资本，具有多重功能效用，可视之为社会投资范式下的残疾人福利的具体实践。

---

① 参见中国残疾人联合会等《关于发展残疾人辅助性就业的意见》，http：//www.hbopf.org.cn/info/wcm/94549.htm，最后访问日期：2019 年 12 月 20 日。

② 相关数据显示，2014 年底，实现辅助性就业的残疾人数仅为 1.3 万人，而截至 2018 年底，实现辅助性就业的残疾人数已达到 14.8 万人。参见中国残疾人联合会《2014 年中国残疾人事业发展统计公报》（https：//cl.wuxi.gov.cn/doc/2015/04/10/785053.shtml）、中国残疾人联合会《2018 年中国残疾人事业发展统计公报》（https：//www.cdpf.org.cn/zwgk/zcwj/wjfb/aec75a6c9f314553bfabdcdf4d4165d6.htm），最后访问日期：2019 年 12 月 20 日。

二 残疾人辅助性就业服务的社会投资实践逻辑

作为一类服务性福利，残疾人辅助性就业服务以社会投资理念拓展了残疾人就业支持形式，力图克服单一就业支持政策之低效与被动弊端。残疾人辅助性就业服务与社会投资的三大核心观点——权责统一、主体多元与利用风险相契合，从起点、基础、途径三个层面构成了其社会投资的实践逻辑。

1. 社会投资的起点：权利责任统一

公民权利观构成了西方福利国家实践的伦理基础与逻辑起点，福利权应成为人人普享的基本社会权利，国家则是公民社会权利实现的保障；福利国家可视为以公民福利权为核心的制度化建制。但是，社会民主主义不带任何附加条件的权利会异化为自私与贪婪的动力，而滋生道德公害，由此，吉登斯的"第三条道路"主张重新审视福利主体的权责关系，强调以无责任即无权利作为社会投资型国家的主要伦理原则，明确了包括福利接受者在内的各福利主体权利义务的相匹配关系。在残疾人辅助性就业服务中，残疾人作为福利接受者，一方面通过接受就业帮扶服务保障其个人权利的实现；另一方面以积极的就业实践逐步摆脱福利依赖者的标签，培养自我负责的意识与独立生活的能力。权责统一构成了残疾人辅助性就业服务实践的伦理根基。

辅助性就业服务保障残疾人实现公民权利。围绕着人类的生存与发展，公民权利包括多项范畴，其中劳动就业权即公民最基本的权利之一。作为社会大家庭的平等成员，心智障碍者、重度肢体障碍者等亦应享有劳动就业权。长期以来，心智障碍者、重度肢体障碍者等常被视为无能者而缺乏平等进入就业市场的机会。在排斥性、歧视性、障碍性的社会场域中，残疾人尤其是心智障碍者融入普通工作环境的支持性就业一时难以普及，辅助性就业服务则成为心智障碍者等弱势人群就业权利实现的主渠道。辅助性就业服务以包容宽松的工作环境、自由灵活的就业方式、契合能力的劳动项目，为残疾人量身定制出适宜的就业场域。同时，辅助性就业服务亦是残疾人就业能力培训、劳动技能习得、职场礼仪培养的重要途径，为有条件、有潜能的残疾人融合性就业提供了过渡性服务。

辅助性就业服务促进残疾人践履公民义务。社会权利的获取与社会义务的履行是彼此互动、互为根据的。虽然心智障碍者等残障人士是社会重点的关爱与保护对象，但其也应被视为独立而有尊严的社会公民。残疾人在享有权利的同时，也应践行其可能且必要的公民义务，以呈现并履行其完整的公民主体角色。辅助性就业服务的基本出发点是将心智障碍者、重度肢体障碍者等社会传统认知所标定的弱势人群作为平等的社会主体，注重激活残疾人个体自我负责精神与独立自主意识，以多重服务促进残疾人生成自立之态度与自助之能力，培育残疾人的独立性与自尊感，使其能够以劳动者身份履行社会责任，而非仅是单纯的分享者与依赖者。辅助性就业服务促进了残疾人个体的自觉责任践履，是保障其尊严、实现其价值、维护其权利的基本路径。

2. 社会投资的基础：多元主体协同

官方组织是残疾人辅助性就业服务的引导者。与残疾人辅助性就业服务供给直接相关的官方组织主要包括民政、人社等政府部门以及残联等事业团体，其承担了政策规划、资金支持、监督管理的职能。2015 年《意见》从辅助性就业机构建设规划、辅助性就业扶持政策、辅助性就业保障措施等方面提出了我国残疾人辅助性就业的发展思路，明确规划了辅助性就业机构的性质特征、辅助性就业服务的多重扶持政策，将残疾人辅助性就业服务纳入政府购买服务范围，并强调政府相关部门各负其责，保障残疾人辅助性就业健康发展，以保障智力、精神和重度肢体障碍者的劳动就业权利，以此作为残疾人就业的新增长点以及兜底保障。官方组织对于残疾人辅助性就业服务的引导功能得以充分体现。

服务机构是残疾人辅助性就业服务的递送者。服务递送是指服务资源从服务主体传递给服务对象的过程，是福利政策目标实现的核心环节。在政府的政策引导与资金支持下，各类辅助性就业服务机构是残疾人辅助性就业服务的直接实践者。政府针对残疾人辅助性就业机构所划定的类型是多样的，包括工疗农疗机构、事业单位、社会组织、企业辅助性就业车间等。从具体实践看，具有独立法人资格的助残社会服务机构是残疾人辅助性就业服务的递送主体，包括残疾人托养机构、残疾人职业康复机构、社区"阳光家园"、"残疾人之家"等。基于政府购买服务的递送机制，辅助性就业服务机构承担了项目链接、资源调配、技能培训、工作组织、协调管理等职能，将辅助性就业政策转化为就业服务，使残障服务对象受惠。

市场主体是残疾人辅助性就业服务的支撑者。残疾人辅助性就业服务是政府主导、社会服务机构实施的福利性、非营利性的服务项目。然而就业活动是典型的市场行为，公益性质的残疾人辅助性就业服务不可避免地与市场主体发生关联。各类市场主体或基于降低生产成本的经济性动机，或出于企业社会责任履行的社会性动机，成为残疾人辅助性就业服务中的重要参与主体。辅助性就业项目的来源、辅助性就业运作的统筹、辅助性就业报酬的给付、辅助性就业产品的价值兑现，均需生产企业、销售企业、服务企业等市场主体的广泛参与。由此看来，市场主体是辅助性就业服务开展中的关键节点，是服务开展的必要支撑。

志愿力量是残疾人辅助性就业服务的辅助者。志愿力量是指基于自愿志趣或价值信念，不以金钱、利益、名誉等功利性目标为行动动机，践行公益理念，开展助人活动的个人或团体。社区党员、残疾人家属、青年学生、社会爱心人士等组成的志愿力量是残疾人辅助性就业服务的重要辅助者。志愿者参与残疾人辅助性就业服务的形式包括残疾人辅助性就业技能的教授、辅助性就业中特定工序的操作、辅助性就业服务机构的协管、辅助性就业产品的营销等。由志愿者和志愿服务团队汇聚而成的公益性、志愿性力量，是残疾人辅助性就业服务优质高效实践的必要人力资源保障。

3. 社会投资的途径：利用风险资源

社会投资的基本策略是以积极能动的视角重新审视传统福利场域中的福利接受者，以规避传统福利国家的福利弊病。除了吉登斯所重点阐述的退休老年人、失业者等风险资源的再利用以外，心智障碍者等残障人士也可作为被挖掘与利用的人力资源。以能力建设、就业支持等积极福利举措替代传统消极的救济性保障，发掘与激活身心障碍群体的人力资本，也是社会投资的基本途径。

残疾人辅助性就业服务体现残疾人支持的理念转型。残疾人辅助性就业服务中具体实践风险资源利用之社会投资路径，其关键点即在于残疾人支持理念由问题视角向优势视角的转型。问题视角亦称为劣势视角，该视角认为残疾人服务对象本身具有缺陷或者缺乏能力，对残疾人帮扶就是致力于帮助残疾人修补不足并应对问题。问题视角常使残疾人被贴上生理残废、精神失常、家庭累赘、社会包袱等不良标签，导致并放大了社会偏见与社会排斥；亦使残疾人自身增加了无能感，失去内生发展动力。优势视角则是关注残疾人内在能力与优势资源的残疾人福利供给与服务实践理念，其致力于将残疾人本身及其所处环境中的优势与资源作为残疾人服务中的焦点，强调对残疾人的尊重，积极审视与发掘残疾人的显能和潜能。

辅助性就业服务重新审视残疾人的资源能力。残疾人辅助性就业服务的基本出发点即将心智障碍者、重度肢体障碍者等传统社会标签下的问题群体或者福利依赖者，亦视为宝贵的生产力资源，以优势视角重新审视残疾人的能力。残障群体常具有顽强的意志毅力、自强不息的精神、专注刻苦的态度等优秀品质。传统认知所标定的残疾人之缺陷在一定条件下亦能够转化为残疾人就业的优势。比如心智障碍者虽然行为刻板，但常具有认真而一丝不苟的工作态度；肢体障碍者虽然行动不便，但更愿意从事长期伏案的工作；听力障碍者更能适应有噪声的工作环境等。残疾人辅助性就业服务从不同类型残疾人的特质与优势出发，对接市场主体，寻找适合残障服务对象从事的就业项目，比如纸袋糊制、衣服线头整理、零件装配、手工艺品制作等；可以挖掘残疾人自身资源，激活其内生发展动力。

三　残疾人辅助性就业服务之社会投资效用

权利责任统一的伦理原则、多元主体参与的实施基础以及风险资源利用的途径策略，使残疾人辅助性就业服务具备了积极福利理念下的社会投资实践逻辑。残疾人辅助性就业表面上是政府、社会组织、市场等多元主体共同实施的针对心智障碍者等就业特困人群的就业支持，而基于社会投资逻辑，辅助性就业服务的参与者亦是投资主体，可赢得多重"投资收益"。政府在推行辅助性就业政策、多元主体开展辅助性就业服务以及残疾人个体与家庭接受服务的过程中，产生多重社会投资效用。

1. 残障个体：实现赋权增能，重塑个人价值

作为社会投资的残疾人辅助性就业服务之直接投资对象是残疾人本人。就业最大化是社会投资的基本逻辑，残疾人辅助性就业服务赋予了心智障碍

者、重度肢体障碍者等传统弱势人群社会权利，提升其个人能力，重塑其个人价值。具体表现为以下几个方面。一是保障权利。客观存在的身心障碍使心智障碍者、重度肢体障碍者等难以进入正规就业的岗位。残疾人辅助性就业服务另辟蹊径，以灵活就业的方式助推残疾人劳动就业权的实现，激活残障者人力资源，使残疾人作为劳动者而非单纯的分享者共享经济社会发展成果。二是促进参与。在实践中，我国残疾人辅助性就业服务机构多设立于社区等开放空间，而非传统庇护性、封闭性的就业环境。残疾人辅助性就业服务以激励手段鼓励重度肢体障碍者积极走出封闭孤立的家庭环境，参与辅助性就业，通过就业获取一定的劳动报酬，同时亦是残疾人社区参与及社会融入的重要渠道。三是能力生成。在残疾人辅助性就业服务机构工作人员的辅导以及助残志愿者的辅助下，残疾人的潜在能力与资源优势被发掘出来，逐渐习得并生成与辅助性就业项目相关的劳动能力。同时通过职业体验，进一步培养了生活自理与社会交往能力。四是心理建设。集中辅助性就业服务促使残障服务对象改变了长期以来单一封闭的居家生活环境而进入开放包容互动的公共空间。团队开放式的工作生活环境有助于促进残疾人纾解孤独感、无助感等负面情绪，调适其心理，增强其自我效能感。五是价值重塑。残疾人辅助性就业服务以就业为着力点，帮助残疾人挖掘其个体优势资源，提升其个人能力，实现就业、交往等社会权利，以独立自主者、社会参与者而非福利依赖者的积极能动面貌改变残疾人自我形象以及社会传统认知，重塑其自我价值与社会价值。

2. 残障家庭：助力增收减负，提升发展能力

一位残疾人至少关联一个残障家庭和多名家庭成员。残疾人辅助性就业服务不仅投资于残疾人个体，还投资于残疾人家庭。残疾人辅助性就业服务有助于残障家庭增收减负，解放家庭生产力资源，提升家庭发展能力。辅助性就业服务针对残障家庭的社会投资效用表现在经济、人力与价值三重维度。其一，残疾人辅助性就业服务增加了残障家庭的经济收入。残疾人参与辅助性就业项目，可获取计件工资收入。相较于正规就业，辅助性就业收入并不高，但是可与最低生活保障金等救助性保障叠加享受的辅助性就业收入或多或少可成为残障家庭收入来源的增长点。由此，残障者并非必然成为家庭的负累，在一定条件下，其能力与潜力亦可被发掘，转换为家庭的资源。

其二，残疾人辅助性就业服务释放了残障家庭的人力资源。家庭照护是大龄心智障碍者等残障人士最主要的支持来源，心智障碍者与重度肢体障碍者的看护往往造成了对家庭生产力资源的羁绊。残疾人辅助性就业服务通常并不是单纯的就业支持，其蕴含着残疾人日间照料、职业康复等功能，残疾人参与辅助性就业本质上也是接受残疾人辅助性就业服务机构的综合性社会服务的过程。服务一个人、解放一家人，释放了家庭照顾者的人力资源，有助于重新激活与增强家庭的生产功能。其三，残疾人辅助性就业服务重塑了残障家庭的价值信念。残疾人辅助性就业服务使残疾人个体获得就业收入，履行其作为社会主体应尽的义务，也促使残障家庭成员扭转悲观消极的信念与价值观，重塑残障家庭的正面认知与积极态度。总体来看，残疾人辅助性就业助力残障家庭增收减负、解放人力资源、塑造积极信念，增强家庭抗逆力，提升家庭发展能力。

3. 助残机构：促进组织培育，助推创新创业

各类助残服务机构是残疾人辅助性就业服务的递送主体，同时亦是辅助性就业社会投资实践的投资标的。残疾人辅助性就业服务的有序推进，促进了专业助残社会组织的孕育生成以及成长壮大，助推了残疾人服务领域的创新创业。相关政策明确提出，鼓励社会力量兴办辅助性就业机构，并从场地设施、税收优惠、金融支持、购买服务等方面扶持残疾人辅助性就业服务机构的建设运营发展。在此政策指引下，残疾人辅助性就业服务机构依循体制内培育与体制外嵌入两类逻辑来发展。除了传统公办性质的残疾人托养机构与残疾人康复中心新增设辅助性就业服务功能之外，更多的辅助性就业服务机构依托于社区建设运营。比如江苏省的"残疾人之家"项目即依托乡镇、街道和村、社区，建设以辅助性就业为主，集托养、康复、培训、文化体育、维权等各项服务于一体的残疾人综合服务机构，"残疾人之家"须经由"合法的法人登记注册"，其本质是以辅助性就业为主导服务、以社区为本的助残服务机构。江苏省"残疾人之家"也基本达到了"乡镇/街道的全覆盖"。[①] 残疾人辅助性就业政策极大地推动了包括辅助性

---

① 参见江苏省残疾人联合会《省残联关于印发江苏省"残疾人之家"建设实施方案（试行）的通知》，http://www.njcl.gov.cn/ggfw/cjrzjjtyfw/201812.html，最后访问日期：2019年12月20日。

就业服务机构在内的助残服务机构的孕育与发展。除此之外，残疾人辅助性就业带动了助残领域的创业创新实践。针对残疾人辅助性就业机构的各类政策支持举措，激发了各类社会主体对于兴办辅助性就业机构的创业动机。例如，江苏省鼓励由"各类企业、社会组织、残疾人专职委员、残疾人家属"等兴办"残疾人之家"①，创设出大量创业机会与就业岗位。除了新办机构以外，原有的残疾人托养中心等助残机构也提升了辅助性就业功能，拓展了助残服务领域，创新了助残服务实践。

4. 市场主体：降低用工成本，践履社会责任

企业等市场化主体的介入是残疾人辅助性就业服务顺利实施的关键节点，市场主体参与公益性质的残疾人辅助性就业服务亦可视为一种社会投资行为，能够带来经济与社会的双重效益。经济层面，劳动密集型企业将加工制作流程进一步细化，分解出安全性高、职业危害度低、简单易行、手工操作的适合残疾人从事的工序，交托于辅助性就业机构组织残疾人从事生产，并以计件工资制的方式支付残疾人报酬。辅助性就业的这种灵活就业方式减少了五险一金等人力资本支出，降低了用工成本，客观上为企业带来一定的经济效益。除了利润最大化的经济利益驱动以外，市场主体参与残疾人辅助性就业服务供给更多的是基于企业社会责任践履的价值性动因。企业的目标是追求企业价值最大化，而不仅仅是追求股东财富最大化（张兆国等，2012）。除了经济责任与法律责任，企业须承担起与其相关的道德责任与慈善责任。企业等市场主体在残疾人辅助性就业服务中的项目供给、协调管理、产品运输、报酬支付等均需支付额外的物流与人力成本，市场主体介入残疾人辅助性就业服务是其奉献爱心、践履社会责任的重要表现。企业社会责任践履本质上也可称为一类社会影响力投资，有助于提高企业知名度，塑造企业良好形象，扩大企业影响力，从而赢得更多的市场青睐。残疾人辅助性就业服务中的市场主体介入为其带来经济与社会的双重投资收益，从而实现商业与公益的双赢。

---

① 参见江苏省残疾人联合会《省残联关于印发江苏省"残疾人之家"建设实施方案（试行）的通知》，http://www.njcl.gov.cn/ggfw/cjrzjjtyfw/201812.html，最后访问日期：2019年12月20日。

5. 社会整体：倡导文明实践，推动共享发展

残疾人辅助性就业服务对残障个体、残障家庭、助残组织、市场主体等利益相关者具有显著的社会投资效用。从宏观社会层面来看，残疾人辅助性就业服务的开展是新时代文明实践的重要组成部分，是实现共享发展的重要途径。习近平总书记强调，"残疾人是社会大家庭的平等成员，也是人类文明发展的一支重要力量"①，关怀残疾人，扶助弱势群体是社会主义精神文明建设的一项重要内容。社会对于残疾人的关爱与友好态度，是社会文明的重要表征。主要针对心智障碍者、重度肢体障碍者等特殊困难残障群体的辅助性就业服务实践，强调尊重残障人士的价值与尊严，将其视为宝贵的人力资源而非累赘，保障其劳动就业的社会权利；以开放性、共享性的就业环境促进残疾人的社区融入与社会参与，向社会公众呈现残疾人的良好形象。以平等、参与、共享的新残疾人观改变社会公众对于残障群体的歧视性、负面性认知惯习。鼓励引导社会各方力量参与包括辅助性就业在内的助残社会活动，倡导公益理念，宣扬慈善精神，并以社会捐赠、志愿行动等方式付诸实践。因此，助残机构、企业、志愿者等社会主体对于残疾人辅助性就业服务的积极参与是新时代文明实践的重要表现，营造了和谐友善、平等友爱、共享包容的残障友好型社会氛围。作为积极福利理念下的残疾人福利供给，辅助性就业服务是保障弱有所扶，实现残疾人"自助"的重要举措，赋予残障群体公平机会与平等权利，加快推进残疾人全面小康进程，使残疾人共享社会经济发展成果。

辅助性就业是基于社会投资逻辑展开的中国特色残疾人就业服务。其超越了传统残疾人就业支持政策单一性、被动性、有限性、粗放性的局限，具有多重社会投资效应，残障个体、残障家庭、助残机构、市场主体以及社会整体均可经由残疾人辅助性就业服务获得社会投资价值效用。不容否认，残疾人辅助性就业服务在实践中仍存在诸多问题或风险因素，比如残疾人辅助性就业收入总体偏低的问题，机器大工业发展背景下辅助性就业项目的来源问题，辅助性就业中残障劳动者的权益保障问题，辅助性就业实施中的安全生产防控问题，残疾人辅助性就业服务机构的用工合法性问题，企业参与残疾人辅助性就业动机的伦理争议问题，等等。这些都是残疾人辅助性就业服务开展过程中亟待解决的难点，也是本领域的进一步研究方向。

参考文献

安东尼·吉登斯，2000，《第三条道路：社会民主主义的复兴》，郑戈译，北京大学出版社。

张兆国、梁志钢、尹开国，2012，《利益相关者视角下企业社会责任问题研究》，《中国软科学》第 2 期。

"福利整合"与"福利分置":老年残疾人与残障老年人的福利治理[*]

一 问题的提出

党的十九大报告指出,"增进民生福祉是发展的根本目的"(习近平,2017)。作为特殊群体,残疾人与老年人均是民生福祉的重点保障对象,残障人士与老年人社会福利的高质量供给是实现"弱有所扶""老有所养"的必要条件。截至2019年底,我国60岁及以上人口为25388万人,占比为18.1%,其中,65岁及以上人口为17603万人,占比为12.6%。[①] 随着人口老龄化的加速发展,"公众对包括医疗卫生和社会保障等社会福利的关注度更高"(张青、周振,2019),"残疾老龄化"与"老年残障化"问题凸显。"残疾老龄化"是指随着人均预期寿命的延长,残疾人进入老年生命周期而成为"老年残疾人"。"老年残障化"是指深度的老龄化、高龄化趋势所引致的老年人慢性病患病率、失能率增长,从而增加了老年群体因老致残、因病致残而成为"残障老年人"的风险。[②]

---

[*] 原文刊载于《内蒙古社会科学》2020年第3期,收入本书时做了文字修订。该文为笔者2017年承担的国家社会科学基金重大项目"中国残疾人家庭与社会支持机制构建与案例库建设"(17ZDA115)的阶段性成果。人大复印报刊资料《社会保障制度》2020年第9期全文转载。

[①] 参见《张毅:人口总量增速放缓,城镇化水平继续提升》,http://www.ce.cn/xwzx/gnsz/gdxw/202001/19/t20200119_34154542.shtml,最后访问日期:2020年2月28日。

[②] 2006年第二次全国残疾人抽样调查数据显示,在新增残疾人中,老年人口占全部新增残疾人的75.5%,表明因老致残成为残疾发生的主要因素之一。为易于辨析"老年残疾人"与"残障老年人"概念的不同内涵,需着重于其所指向的"主体",如前者为"残疾人",是老年的残疾人;后者为"老年人",是有残障的老年人。因此,二者不是同一个概念。

目前，实务界和学界尚未对"老年残疾人"与"残障老年人"两个概念进行明确的界定和区分，一般泛指为"老残一体"（许琳、唐丽娜，2013）、处于身心障碍状态的老年人口。相关研究指出，区别于普通老年群体，对于"老年残疾人"或者"残障老年人"所面临的年老与残障的双重困境需开展"差异化服务"（涂爱仙、周沛，2016），以精准地满足他们的需求，如提供医养结合服务（徐宏、江伊诺，2017）和居家养老服务（许琳，2014）等，并因此而重构家庭支持系统（易艳阳、周沛，2019）。笔者认为，"老年残疾人"与"残障老年人"虽然有共同的特质与需求，但其侧重点相异，实质上指向了两类不同的群体，需要对之进行概念厘清。

"老年残疾人"是指在年龄上进入老年生命周期的残障人士。按照国际惯例，60周岁及以上的人可视为"老年人"，同理，60周岁及以上的残疾人即为"老年残疾人"。"残障老年人"是指因各类老年性疾病或其他因素致使身心功能退化而丧失自主行动能力、自我照料能力的60周岁及以上人士，即因失能而引致残障的"老年人"，如失能老人、半失能老人、失智老人等。老年残疾人与残障老年人的区别主要包括以下三个方面。其一，群体归属差别。老年残疾人是基于生命周期指标对残疾人进行划分，指向残疾人，与"青壮年残疾人"等概念相对应；残障老年人是基于生理状态指标对老年群体进行划分，指向"老年人"群体，与"健康老年人""自理老年人"等概念相对应。其二，残障发生的时间节点不同。老年残疾人遭遇身心障碍的时间节点是60周岁之前，由于意外、先天等各类因素而残疾，其原本就是由于"部分身心功能丧失"而成为残障人士，属于"老年前残疾"类别；而残障老年人是进入老年生命周期后因老致残、因病致残的群体，其原本是相对于"残疾人"而言的"健全人"，主要是由自然衰老因素导致"失能"与"障碍"，属于"老年后残障"类别。其三，障碍延续的周期存在差异。由于多数情况下残疾的不可逆性，老年残疾人的身心障碍状态从残障发生起一直延续至老年，部分由先天因素导致的残疾会伴随其一生；而功能退化、慢性疾病等老年相关因素导致原本"健全"的老年人陷入"障碍"，其在老年阶段经历着从健康到失能、从健全到残障的生理状态转换。

作为遭遇"年老"与"残障"双重风险的群体，老年残疾人与残障老年人均是社会福利的递送对象，是"福利治理"的重点保障目标。"福利治理"即"针对福利进行治理",是以"主体多元"、"利益协调"与"协同行动"等为核心内涵的"治理"理论在社会福利领域的延展与应用,是"多主体合作治理原则用于社会福利供给的机制"(Verdeyen & Buggenhout,2003)。福利治理旨在反思传统国家中心主义范式下福利发展的模式与机制(李迎生等,2017),以优化福利供给,更有效地满足特定福利对象的福利需求。福利对象的厘清、福利目标的确立、福利主体的关联、福利资源的递送和福利需求的满足均是福利治理的基本要素。针对老年残疾人与残障老年人是兼具同属性与异质性特征的福利对象,如何做到既协同"老年"与"残障"相关福利政策、福利机构及福利资源,实现"福利整合",又能针对老年残疾人与残障老年人的个性化实施精准化福利供给,体现"福利分置",这是我国残障人士与老年人社会福利事业发展以及福利治理应当重视的问题。

二 同属性与异质性:老年残疾人与残障老年人的福利特质分析

加强针对老年残疾人与残障老年人的福利治理,首先需要对这两类福利对象的固有福利需求与现有福利供给进行分析。

1. 福利同属性

第一,福利需求交叉重叠。"年老"与"障碍"的双重困境构成老年残疾人与残障老年人福利需求交叉重叠的生理基础。处于不同生命周期的残疾人的需求具有异质性。相较于残障儿童具有教育、康复等需求,残障青壮年具有就业、创业等需求,老年残疾人的特殊性需求可归结为托养照护、心理安慰、医疗护理等"残疾人养老需求"。而不同生理状态老年人的需求亦具有相异性,除了具有一般老年人的普遍性养老需求外,残障老年人还有长期照护、医疗康复、无障碍化等特殊需求。因此,老年残疾人与残障老年人的大部分福利需求是交叉重叠的,涵盖了生活供养、生理照护、辅具配给、无障碍化和心理辅导等生理、心理层面多方位的内容。

第二,福利行政的归口统一。福利行政主要是指福利政策设计与相关福利部门的管理、执行。在我国,与老年人和残疾人福利供给直接关联的官方组织是民政部门和残联组织。民政部下设的"养老服务司"承担"拟订老年人福利补贴制度和养老服务体系建设规划、政策、标准"等老年福利行政职能;"社会事务司"承担"残疾人权益保护""参与拟订残疾人集中就业扶持政策"等残疾人福利行政职能;"慈善事业促进与社会工作司"等其他民政部下属司局与老年福利、残疾人福利供给具有间接关联。作为履行"代表、管理、服务"职能的官办团体,残联事实上履行着就业、康复、教育、托养等残疾人福利政策拟定与福利资源供给的职能。在实际工作中,60 周岁以下的残疾人(主要是持证残疾人)归口于残联管理与服务,而 60 周岁及以上的老年残疾人福利则统一归口至民政部门统筹。由此,在福利行政层面,老年残疾人与残障老年人被统一涵盖在民政部门主导的老年福利体系之中。

第三,福利补贴的重点对象。一般而言,福利资源主要表现为"资金和服务"(Alcock et al.,2017)两类形态。福利资金即现金型福利,表现为各类以货币形式给付的保障金、津贴、补贴,包括最低生活保障金等救助型福利金、养老保险金等缴费型福利金、针对特定群体的特惠型福利津贴等。老年残疾人与残障老年人均是特惠型福利津贴的重点发放对象。"困难残疾人生活补贴"与"重度残疾人护理补贴"(以下简称"两项补贴")是我国现行以残疾人为主要发放对象的福利津贴。在实际操作中,持有"残疾人证"是享受"两项补贴"的基础条件;符合相关资格条件[①]的老年残疾人是"两项补贴"的发放对象。针对残障老年人的现金型福利主要包括"失能老人护理补贴""高龄补贴"等各类老年补贴。在各地的具体操作中,一般而言,针对残疾人的"两项补贴"与针对老年人的"养老补贴"无法叠加享受。例如,北京市规定,"困难老年人养老服务补贴和失能老年人护理补贴"与残疾人"两项补贴"不重复享受,"由符合条件的老年人自主选择申请其中一种"。[②]

第四,福利服务的公益属性。除了福利补贴等现金型福利,服务型福利

---

① 根据《国务院关于全面建立困难残疾人生活补贴和重度残疾人护理补贴制度的意见》(国发〔2015〕52 号),困难残疾人生活补贴主要对象为低保家庭中的残疾人(有条件的可纳入低收入残疾人及其他困难残疾人);重度残疾人护理补贴对象为残疾等级被评定为一级、二级且需要长期照护的重度残疾人(有条件的纳入非重度智力、精神残疾人或其他残疾人)。

② 参见《北京市老年人养老服务补贴津贴管理实施办法》(京民养老发〔2019〕160 号),2019 年 9 月 30 日。

的供给是精准满足老年残疾人与残障老年人需求，提升其生活品质的重要途径。服务型福利是指政府主导的，以社会力量为主体，旨在提升公民生活质量的社会化服务。社会化服务兼具公益性与商业性双重性质。老年残疾人与残障老年人均是遭遇双重困境的特殊困难人士，针对二者的社会服务供给应基于公益优先原则，以利他主义为理念，以助人、解困、纾难为出发点，强调服务的非营利性质。在政府的支持下，老年残疾人与残障老年人的服务供给常常表现为低偿或免费的形式。例如，针对老年残疾人的托养等服务被纳入政府兜底型福利保障范畴；部分地区试行长期护理保险制度，依托长期护理保险基金，由具有相应资质的服务机构为残疾人、失能老年人中的参保对象提供一定频次的免费居家护理等服务。① 这些均体现了福利服务的公益属性。

2. 福利异质性

第一，心理福利需求的差异。心理福利是指福利对象的主观心理状态和外部力量的客观心理支持。虽然老年残疾人与残障老年人同属"障碍人士"，但是，由于其遭遇"障碍"的时间节点不同，二者在心理福利需求方面存在异质性。在家庭支持与社会帮扶下，因先天缺陷、早年意外等因素致残的老年残疾人经历了时光的洗礼往往已经克服了负面心理情绪，对于生理障碍状态逐渐接纳并适应。相当一部分残疾人（主要是非心智障碍残疾人）磨砺出坚忍不拔的心理品质，即便步入老年，身残志坚、乐观积极等仍是很多老年残疾人的正面形象标签；而年老后遭遇障碍的残障老年人因面临"失能"而心理受到冲击，往往充盈着"丧失感""失落感""无力感"等负面心理情绪。可见，残障老年人主观心理福利状态普遍低于老年残疾人。除了期待共同的精神慰藉等心理支持以外，残障老年人具有迫切的危机干预、抗逆力提升、家庭关系调适等特定的心理福利需求。

第二，福利行政主导的区别。民政部门与残联是与老年残疾人、残障老年人福利密切关联的官方组织，持有"残疾人证"的老年残疾人是残疾人福

---

① 江苏省苏州市作为全国 15 个长期护理保险制度试点城市之一，规定经评估认定为中度失能或重度失能的参保人员在接受定点护理机构提供的居家护理服务后，长期护理保险基金按每人每次 75 元的定额标准支付其居家护理服务费用，重度失能人员每月服务 12 次，中度失能人员每月服务 10 次，每次服务时间均为 2 小时。相关费用由长期护理保险基金按月结算给定点护理服务机构。

利的固有对象。虽然"统筹推进残疾人福利制度建设"①被确立为民政部门的职能之一，但在工作实践中，残疾人服务常常湮没于庞杂的民政事务之中，因此，我国残疾人福利行政事实上形成了"残联主导、民政协作"的格局。作为官方群团组织，残联实质上主导了就业、康复、教育、托养等残疾人福利政策的推进与福利资源的分配。民政部门是残疾人福利行政的重要协作部门，承担着残疾人集中就业企业社会保险补贴、残疾人"两项补贴"、助残社会组织登记管理和公益创投助残项目发包等残疾人福利相关事务的政策拟定与具体经办。虽然60周岁及以上老年残疾人服务统一纳入老年服务归口民政部门管理，但是，基于路径依赖，老年残疾人仍可享受残联主导的托养、康复等服务。残障老年人是老年福利的对象，"民政主导、残联辅助"是我国残障老年人福利行政的特色。民政部门承担老年人福利和特殊困难老年人救助工作的职能，在老年福利行政中居主导地位；残联承担办理残疾证等辅助性职能。由此，残联与民政两部门在老年残疾人与残障老年人固有的福利行政中的功能地位不尽相同。

第三，现金型福利水平的差异。无论是否持有"残疾人证"，老年残疾人与残障老年人都属于60周岁及以上老年群体，享受统一的老年福利待遇。然而，青壮年期生理状况的差异使得二者的现金型福利水平存在较大差别。客观上的生理障碍与社会排斥致使老年残疾人尤其是重度残疾人和心智障碍者在青壮年期的就业渠道受限，难以进入正式的就业场域、享受与就业关联的社会保险与职业福利。处于特殊弱势地位的相当一部分老年残疾人缺少制度性退休金收入，或无任何养老金供给，只能依靠最低生活保障制度、特困供养制度等兜底型福利，从而成为剩余型福利的保障对象。相比较而言，多数残障老年人在青壮年期通过就业获得稳定的工资收入与职业福利，被纳入各类基本社会保险与补充性保险，如在基本养老保障、职业年金等的覆盖范围内，属于制度型福利的保障对象。总体上，老年残疾人（尤其是重度残疾人、心智障碍者）的固有现金型福利水平明显低于一般的残障老年人。

第四，福利服务场域的差别。老年残疾人的福利服务场域具有集中性与兜底性的特征。老年残疾人与残疾人托养机构、特困供养机构等公办性质的

---

① 参见《民政部职能配置、内设机构和人员编制规定》（2018），2018年12月31日。

集中住养型服务机构有着天然联系。部分入住心智障碍者托养机构、精神疾病服务机构的心智障碍者难以回归社会,一般会在此类机构中终老。截至2018年底,我国有农村特困人员救助供养机构13885家、社会福利院1499家、社会福利医院(民政部门管理的精神疾病服务机构)145家①,在这些公办性集中供养机构的服务对象中有相当一部分是孤残老年人、重残老年人、老年心智障碍者等老年残疾人。而残障老年人的福利服务场域则具有多元化与社会化的特征,依据"居家为基础、社区为依托、机构为补充"② 养老服务体系建设规划,大部分残障老年人接受居家照护与社区照顾,少部分入住养老院、护理院等老年服务机构。居家、社区与机构相结合构成了残障老年人分散性、多元化、多层次的福利服务。在政府购买服务下,各类老年服务机构等社会化组织是照护服务的主体。

第五,家庭福利状况迥异。家庭福利是指来自家庭成员的物质与精神层面的互助与支持。在我国重视家庭伦常的文化背景下,家庭福利是残疾人和老年人福利的重要来源,然而,客观的家庭结构差异导致老年残疾人与残障老年人的家庭福利状况迥然不同。生理障碍导致老年残疾人(尤其是重度肢体障碍者、心智障碍者)的结婚率与生育率较低,老年残疾人常常缺乏配偶、子女等直系家庭成员,他们或接受来自兄弟姐妹等旁系亲属的帮助,或由政府供养。老无所依常常是残疾老年人家庭生活状态的真实写照。而相较于老年残疾人,残障老年人的家庭结构相对完整。基于血缘、亲情与伦理纽带的配偶支持、代际支持、亲属支持等为残障老年人构筑起了基础性、情感性的支持系统。来自老伴、子女等家庭成员的经济援助、生活照护与精神慰藉成为残障老年人的福利源泉。

三 福利整合:构筑老年残疾人与残障老年人福利治理共同体

老年残疾人与残障老年人的福利治理应基于两类人群的福利同属性,从二者共同的福利需求出发,进一步联动福利行政方,协同福利资源方,促进

---

① 参见《2018年民政事业发展统计公报》,2019年8月15日。
② 参见《国务院办公厅关于推进养老服务发展的意见》(国办发〔2019〕5号),2019年4月16日。

福利社区化，以实现"福利整合"，从而打造共建共治共享的福利治理共同体。

1. 福利行政联动

我国当前的福利行政呈现分散化的特征。与老年残疾人和残障老年人相关的福利政策与福利管理涉及民政、残联、卫生健康委、人社、老龄委等多个政府部门或官办社团。各部门之间制度分设、财务分割、各自为政，影响了福利行政的效率与福利资源的整合。福利"大部制"改革难以一蹴而就，以现有部门的划分为基础，理顺各福利行政部门的权力与职责，建立民政主导、多方联动的福利行政机制是构建老年残疾人与残障老年人福利治理共同体的基础。

第一，理顺各部门的职能清单。我国现有的福利行政体系中与老年残疾人和残障老年人福利密切相关的官方组织为民政部门与残联。作为民生主管部门，民政部门的职能应包括：公立托底性质福利机构的运营管理；老年人与残疾人福利政策的拟定；低保、特困供养等救助性福利政策的拟定与经办，"护理补贴"等福利津贴的经办审核；民办老年机构与残疾人机构的审批、登记、管理；政府购买服务项目的审批与评估；社会工作者等专业人才队伍建设；等等。尽管事实上承担残疾人福利行政功能的残联组织并不负责"管理""老年残疾人"，但其服务亦应向老年残疾人与残障老年人延续，因而其职能应包括残疾人证的协助办理、"两项补贴"等福利津贴的审核与经办协助、老年残疾人或残障老年人的维权、老年残疾人与残障老年人文体活动的组织开展等。除了民政部门和残联以外，其他部门亦应承担相应的福利行政职能。例如，卫生健康委承担老年健康服务、康复服务、护理服务的政策制定与管理协调等职能，医保部门承担长期照护保险制度的推进等职能，交通与城建部门承担无障碍化建设或改造等职能。

第二，确立民政部门的主导地位。除了理顺相关部门的福利行政职能清单外，还需要确立老年残疾人与残障老年人福利治理中的权威主导管理部门或机构，改变跨部门协作中的"群龙无首"现象，以做出有效决策。2018年，《中共中央关于深化党和国家机构改革的决定》强化了民政部门的民生保障功能，实质上"养老服务司"的设立已经明确了民政部门在老年福利领域的主导地位。老年残疾人或残障老年人福利的政策制定、方案推进与落地实践等均应由民政部门牵头开展，其他部门协调配合。例如，针对 60 周岁及以上残疾人的"护理补贴"可直接纳入民政"重度失能老年人护理补贴"，统一称之为"障碍老年人护理补贴"，由民政部门审核经办，以实现高效统筹与协调管理。

第三，建立多部门联动机制。应当在民政部门主导的基础上构建畅通的部门沟通合作途径，形成相互认同、包容与协作的部门联动机制。一方面，由各部门代表组成"议事委员会"，进行定期、及时、高效的沟通；另一方面，依托"互联网+"打造信息化、系统化、跨部门合作的信息网络平台，以打破信息壁垒，实现信息公开与信息共享，提升福利行政的效率。例如，针对老年残疾人或残障老年人的"两项补贴""低保金""高龄津贴""养老金""失能老人补贴"等现金型福利给付情况可置于信息平台之上，各相关部门均可查询并协同管理，以理顺福利对象的一揽子现金型福利计划。

2. 福利机构协同

各类福利机构是老年残疾人与残障老年人福利服务的实践依托，是各类福利资源的递送者，是福利治理共同体的中坚力量。对于老年残疾人与残障老年人的福利治理，应当进一步协同政府与机构、公办机构与民办机构、养老机构与助残机构，以整合福利资源，提升服务质量。

第一，加强政府部门与服务机构的协同。政府与服务机构之间应当形成基于政府支持的协同关系模式。政府支持是各类服务机构常态化运营发展的基础。一方面，政府通过直接设立福利院、托养中心、特困供养中心等公办机构对老年残疾人开展集中照护；另一方面，政府通过"购买服务"间接承担老年残疾人与残障老年人的福利责任。政府应进一步"放管服"激活服务机构的适度自主性与积极能动性，而不只是培养被动接受政府指令的"伙计"。民政部门和残联等官方组织在强化支持与引导的同时，应当避免直接介入服务机构内部的管理运营、优化遴选、评估与监管机制。政府与机构的关系应从"单维管制"转型为"双向协同"，激活机构的专业性、志愿性、灵活性等资源禀赋，催化机构资源内生，使各类服务机构逐步实现"专业性自主"。

第二，加强公办机构与民营机构的协同。公办机构与民营机构应当明确各自的发展导向与服务重点，同时强化协同合作。在发展导向上，应当明确福利院、托养中心等公办性质福利机构扮演"专业服务者"的角色，进一步"去行政化"，以凸显其公益性与服务性。民营机构需凝练组织使命与目标，在实践中明确其服务特色，提升专业性。在服务侧重上，公办机构应当以贫困孤残等特困对象为服务重点，并谨慎地采取公立民营等服务外包形式；民营机构应当侧重针对服务对象的多元需求提供个性化、专业化服务。此外，还应当打破公办机构与民营机构的隔阂，公办机构与民营机构可通过行业协会、网络平台等媒介，建立信息互通、资源共享、协同合作机制；公办机构不应凭其"官方背景"而"高人一等"，而是要充分地发挥专业性、规范性、标准化的行业示范作用。

第三，加强助残机构与养老机构的协同。各类助残机构与养老机构应在平等沟通的基础上建立共享、互信、合作机制。例如，部分"医养结合"型养老机构的医疗资源可面向毗邻的助残机构共享使用。助残机构开展的文化活动等可与养老机构进行合作，以丰富老年人的文化生活，促进"残健"共融。有条件的机构可试行"老残整合型"服务，基于老年人、残疾人共同的居养、照护等需求，同时提供老年服务与助残服务，提升场地、人员、设施等各类资源的利用效率，促进老年残疾人与残障老年人共享均等化的社会福利服务。

3. 福利资源落地

福利资源下沉基层，福利实践落地社区，以保障福利对象接受正常化、在地化与便利化的福利供给。社区是社会治理的最基本单元，是福利资源整合平台，因而，福利社区化是老年残疾人与残障老年人福利治理共同体的依托。

第一，福利补贴的社区经办。作为政府职能的延伸，我国基层社区居委会/村委会组织承担了大量的基层福利行政职能，在老年残疾人与残障老年人的福利供给中主要表现为"低保金""两项补贴""失能补贴"等福利津贴的协助经办。考虑到老年残疾人与残障老年人的特殊生理困难，可设置"困难人群服务"专职社区社工岗，明确专人承担福利政策的社区宣传与解释工作，社区困难人士的调查摸底、补贴申请材料的协助递交和上门办理服务工作等。实质上，居委会/村委会是福利行政资源链的终端，扮演着链接福利行政主体与福利对象的福利中介角色。

第二，福利机构的社区嵌入。老年残疾人与残障老年人福利实践的落地需要大量的专业化、小型化的社区嵌入型福利机构开展福利服务。福利机构的社区嵌入须克服传统大型机构院舍化、郊区化的弊病，契合服务对象正常化、就地化的需求。政府应鼓励嵌入社区的小型养老机构与助残机构的建设、运营、发展，在现有"社区残疾人之家""社区老年照料中心"的基础上进一步整合社区场地与设施资源，规划、建设、改造"老年与障碍人士综合服务中心"，并逐步实现在有条件、有需求的社区全覆盖。应当结合社区需求，有针对性地为辖区内老年残疾人与残障老年人开展日间照料、生理护理、医疗保健和精神慰藉等多元服务。

第三，福利实践的社区参与。参与是治理的本质属性之一，多元主体的共同参与是福利落地的实践支撑。作为"共同体"，社区具有人文关怀、守望相助的本质属性。除了提升社区居委会的服务效能、促进服务机构嵌入社区以外，还应当充分地激活、发掘与整合社区非正式福利资源，构筑社区福利共同体。依托"党建引领"与"文明实践"，试行"时间银行"等志愿服务激励机制，动员社区党员、低龄老年人、妇女、青少年等志愿者资源，加强社区沟通互动，重构社区支持网络，促进社区居民参与，消解社区漠视与排斥，培育社区帮扶力量，强化对包括老年残疾人与残障老年人在内的社区弱势者的支持，复建社区共同体的互助功能。

四 福利分置：推进老年残疾人与残障老年人福利治理精准化

除了促进"福利整合"、打造福利治理共同体外，老年残疾人与残障老年人的福利治理还应基于二者的福利异质性，分别理顺相关福利政策制定与福利资源输送的侧重点，构建差异化的福利供给模式，以实现福利分置。"福利分置"是指福利细分或者区别化的福利设置，即在基本福利权利均等化的基础上，按照福利接受者的不同需求与特征进行群体划分，形成对应的福利对象群，以实践区别化的福利政策，提升福利政策、福利资源与福利对象的契合度，推进福利治理精准化。

1. 福利政策的精准侧重

在理顺福利主体职责、链接整合福利资源、实现基本福利服务均等化供给的基础上，应当针对老年残疾人与残障老年人的福利需求与福利供给的异质性精准施策，既要各有侧重，又要突出焦点。

一方面，老年残疾人福利政策的侧重点在于对残疾人养老机构的扶持。老年残疾人（尤其是重度残疾人、心智障碍者等）"老年孤残"式的家庭福利缺失状态决定了社会支持力量是其生存的主要保障。无论是集中托养还是分散照料，各类有能力、有资质从事残疾人养老服务的机构是老年残疾人福利的主要依托。除了公办托底机构的规范化、专业化运营以外，应当扶持民营性质的残疾人养老服务机构，以应对老年残疾人突出的生活照护问题。政策扶持主要包括四个方面。一是围绕处于老年生命周期的残疾人的个性化需求制定老年残疾人托养服务（包括日托与全托）规范，以作为民间机构开展残疾人养老服务的资质标准；二是在残疾人养老服务资质标准下，以"改造补贴"等途径鼓励现有残疾人托养机构拓展残疾人养老业务，以保持残疾人服务的延续性；三是以"提升补贴标准"等途径鼓励普通养老服务机构为老年残疾人提供集中居住与日间照料服务；四是优化残疾人养老服务评估机制，根据服务人次、服务时长、服务满意度等指标评估机构的服务质量，并以此作为奖励性补贴的依据。各类残疾人养老扶持政策的出台是保证残疾人养老服务供给、构筑老年残疾人社会支持网络的基础。

另一方面，残障老年人福利政策的侧重点在于残障者家庭政策的制定。对于家庭结构相对完整的残障老年人，家庭福利是其重要的支持源泉。在完善各类福利补贴与福利服务等社会支持政策的基础上，应重视家庭在残障老年人福利治理中的基础性作用，出台老年与残障家庭政策，通过支持家庭促进家庭支持（石人炳、宋涛，2013），提升家庭支持能力。一是设立残障老年人家庭照顾者津贴制度，激励家庭成员的照料动机；二是针对家庭照顾者开发灵活性、居家型的就业创业项目，弥补家庭照顾者就业机会成本的损失，增加家庭收入；三是对残障老年人家庭照顾者进行居家照护知识与技能的免费培训，提升家庭照护质量；四是开展残障老年人家庭照顾者喘息服务，依托社区服务机构或社区志愿者提供临时老年照顾，以使家庭照护的人力资源得以休整、调适。确立残障者家庭政策是激活残障老年人家庭照顾资源、增进家庭福利的保障。

2. 福利资源的精准递送

差异化、个性化的福利资源递送是为了回应老年残疾人与残障老年人的异质性福利需求,是提升福利治理精准化的重要路径。

一方面,老年残疾人的经济弱势地位与家庭福利缺失的状态决定了福利资源递送的侧重点在于物质帮扶与托养服务。对于"低保""特困供养"等兜底型现金福利应做到"应保尽保",以保障贫困老年残疾人的基本生活。除资金帮扶外,还应针对老年残疾人的个性化生理特征与需求,提供生活物资、辅助器具、家庭无障碍等实物支持。依据老年残疾人的个体、家庭状况及意愿,开展"日间型"或者"住宿型"托养服务。加大对托养服务的资金保障与人力支持力度,提升托养服务的质量,尤其应当关注"敬老院"等农村地区老年残疾人集中供养机构的服务供给状况。我们应当通过多元化的物质帮扶与精细化的托养服务,着力提升老年残疾人的生活品质,保障老年残疾人的价值与尊严,增强其获得感与幸福感。

另一方面,残障老年人的生理心理特征决定了针对其福利资源递送的侧重点在于康复服务与心理介入。后天的疾病(如中风等)是老年人致残的主要原因,针对残障老年人的医学康复服务是帮助其克服障碍、恢复部分或全部生理功能的必要条件。康复服务应注重及时性、针对性、专业性与持续性,着力提高残障老年人的生活功能,提升残障老年人的生存质量。心理介入是帮助残障老年人战胜心理危机、摆脱负面心态、走出心理困境的必要外部支持。对残障老年人的心理介入应注重专业化、支持性、整体性,既关注残障老年人个体的心理,又关注其家庭成员的心态。心理介入也是家庭赋能的过程,能够引导残障老年人及其家庭成员持有正面、积极的态度,以重塑其家庭与社会功能。

3. 福利模式精准分设

根据福利政策制定与福利资源递送的侧重点,老年残疾人与残障老年人的福利供给可分别归纳为"社区托养+"模式与"社区康养结合"模式。

一方面,"社区托养+"是针对老年残疾人构建基于社区以托养服务为依托的综合福利保障模式。基于残疾人普遍的养老需求,扶持残疾人养老、托养机构的发展,重点鼓励社区小型机构开展综合性服务。"社区托养+"服务主要由各类社区老年服务机构、助残服务机构或社区"老残整合型"机构开展。包括"居家托养"(日托)与"机构托养"(全托)在内的托养服务是基础依托,经济扶持、医疗保健、护理康复、精神慰藉等福利资源均可嵌入托养服务之中。例如，针对贫困孤残老年人等特困对象，可将经济帮扶整合于托养服务之中，政府将老年残疾人应该享受的救助与补贴标准总额直接拨付给提供托养服务的机构而非本人，老年残疾人则可免费接受标准化的各类综合服务。"社区托养+"模式是老年残疾人享受正常化、高质量、综合性福利服务的保障。

另一方面，"社区康养结合"是针对残障老年人构建以社区为本的康护服务与养老服务相结合的福利服务模式。康护服务包括医学康复、医学护理、心理介入等医疗保健范畴；养老服务包括家务协助、生活护理、精神慰藉等生活服务范畴。基于社区平台，整合社区组织、服务机构、志愿者、家庭等各类正式与非正式的福利资源，推行社区嵌入型"康养结合"服务，以契合残障老年人"便利化、正常化、多元化"（易艳阳，2020）的需求。在"社区康养结合"模式中，社区化是依托，专业性是保障，在模式推进中导入一系列专业化资源，通过专业康复介入尽力恢复功能，通过专业护理跟进维持生理机能，通过专业心理辅导摆脱心理危机，通过专业生活照料保障生活质量，通过专业社工服务复建社会功能等。"社区康养结合"模式是整合服务资源、优化服务供给、促进残障老年人福利保障的基础。

参考文献

李迎生、李泉然、袁小平，2017，《福利治理、政策执行与社会政策目标定位——基于 N 村低保的考察》，《社会学研究》第 6 期。

石人炳、宋涛，2013，《应对农村老年照料危机——从"家庭支持"到"支持家庭"》，《湖北大学学报》（哲学社会科学版）第 4 期。

涂爱仙、周沛，2016，《差异化养老：基于我国老年残疾人异质性特点分析》，《国家行政学院学报》第 4 期。

习近平，2017，《决胜全面建成小康社会 夺取新时代中国特色社会主义伟大胜利——在中国共产党第十九次全国代表大会上的报告》，人民出版社。

徐宏、江伊诺，2017，《老年残疾人"医养结合"养老服务模式的实践困境与出路》，《湖南科技大学学报》（社会科学版）第 3 期。

许琳，2014，《老年残疾人居家养老的困境——基于西安市老年残疾人个案访谈》，《西北大学学报》（哲学社会科学版）第 3 期。

许琳、唐丽娜，2013，《残障老年人居家养老服务需求影响因素的实证分析——基于西部六省区的调查分析》，《甘肃社会科学》第 1 期。

易艳阳，2020，《医养结合型养老社区：内涵逻辑、实践困囿与优化方略》，《内蒙古社会科学》第 1 期。

易艳阳、周沛，2019，《危机与重构：AGIL 框架下的农村残障老人家庭支持系统》，《南京农业大学学报》（社会科学版）第 5 期。

张青、周振，2019，《人口老龄化、地方财政支持与社会福利支出非均衡效应——基于省际数据的测度分析》，《河南师范大学学报》（哲学社会科学版）第 3 期。

Pete Alcock、Margaret May、Karen Rowlingson，2017，《解析社会政策（下）：福利提供与福利治理》，彭华民主译，华东理工大学出版社。

Verdeyen, V. & Buggenhout, B. V. 2003. "Social Governance: Corporate Governance in Institutions of Social Security, Welfare and Healthcare." *International Social Security Review.*

主观主义与一般认识错误之区别[*]

　　长期以来，人们经常把主观主义错误和一般认识错误混为一谈，把一切错误都归咎于主观主义，认为"人们在认识和工作中所犯的错误归根到底都是犯了主观主义的错误"（吴江，1982：99）。这种观点模糊和含混了主观主义的本质特征，把复杂的认识过程简单化，在理论和实践上往往容易造成混乱。笔者认为，主观主义错误和一般认识错误在本质上有相同的一面，但也有相异的一面，而其相异的一面正是由主观主义的根本特点决定的。上述观点正是忽视了主观主义的本质特征，因而混淆了主观主义错误和一般认识错误的区别。

　　主体和客体是认识的两大要素，整个认识过程就是主观反映客观，逐步接近客观的过程，主观和客观具体的、历史的统一就是认识论所要解决的问题。所谓错误，就是以主观和客观、理论和实践的相脱离为特征的，就是"没有解决主观和客观之间的矛盾"（《毛泽东选集》第一卷，1991：179）。受制于主、客双方众多的因素，认识表现为一个多层次的、曲折发展的复杂过程。在这个过程中，错误是不可避免的、必然要产生的东西。在这一点上，主观主义错误与一般认识错误是一致的，这是它们的共同点。而问题就在于，同是主观和客观的分裂，两者又有不同的形式。它们可以分为两大类，即在主观上尊重客观，想从实际出发，而又碍于其他方面的因素所引起的主观和客观的分裂；在主观上无视客观，从主观臆想出发所导致的主观和客观的相脱离。前者就是一般认识论意义上的错误或谬误，后者就是主观主义错误。

---

*　原文刊载于《唯实》1987 年第 2 期，收入本书时做了文字修订。

我们先来看看一般认识错误。毋庸置疑这种错误是以主观认识脱离客观实际为特征的，要么是主观完全没有认识到客观规律，要么只是部分地认识到客观规律。因为从认识的主体来讲，人们一方面要受到生产力水平、科学发展水平的限制，"只能在我们时代的条件下进行认识，而且这些条件达到什么程度，我们便认识到什么程度"（《马克思恩格斯选集》第三卷，1972：562）；另一方面又要受到"人的肉体状况和精神状况"的局限，受到知识水平、思维能力、世界观、方法论乃至情感、意志等因素的影响。从认识的客体来讲，它是一个独存的、神秘的王国，披着多层次的面纱，包含着多种运动形态和多种矛盾，具有多方面属性。它不经过一定的暴露过程，人们不经过多次的认识，就很难看清它的本质和规律。另外，主体对客体的反映并不是消极的、被动式的摄像反映，而是积极的、主动的反映，主体认识某一具体事物时并不是在毫无内容的"蜡块"上打下印记，而是用一系列的系统知识来综合反映。所以，不仅认识形式是主观的，而且在内容上也不可避免地带上主观的、片面的乃至表面的成分。正如恩格斯所指出的那样，"认识所包含的需要改善的因素，无例外地总是要比不需要改善的或正确的因素多得多"（《马克思恩格斯选集》第三卷，1972：125）。

例如，为大家所熟知的对光的本质的认识，起初在经典科学理论的支持下，微粒说占了较长时期的统治地位，后来，随着光的干涉、衍射、偏振和光压的发现，表明了光的波动性质，使得波动说又上升为占统治地位的学说。再后来，又由于热辐射、光电效应和伦琴射线的散射等现象的证实，波动说遇到困难，新的粒子说又抬头，双方相持不下。最后，爱因斯坦提出光其实有微粒和波动的二象性的光量子理论，从而取代了各执一词的微粒说和波动说。微粒说和波动说都是不全面的、局部的认识，是主观片面地反映了客观。又如马克思在19世纪40年代曾说工人向资本家出卖的是"劳动"，到50年代他发现自己的这个表述是错误的，没有认识到资本家购买的是劳动力，剥削的是工人的剩余劳动。恩格斯也曾"傲慢无知地嘲笑过哺乳动物会下蛋"（《马克思恩格斯选集》第四卷，1972：518）这一事实。这都是由于主、客观的局限，犯了认识表面化、片面化的错误。这类错误，不管主、客观相脱离之程度如何，只要始终坚持从客观实际出发，尊重客观规律，即使像欧立希在成功地发明606药之前遭到605次失败，爱迪生在找到有效的白炽灯丝之前遭到 1600 多次失败，也都是一般认识论意义上的错误。这种错误虽然不可避免但并不可怕，而且，它往往是正确认识的先导。

主观主义错误则不是这样。它不能摆正主观和客观的位置，不能正确处理理论和实践的关系以及发挥主观能动性和尊重客观规律的关系。它以非现实的主观激情，明显的个人偏见，"自作聪明地发表许多意见"（《毛泽东选集》第三卷，1991：899），随心所欲地解释客观实际，在实际工作中，往往超越客观条件，去做那些不可能做的事。主观主义者一般表现为：先入为主、死守旧框框、歪曲事物的本来面目、以偏概全、走极端、形而上学绝对化等。如王明的"左"倾教条主义错误就是把共产国际的指示和苏联经验神圣化，把马列主义教条化，严重脱离了中国实际，使革命受到巨大损失。新中国成立后，我们在经济建设上对主观和客观情况都缺乏客观估计，"夸大了主观意志和主观努力的作用"①，凭想当然办事，盲目追求经济发展的高速度、生产增长的高指标，急于求成，结果欲速则不达，使瞎指挥、浮夸风和"共产风"盛行，自己则受到经济规律和自然规律的惩罚。这样的错误就是主观主义错误，对这样的错误应该接受深刻教训，不能一犯再犯。

人们之所以把主观主义错误和一般认识错误混为一谈，是因为没有搞清主观主义的本质内涵，而是把它作为主观唯心主义的别称或是一个泛用语看待。什么是主观主义？列宁认为主观主义从主观框架出发，处处把自己的愿望、自己的"意见"、自己的估计、自己的"希望"当作工人运动的要求，目空一切地无视客观社会实际，是"客观主义的缺乏"（《列宁全集》第三十八卷，1959：299）。毛泽东认为主观主义"就是不从客观实际出发，不从现实可能性出发，而是从主观愿望出发"，是和实事求是相对立的一种思想方法（《毛泽东文集》第七卷，1999：90）。主观主义和唯心主义既有联系又有区别。唯心主义以抽象的理论思维形式鼓吹和论证"意识第一性，物质第二性"的思维先于存在的思想。主观主义一般并不公开否认"物质第一性，意识第二性"的唯物主义原理，并不直接表现为系统的哲学理论，而是在分析和解决实际问题时所表现出来的带有唯心主义和形而上学倾向的思想方法和工作作风。说它是一种思想方法或认识方法，就是指人们在认识客观

---

① 参见《中国共产党中央委员会关于建国以来党的若干历史问题的决议》，人民出版社，1981。

事物时，不能正确地处理主观和客观二者反映与被反映的关系，无视客观真实情况的这样一种非客观和非科学的立场和方法；说它是一种工作作风，是指把主观凌驾于客观之上，"不愿作系统的周密的调查和研究，仅仅根据一知半解，根据'想当然'，就在那里发号施令"（《毛泽东选集》第三卷，1991：797～798）的这样一种对待问题、对待工作的态度和行为。在理论和实践相脱离、主观和客观相分裂这一实质性问题上，认识方法和工作作风是一致的。主观主义错误的关键就是认识方法或思想方法不对头。这种错误认识是全部从头脑中引出的与客观事物不相符的主观的东西，它与一般认识论意义上的错误的区别是显而易见的。

以上我们是从认识出发点和思想方法上看到了主观主义错误和一般认识错误的区别。从认识的过程和结果来看，二者还有如下差异。第一，一般认识错误是认识中的必然阶段，而主观主义错误虽然从总体上看"一万年，一万万年，只要人类不毁灭，总是有的"（《毛泽东文集》第七卷，1999：89），但由于它更依赖于主观、个人的因素，从认识和工作的某一具体过程、某一具体阶段来说，它的发生并不是不可避免的。我们完全可以做到尊重客观实际，坚持实事求是的思想路线，防止、克服、减轻主观主义错误。第二，一般认识错误能引起人们的思考，促使人们去进行再认识，从而使认识深化。如托勒密在当时的观测条件下，借助数学理论计算，得出了"地心说"的错误结论，我们并不能说他是纯主观地臆造了这个结论（至于在他一千多年以后，中世纪神学利用"地心说"作为欺骗人的工具则另当别论），后来哥白尼正是在他所处的历史条件下怀疑"地心说"，提出了"日心说"。而主观主义错误的出发点决定了它只能停留在主观的、表面的阶段，凭空想、凭热情去认识事物、观察形势，把幻想当真理，超越或落后于客观事物发展的一定阶段，如不加以克服，必将越来越偏离实际。在主观主义者那里，主观和客观是永远分离的。第三，一般认识错误总起来讲是具有相对性意义的，它不可能是绝对的错误。也就是说，这种错误是和相对真理互相包含、互相渗透的，它包含着或多或少的正确的因素。犹如恩格斯所指出的，真理和谬误只是在非常有限的领域内才具有绝对意义，并且"今天已经被认为是错误的认识也有它合乎真理的方面，因而它从前才能被认为是合乎真理的"（《马克思恩格斯选集》第四卷，1972：240）。主观主义错误，由于它不在于不正确地或不完整地反映了客观，而在于把主观的东西人为增加到客观的东西中去，它的错误甚至还不能认为是对客体的歪曲"反映"。我们能从1958年的浮夸风中找出半点客观的东西来吗？所以，这种错误是毫无相对性可言的，其主观和客观、理论和实践的脱离是绝对的。

我们看到，主观主义的思想方法必将带来错误，但错误并不都是主观主义引起的。不过我们也必须看到，整个认识过程是极其复杂的，方法指导着认识，从总体上或某一阶段、某一个人的认识来说，肯定会或多或少地掺杂着主观主义的思想方法。也就是说，在从客观出发的前提下，主观对客观的反映往往不是直线式的，除掉主、客观因素以外，在方法上也会有不自觉的主观主义的偏向，这亦是难免的。一旦出现这种主观主义的思想方法，认识过程中的任何一个片段、碎片、小段都有被曲解、被夸大的可能。不过只要人们始终坚持从客观事实出发，尊重客观规律，主观主义错误就能较快得到改正。无论认识过程或实际工作中的主观主义偏向还是主观主义错误都是极坏的思想方法，对认识事物、观察形势、指导工作都是十分有害的，我们必须努力克服之。只有这样，我们才能确保实事求是思想路线的顺利执行。

参考文献

《列宁全集》第三十八卷，1959，人民出版社。
《马克思恩格斯选集》第三卷，1972，人民出版社。
《马克思恩格斯选集》第四卷，1972，人民出版社。
《毛泽东选集》第一卷，1991，人民出版社。
《毛泽东选集》第三卷，1991，人民出版社。
《毛泽东文集》第七卷，1999，人民出版社。
吴江，1982，《关于研究毛泽东哲学思想的几个问题》，北京出版社。

毛泽东农村社会调查与职业社会学家
农村社会调查分析*
——兼论社会学的学科性与科学性

一 引言

　　社会调查是社会学研究与应用中的一项重要内容。在社会学的创立和发展过程中，揭露资本主义"社会病态"的社会调查曾经起到了直接的推动作用，无论是孔德借助观察、实验和比较等方法来分析社会的观点、斯宾塞"社会有机论"中以社会制度为主要研究对象的思想，还是布思对伦敦生活、收入状况的分析，美国芝加哥学派对社会问题的研究，以及达伦多夫、马尔库塞等人对现实社会的批判，都或多或少建构在社会调查基础上。至于社会学在中国的传播与发展，就更是与社会调查，特别是与农村社会调查联系在一起。如早期外国学者就是通过对中国农村社会的调查来从事其社会学研究工作的，国内社会学家杨开道、梁漱溟、李景汉、费孝通等先生或是做实地考察，或是开展乡村建设运动，农村社会调查始终是他们社会学研究工作中的一个重要部分。

　　在我国，近代意义的社会调查是在资产阶级社会学传入以后才具有的。20世纪二三十年代，社会调查，特别是农村社会调查在中国逐步发展起来，当时，主要有两种类型的调查：一种是以社会学理论为指导的职业社会学家（或称学院派社会学家）所进行的农村社会调查；另一种是以毛泽东为代表

---

* 原文刊载于《南京大学学报》1995年第4期，收入本书时做了文字修订。该文为笔者给本科生讲授"马克思主义社会思想史"课程所思而作。人大复印报刊资料《社会学》1996年第1期全文转载。

的中国共产党人的农村社会调查。在第一种类型的调查队伍中，首先是外国学者对中国农村的调查，如1919～1920年上海沪江大学美籍教授葛学溥带领攻读社会学的学生在广东潮州凤凰村的社会调查；1921～1925年金陵大学美籍教授卜凯对中国7省17县的详细调查；1939～1943年日本社会学家林惠海和福武直对苏州近郊农村的六次调查。其次是国内社会学家、统计学家、社会学术团体的农村调查，如1923年清华大学陈达教授指导学生在京西海淀成府村的调查；20～30年代晏阳初、李景汉先生领导、组织的定县调查；1936年费孝通先生的江苏吴江县开弦弓村调查及其他农村调查等。另外，一些农业研究团体，如广东大学农科院、金陵大学农业经济系也对我国农村做过调查，发表过不少调查报告。

职业社会学家对农村所进行的调查，绝大多数以当时已介绍到国内来的西方社会学理论方法为指导，带有较为浓厚的"社会学学科"色彩，他们借助多种手段，在个案调查、文献调查、抽样调查、问卷调查、民意测验、统计分析等方面积累了一定的经验，形成了一定的理论，具有一定的实用性与合理性，为人们认识社会现象，特别是从量化的角度较为精确地认识社会现象提供了具体的方法。但是，职业社会学家的农村社会调查又在立场、方法、视角、理论等方面存在"学科病"，即片面强调社会学的有关方法而落入了狭隘、低视的泥淖。同样面对着中国农村社会，以毛泽东为代表的中国共产党人以马克思主义为指导的农村社会调查，则与职业社会学家的调查有着根本的区别，他们并没有拘泥于某一学科，最终却得出科学结论。为了能更清楚地说明社会学学科性与科学性的关系问题，我们试图通过对这两种不同类型的社会调查的分析比较，从中找出某些论据。

二　毛泽东农村调查与职业社会学家农村调查的几个不同点

我们说职业社会学家农村调查与毛泽东农村调查是两种不同类型的调查，并不是因为前者属于有意识的"学科"研究，后者没有明确的"学科"，而是指两者在调查目的、内容、理论、方法、结论等方面都有着本质的区别。而这些区别，亦可以"学科性"与"科学性"加以说明。

第一，调查的立场和目的不同。毛泽东的农村调查是无产阶级政治家、革命家的调查，他的调查是为了"了解中国是个什么东西（中国的过去、现在及将来）"，是"为了得到正确的阶级估量，接着定出正确的斗争策略"，为了揭示农民受剥削、受压迫、受奴役的地位，暴露"旧的社会关系，就是吃人关系"（毛泽东，1982：21、5、153），找到这些罪恶的社会现象的根源，进而在这个基础上，确定推翻旧世界、建立新世界的具体方针。而职业社会学家的农村调查则具有不同的目的，如西方学者美籍教授卜凯等人在中国农村的调查，是为了"使西方人知道中国的情况"，增进"国际的福利"（卜凯，1936：565~566）。当时国内一些职业社会学家从作为一门学科的社会学研究与应用出发，看到"吾国数千年来，旧籍浩繁，而关于社会实况之抒述甚鲜"，认为"民困已深，调查尤为急务"，因此，"调查社会实况，实为今后一切建设之根本要图"（李景汉，1986：2）。他们是针对我国很少有社会实况调查文献、为解决某些社会问题而调查的，当然，并不涉及旧的社会制度，"往往劝说进行小心而渐进的改良而不要猛然兜底翻"（黄绍伦，1981）。

第二，调查的内容不一样。毛泽东的农村调查内容主要是农村各阶级的历史变迁和现状，以从农民贫苦的生活状况中分析出农民的革命要求及对革命的态度。职业社会学家则或者把自然条件，或者把生产技术，或者把农业经营作为主要的调查内容。如卜凯主要把农业生产单位的收支关系、技术因素作为调查的中心问题；李景汉先生的《北平郊外之乡村家庭》调查的内容主要局限在家庭的大小与亲属关系、人口的年龄与性别、结婚的年龄、家庭收支、健康与卫生、教育与知识、风俗与习惯等方面，虽然通过这种调查可以看到农民家庭入不敷出的大体状况，但这种现象性的描述既没有揭示造成这种状况的根本原因，又无法提出解决这些问题的根本办法。同样是对家庭的调查，毛泽东则主要把重点放在生活状况以及与之相关的对革命的态度上。在《兴国调查》中，他观察访谈了八个农民家庭，内容涉及家庭人口与劳动力、革命前自有耕地及佃耕地面积、交租数、家庭收入和支出、债务，革命后耕地面积变动情况、生活变化情况，对革命的态度等。从这些分析中，他揭示出农民贫困的根本原因是租多债重利息高，旧的生产关系阻碍了生产力的发展，农村需要一场深刻的革命变动，农民就是这场变动的主力军。

　　第三，调查中所运用的理论不同。社会调查的性质由其总体方法论决定，毛泽东的农村调查之所以是科学的调查，就是因为他坚持以唯物史观作为调查研究的方法论基础，即在调查过程中，首先弄清生产力和生产关系的内部结构及其相互关系，做出正确的阶级估量，定出正确的斗争策略，解决根本的社会问题，在这一基础上去调查和解决具体的社会问题。从这一点出发，他始终抓住各阶级的政治经济状况，以其经济地位来说明其政治态度，因而能把握复杂社会现象后面的本质规律。而职业社会学家大多从西方资产阶级社会学模式出发，推崇轻视理论思维的实证经验式调查，往往只抓住一些具体、枝节的社会问题，采取统计的方式来整理材料。很多学者在调查中仅是停留在"财产多少""收支如何""男女性别比例"等肤浅的社会问题上。他们目睹农村的破败衰微，描述了农村普遍存在的"贫困""愚昧""破产"等现象，但无法说明造成这种现象的根本原因。他们的调查从反面证明，"没有理论思维，就会连两件自然的事实也联系不起来，或者连二者之间所存在的联系都无法了解"（《马克思恩格斯选集》第三卷，1972：482），如毛泽东批评的一样，"象挂了一篇狗肉帐"（毛泽东，1982：5）。费孝通先生在 20 世纪 40 年代总结自己的调查实践时，认识到实证经验式的调查之弊病，深深感到理论指导的重要性："当我在编写花蓝瑶社会组织时，我曾极力避免理论上的发挥，甚至认为实地调查只要事实，不要理论"，"在江村实地调查时，我还主张调查者不要带任何理论下乡，最好让自己象一卷照相底片，由外界事实自动地在上射影"。后来，"就发现了我原有的错误，因之在写《江村经济》时，常常感到痛苦。在实地调查没有理论作导线，所得的材料是零星的、没有意义的。我虽则在一堆材料中，片断地缀成一书，但是全书没有一贯的理论，不能把所有事实全部组织在一个主题之下，这是件无可讳言的缺点"（费孝通，1944：4~5）。当然，费孝通先生这里说的理论，很难认为是科学的一般方法论，不过可以从中看出他对调查过程中正确理论重要性的认识。诚如他后来所指出的，"毛泽东为什么能在较短的时间里通过开座谈会、调查会，就抓住当时存在的主要问题，把中国农村社会各阶级的情况搞清楚？因为他既掌握了马克思主义的理论，又能联系实际"（费孝通，1984：57）。

　　第四，调查的方法不同。首先是根本方法的不同，毛泽东强调对立统

一、阶级斗争是调查的根本方法，矛盾分析法、阶级分析法贯穿于他整个调查活动中，"我们调查工作的主要方法是解剖各种社会阶级"（毛泽东，1982：6），因此，他能在扑朔迷离的社会现象中抓住本质的方面。而职业社会学家则忽视矛盾分析，往往容易为大量的现象与材料所淹没。如梁漱溟先生就反对把农民分为不同的阶级，认为不应该在乡村社会内掀起一种分化，"必须看乡村是一个整个的"；费孝通先生也没有看到农民的阶级地位和历史使命，认为中国未来的希望是士绅中的开明分子，是"一个对中国现代化负有责任的阶级"（费孝通，1946：46）；李景汉先生的定县调查以个案调查等方法，从地理、历史、人口、教育、农民生活费、信仰、工商业等多方面做了分析，就是没有从阶级矛盾与冲突上去加以剖析，这就决定了在总体上很难得出科学的结论。其次是在具体方法上也存在很大差异。毛泽东主要采用典型调查的方法，通过开调查会来收集材料、讨论问题，通过典型来认识中国社会、中国农村和中国农民。职业社会学家大多采用学科性的个案调查、抽样调查与统计分析等方法进行调查，虽然许多材料收集得比较全面甚至精微，但由于总体上缺乏科学的分析方法，各种材料就显得零碎而不能形成一个有机整体，尽管不少调查较为生动具体，但是如何实现从微观到宏观水平分析的跳跃，在理论上是不清楚的（黄绍伦，1981）。

第五，调查得出的结论不同。职业社会学家的农村调查"以整个社会改造为目标……非为调查而调查，为的是要知道农村生活的究竟，寻出生活上的问题"（李景汉，1986：785），根据这一目标，他们实地考察了旧中国农村的方方面面，看到"自东西沟通以来，西洋经济势力渐渐侵入吾国……内战频仍，匪祸滋蔓，人民困于诛求，岁无宁岁，匪区农地荒废，生产没落，全国农民经济已达破产时期，整个社会亦极呈觥觫不安之象。民困已深"（李景汉，1986：785）。贫困的原因是什么呢？外国学者卜凯认为是中国人口太密，农场面积太小，地租不公允，甚至认为一些农户经营不好的原因是"地租太低"，因而认为有些地方不能减租，反而应该增加地租，公开维护封建剥削关系，反对农村经济关系的彻底变革。李景汉先生通过定县调查，得出中国社会的病根是"愚""穷""弱""私"的结论，并提出解决的对策："以文艺教育"救农民之愚，以"生计教育"救农民之穷，以"卫生教育"救农民之弱，以"公民教育"救农民之私。事实上，他们这种浮于表层的不触动

"愚""穷""弱""私"根本原因的教育救国论是行不通的，就这一点而言，仅做肤浅的调查并不能解决任何问题。而毛泽东的农村调查不仅揭示了中国农民的苦难，指出"中国佃农比世界上无论何国之佃农为苦"（毛泽东，1982：33），而且揭示出这种苦难背后吃人的社会关系，最终得出的结论是打倒剥削阶级，建设一个新的社会。这一革命的结论是职业社会学家的农村调查无论如何也得不出来的。

三　毛泽东农村调查的社会学分析与职业社会学家农村调查的科学化分析

通过以上分析可以看到，毛泽东善于在大量零碎的材料中找准能说明问题本质的东西，就是因为他的调查始终贯穿着科学的方法，坚持以科学理论作为指导。从学科上看，当然不能牵强附会地认为毛泽东的农村社会调查属于社会学学科或其他什么学科，但我们完全可以从社会学的角度对之进行分析，以把握他的调查实践与理论对社会学的贡献，而这也正是学术界所未加充分研讨的方面。

第一，社会调查过程中的首次阶层分析。毛泽东在农村调查中始终把阶级分析作为主要方法，其目的就是明了革命的动因、革命的对象与革命的力量，通过这种分析，他坚信"革命是能获得百分之八十以上人民的拥护和赞助的"（毛泽东，1982：26）。如果仅仅看到各不同阶级对革命的态度，还不能科学地制定斗争策略，在阶级分析的基础上，毛泽东从经济、政治等角度，具体提出了划分地主阶级内部阶层、农民阶级内部阶层以及介乎于二者之间的中间阶层的标准。

在《寻乌调查》中，毛泽东根据土地的来源与归属，把地主分为祖宗地主、神道地主与政治地主；根据收租的多少，把地主分为小地主（收租不满二百石）、中地主（收租二百石至五百石）、大地主（收租五百石以上）。同样，他根据生产资料拥有状况，把贫农分成四个阶层：有少量土地和生产工具但不够，需要从地主那里租一部分土地的"半自耕农"；拥有少量生产工具而无自己土地、需向地主租地的"佃农中之较好的"；生产工具既少且破，全部租种地主土地的"佃农中之更穷困的"；无土地、无生产资料，在"借米借盐"中度日的"佃农中之最穷的"。此外，毛泽东还以是否劳动为标准，划分出中农阶层。他指出，地主以收租为主；富农以雇工为主，自己参加劳动；中农以不出卖劳动力为主，经营自己的土地；贫农是事实上要出卖劳动力；雇农完全出卖劳动力；等等。通过这种定性分析与定量分析相结合的办法，不仅科学解决了划分农村阶级、阶层的问题，在理论上和实践中明确了斗争的对象、主力军与团结的力量，而且也可以认为在中国现代社会调查中第一次科学地提出与运用了社会阶层分析的理论和方法，从这一角度说，是有极为重要的社会学意义的。

第二，运用、总结了几种社会调查方法。毛泽东在农村调查中最为常用、行之有效的调查方法是典型调查、集体访谈法、开座谈会等，这些方法不仅丰富、发展，而且也从根本上超越了社会学调查中的具体方法。

典型调查。在职业社会学家的调查中，一般只强调个案调查而忽视典型调查。个案调查又称个案研究，是将某一社会单位，如一个家庭、一个组织甚或一个代表性人物作为一个"个案"而对其做深入调查。个案调查的对象，可以是一个具有代表性的个例，但不一定要求其具有典型的意义。而典型调查，无论从选择调查对象还是最后得出的结论来说，都要求具有典型的意义。毛泽东在调查中，主要采用典型调查方法，他调查的典型既有一个县（如寻乌县），也有一个区（如永丰区）、一个乡（如长冈乡、才溪乡）、一个村（如木口村）和一个个家庭，通过这些典型研究，来认识中国农村社会的历史和现状、农民的苦难生活与沉重负担，从而揭示出中国革命的必然性与动力之所在。如何选好典型呢？毛泽东提出两个方法。一是选择同类事物中最能代表一般的个别，例如，寻乌县"介在闽粤赣三省的交界，明了了这个县的情况，三省交界各县情况大体相差不远"，永丰区"介在兴、赣、万之交，明白了这一区，赣、万二县也就相差不远"，这是从地理位置来确定典型的代表性。二是划类选点，把一类事物分为几个亚类继而分类调查。"怎样找调查的典型？调查的典型可以分为三种：一、先进的，二、中间的，三、落后的。如果能依据这种分类，每类调查两三个，即可知一般的情形了"（毛泽东，1982：27）。在毛泽东看来，所谓典型调查就是研究"主要的东西"，十样事物若只调查了九样还不行，因为那几样可能是次要的，"把主要的东西都丢掉了，那末，仍旧是没有发言权"（毛泽东，1982：25）。许多职业社会学家在调查时苦于不能对农村有总体了解，从这个意义上说，就是淹没在个案调查之中而没科学地运用典型调查。

集体访谈法。集体访谈法就是调查者邀请若干名被调查者，通过集体座谈的方式了解社会情况的方法。毛泽东说过，"开调查会，是最简单易行又最忠实可靠的方法，我用这个方法得了很大的益处，这是比较什么大学还要高明的学校"（毛泽东，1982：16）。集体访谈法明显的优点是简单易行，不需要什么复杂的设备和技术手段，可以随时随地进行，有利于密切同被调查者的关系，特别是调查者通过与被调查者之间的反复讨论，可以得出较为正确、科学的结论。这种围绕中心议题共同讨论的方法，实际上就是西方社会学调查方法中"头脑风暴法"在中国农村调查中的运用与创新。无非西方"头脑风暴法"被调查的对象大多是学者，而毛泽东集体访谈法中的对象是处于社会底层的劳苦大众。

开座谈会。一些片面推崇现代社会学调查方法与技术的人认为，开座谈会是"小生产方式"的手工作业，已不适应时代要求，这种说法是不正确的。社会调查本质上是一种理论思维活动，最终并不能由所谓现代化调查手法来完成。开座谈会式的集体访谈法要求调查者心想、口问、手写，不能假手于人，这就为深入研究问题奠定了基础。毛泽东总结的这一方法在过去、现在、将来都是极其重要的调查研究方法，是对社会学的一大贡献。

第三，系统概括了调查研究理论。毛泽东不仅身体力行，进行了深入的调查研究实践，而且总结概括了系统的调查研究理论。比如，关于调查的目的与重要性，他提出了"调查就象'十月怀胎'，解决问题就象'一朝分娩'。调查就是解决问题"（毛泽东，1982：31）的名言和"没有调查就没有发言权"（毛泽东，1982：17）的警句；关于调查的态度，他指出要信奉科学，不能相信神学，要眼睛向下，面向基层，要有甘当小学生、"每事问"的精神；关于调查研究的地位，他提出我们的调查是长期的，今天需要我们调查，将来我们的儿子、孙子也要做调查；关于调查的注意点，他指出调查者要不怕麻烦，能够真正沉下去，调查中忌带主观性、片面性、表面性，要做到系统、周密、全面；关于调查的方法，他强调要在宏观上注意对立统一、分析与综合，在微观上要详细占有材料，抓住要点；关于调查技术，他强调要多做讨论式的调查，参加调查会的人尽可能是多方面的，阅历要丰富、年龄跨度要大、职业分布要广，调查者事先要拟定调查纲目，包括大纲与细目，在调查中坚持做记录，领导干部还要做到亲自出马做实际调查而不能单靠书面汇报，等等。

与毛泽东科学的社会调查相反，职业社会学家的社会调查往往囿于"主观社会学"（《列宁全集》第一卷，1984：115），在强调社会学学科性的同时，客观上则导致其调查学说与方法在宏观上的非科学性。如何看待职业社会学家的社会调查在总体上的非科学性呢？除了没有用科学的理论，特别是历史唯物主义的理论来指导社会调查的整个过程以外，我们可以用三个方面来说明：①缺乏系统、全面的观点；②缺少辩证的思维；③分析问题的视角偏低。

系统论最重要的原则是整体性原则，这一原则要求人们用整体的观点来认识事物、分析问题。联系到农村社会调查，就要求把所调查到的各种材料视为一个整体，放到整个社会系统中来加以分析，而不能割裂部分与整体的关系。职业社会学家的农村调查往往没有把中国农村社会作为一个整体来考察，他们或是只看到农民的贫穷、农村的落后，或是仅看到农村教育、卫生的滞后及工业的稀少这些表面的现象，而没有把这些问题放到整个社会系统中从总体上加以分析。他们忽视了当时缺少解决农村诸多弊端的历史条件，不懂得农村的问题恰恰不只是一个区域性的问题，而是一个全局性的问题，需要整个社会结构做根本性的变动，因为中国农村的社会、经济问题不仅仅是愚、穷、弱、私的问题，它实质上与整个社会制度联系在一起，是一个政治问题，只有通过政治变革才能从根本上加以解决。虽然在一些具体观点上，如李景汉先生的通过教育入手，费孝通先生的通过发展乡村工业来解决贫困落后的问题等有一定的见地，但是由于缺乏整体眼光，这种观点在当时又是不现实的，因而是无力的。

所谓辩证的思维，就是用联系的、发展的观点分析问题，善于透过纷繁复杂的现象，把准事物的本质规律。毛泽东在调查研究过程中之所以能驾轻就熟，找准中国农村问题的症结，得出科学结论，就是因为他能始终抓住主要矛盾和矛盾的主要方面，坚持采用对立统一、分析与综合的方法，他既善于详细地占有材料，又不为材料所淹没，"材料是要搜集得愈多愈好，但一定要抓住要点或特点（矛盾的主导方面）"（毛泽东，

1982：25），这些都是坚持辩证思维的结果。总的说来，职业社会学家分析思考问题的方法是直观的、平面的、片面的，面对复杂的对象与材料，往往很难清晰地理出一个头绪，看不到问题的要点。耗时数载的定县调查从主观上是"要在生活的基础上，谋全民生活的基本建设，为中国的教育谋一出路，为中国人的生活问题，谋一解决"（李景汉，1986：785）。为此，他们以一县（定县）为个案进行了地理、历史、人口、教育、卫生、生活、习惯、习俗、信仰、财政、农业、工商业、水灾、兵灾等全方位的详细调查，收集了许多资料，制作了很多表格，统计了不少数字，描述了无数事实，但是无法把这些现象联系起来。在如何解决农村贫穷落后的问题上，要么把眼光盯在"教育"上，要么显得一筹莫展。在客观上，定县调查成了一本资料的汇集而失去了实际的价值与意义，与调查者的初衷亦相去甚远。当然，我们不能脱离实际苛求职业社会学家的农村调查，他们所处的条件与从事的职业在当时是不可能得出科学结论的，不过，缺乏辩证思维，不能不说是一个重要的原因。

与以上两点紧密联系在一起，职业社会学家社会调查总体上的非科学性还表现为分析问题的视角较低。本文第二部分已论及，职业社会学家一般重视实证性经验调查而轻视理论思维，这就不可避免地使得他们分析问题的视角不高，无法摆脱具体材料的束缚来总揽全局。毛泽东在农村调查中始终坚持结论从调查中来，他从客观事实出发而又不为众多材料所束缚，就是因为他从很高的视角来综观整个农村与农民问题。他把分析各阶级的经济、政治情况作为调查研究的出发点，准确地找到中国农村、中国社会、中国革命的根本点。而职业社会学家轻视理论的实证经验式调查，往往只抓住一些具体的、枝节性的社会问题，从家庭到亲属、从人口到财产、从劳作到职业等方面做了大量细微的调查分析，虽然他们自己不把调查看作"纯为学理的研究"，但是，由于所站的角度不高，这些现象在他们的分析之后仍然显得支离破碎，充其量只是资料的堆积，很难找到问题的中心。虽然抓准社会的根本问题必须依赖大量的社会现象作为分析材料，但若停留在对社会现象做就事论事式的肤浅分析上，是得不到科学结论的。在这里，理论思维与分析问题的视角尤为重要。

四　社会学的学科性与科学性应是辩证的统一

社会学在我国恢复重建以后的十多年时间中，其发展速度是很快的，取得的成绩是巨大的，为促进我国改革开放、加快市场经济建设步伐做出了有目共睹的贡献。但是，毋庸讳言，社会学还存在层次欠高或是脱离社会实际或是等同于实际操作以及社会知名度较低等现实问题。对此，可以有不同方面的解释，本文认为，学科性与科学性没能辩证统一，是社会学存在上述问题的重要原因之一。

尽管学术界对社会学的研究对象长期以来没有形成一致的观点，但社会学从创立以来，就是以分析现实社会为主要任务的。在发展的一百多年以及传到中国的几十年时间里，社会学确实起到了其他学科所不能起到或不能完全起到的作用，在某些方面，比如社会调查方面，运用总结了许多行之有效的具体方法与技术，在微观上体现了学科性与科学性的统一。

但是，正因为社会是一个有机整体，社会现象又是相当复杂的，所以我们在对之进行分析研究时，似又不能过分拘泥于某一学科而显得学究气十足，特别是像社会调查这类需要理论指导而又实证性很强的科目，否则，必然会在科学性上大打折扣。以上对毛泽东的农村调查与职业社会学家的农村调查之比较已初步说明了这一点。值得指出的是，在当前现实的社会学研究与应用中，还存在几种偏向，对之做一粗浅分析，对于促进社会学学科性与科学性的辩证统一，应该是有积极意义的。

第一种偏向：片面强调学科性。持这种观点的同志认为，即使社会调查，"所涉及的人及事，应是具有自觉的社会学学科意识并在这种意识支配下从事乡村社会学的调查研究与理论探索"以及相应的学术活动与成果，否则，"就使社会学的概念失去了其严密性，给人以非学科性的印象"（袁亚愚，1990：35）。在他们看来，毛泽东的农村调查是出于"革命实践或政治上的需要"，不能将其与社会学调查和研究进行比较。这种人为地以是否用"自觉的社会学学科意识"来划分社会调查的方法是不科学的，至少是充满了脱离实际的书卷气。在这种"学术性"思想的指导下，许多同志把社会调查作为一个集各种具体方法特别是现代方法大运用的过程：制表格、发民意测验表和调查表、家计调查、个案调查、抽样调查、做统计、做计算、微机处理等。诚然，用现代化手段与方法进行以定量分析为主的调查，确实能为人们提供一幅形象鲜活的社会画面，为人们认识社会提供了具体素材，但是，若仅仅局限于此而不注意从高视角进行系统、辩证的分析，展现在我们面前的这幅图画则是焦距不清相当模糊，依然说明不了什么问题，得不出什么科学的结论。试想，如果不是用马列主义理论分析中国社会的历史和现状，而是简单地运用社会学通行的"民意测验""态度量表"和单纯的数量统计，能得出正确的革命结论，产生正确的斗争策略吗？因此，笔者认为，社会学调查要从片面追求学科性中走出来，把低层次的手段和方法与高层次的视角、辩证的思维有机结合起来，以做到学科性与科学性的辩证统一。

第二种偏向：社会学研究中的"西方化"问题。社会学诞生于西方，新中国成立前职业社会学家的学术活动也是遵循着西方社会学理论，直到现在，西方社会学理论仍有一定的借鉴价值。在社会学中国化的过程中，不少学者结合中国社会实际，在理论上有突破，实践中有创新，得到学术界的公认。但是，也应该看到，在社会学研究与应用中，包括在社会调查中，仍存在"言必称希腊"，以西方社会学理论为参照系的倾向。当然，这里面有西方社会学理论仍不失具有价值的一方面，但亦不可否认有唯西方社会学为"学术""学科"标志的倾向。笔者认为，我们应结合中国社会的具体特点，进一步挖掘西方社会学的精华为我所用，而不是囿于西方社会学的理论模式而为其所限。美国学者丹尼尔斯（1983）针对一些人盲目崇尚西方社会学的倾向曾指出，"在美国社会学这部圣经里，并没有包含如何使中国迅速达到现代化的法宝"，"毛泽东对中国农民进行的'社会学'分析，使得他得以领导这场革命，这就是最好的社会学，如果你们称之为社会学的话"。这一中肯的观点说明，加速社会学的本土化过程，创立具有本国特色的社会学理论与方法，达到学科性与科学性的统一，是十分重要的。

第三种偏向：社会学研究中忽视马克思主义社会思想理论的研究与指导。不少同志仅仅把马克思主义看成一种意识形态，而看不到其是分析社会现象的科学方法论，因而忽视对马克思主义社会思想理论的研究。这种倾向不仅直接导致社会学研究领域中有关马克思主义社会学理论的著作、文章越来越少，更为重要的是，也直接影响了社会学研究与应用中学科性与科学性的有机统一，影响了社会学向高层次、科学性的发展。众所周知，马克思主义理论宝库中蕴含着丰富的社会学思想，马克思主义经典作家在分析人类社会，包括做社会调查时，总是站在很高的角度来把握具体事实，做到主观和客观、个别与一般的统一，"第一次把社会学提高到科学的水平"（《列宁全集》第一卷，1984：109）。我们强调包括社会学在内的一切学科都要以马克思主义为指导，其主要原因就是马克思主义是科学的方法论，如果以学科特殊为由，忽视对马克思主义社会学的研究，不仅不能很好地建设、发展社会学学科，而且这种学科在总体上也必将是非科学的。现实生活中有些淹没在具体材料中的"纯社会学"调查与研究就可以从反面诠释这一点。

综上所述，笔者认为，社会学研究与应用必须坚持学科性与科学性的辩证统一，科学性是学科性的前提，学科性是科学性的要求，二者不能偏废。为此，我们要以马克思主义，特别是马克思主义社会思想为指导，紧密结合中国社会的实际，继续借鉴西方社会学理论，力求做到以系统的观点、辩证的思维，从高层次角度对社会现象进行分析，包括做深入系统的社会调查，只有这样，才能使社会学具有旺盛的生命力。

参考文献

卜凯，1936，《中国农家经济》，张履鸾译，商务印书馆。

D. 丹尼尔斯，1983，《北美社会学对中国适用吗?》，子华译，《国外社会科学》第 6 期。

费孝通，1944，《禄村农田》，商务印书馆。

费孝通，1946，《农民和绅士》，《美国社会学期刊》第 1 期。

费孝通，1984，《社会学的探索》，天津人民出版社。

黄绍伦，1981，《中国解放前社会学的成长》，载《社会学史》，浙江人民出版社。

李景汉，1986，《定县社会概况调查》，中国人民大学出版社。

《列宁全集》第一卷，1984，人民出版社。

《马克思恩格斯选集》第三卷，1972，人民出版社。

毛泽东，1982，《毛泽东农村调查文集》，人民出版社。

袁亚愚，1990，《乡村社会学》，四川大学出版社。

我国两次劳动力剩余及其转移的社会机制与社会功能、相互作用及基本对策[*]

改革开放以来，我国先后出现了两次劳动力剩余及其转移现象。两次劳动力剩余在社会转型中究竟起何作用，它们之间会产生什么样的"合力""加压"社会，我们应采取什么样的措施"趋利避害"？这正是本文所要讨论的内容。

一

尽管农村劳动力剩余在人民公社时期就一直存在，但在"大锅饭"的机制中，在"战天斗地"的政治热情下，人们感到的是人多力量大、热情高，农活天天有得干，天天干不完。这种以隐性形式存在的农业劳动力剩余，往往被视而不见，人们压根就没有"剩余劳动力"的概念，因而也就不可能有劳动力的非农化转移。

当改革的号角吹响、家庭联产承包责任制全面推行之时，不管人们的认识如何，农业劳动力剩余成了一种显性的现象。就如蓄水池的水在拆除拦坝后必然宣泄而下一样，积蓄多年的农业剩余劳动力在内外条件具备后，经过短暂的彷徨，大量地流向非农业，流向城市，汇成了浩浩荡荡的"民工潮"。

对农村剩余劳动力①转移及"民工潮"的研究已经很多，我们这里着重

---

* 原文刊载于《南京社会科学》1998 年第 11 期，收入本书时做了文字修订。该文为 1998 年 6~9 月笔者在香港中文大学社会学系访问（福特基金项目）期间所作，是对当时剩余劳动力转移现象的思考。

① 农业剩余劳动力与农村剩余劳动力不是同一概念。前者相对于农业，后者相对于农村，凡没有转到其他行业，在家"无事可做"的农业剩余劳动力，当被视为农村剩余劳动力。

从社会发展的角度对之略加讨论。

完全可以认为,改革开放之后我国农村社会的飞速发展在很大程度上得益于农业剩余劳动力的非农化转移。首先,剩余劳动力的非农化转移以农业生产率的大幅提高为条件,又反过来促进了农业生产力的提高。因为只有农业生产率不断提高,才能持续产生劳动力剩余并向非农业转移;农业劳动力减少,"大锅饭"不复存在,农业生产率也必然提高。十多年来我国农业生产的持续大好形势为社会的稳定与发展奠定了坚实的基础,这与劳动力转移和劳动生产率的提高有密切的关系。

其次,农业剩余劳动力转移推动了我国非农化过程,加速了我国从农业社会向工业社会的转型。理论与实践都表明,农业剩余劳动力的转移方向必然是非农化,否则,囿于农业内部,也就谈不上"转移"。阿瑟·刘易斯就认为,农业中边际生产为零甚至为负数的剩余劳动力,在现代工业部门工人的工资比乡村传统农业部门高的吸引下自然会向工业部门(非农)流动,"资本主义部门由于把剩余再投资于创造新资本而扩大,并吸收更多的人从维持生计部门到资本主义部门就业"(刘易斯,1989:54)。我国农民的第二个伟大创举——兴办乡镇企业,就是一个农业剩余劳动力非农化转移的典型过程。我们可以将其概括为:发展农业,提高农业劳动生产率,以有更多的剩余劳动力和农产品支持乡村非农产业;发展非农业(主要为工业),以吸收更多的农业剩余劳动力,推进农村非农化、工业化。尽管我国各地农村条件不同,发展路子不可求统一模式,但在总体上看,没有农业剩余劳动力的非农化转移,就不可能完成农业社会向工业社会的转型。

再次,农村剩余劳动力转移加快了农村城镇化的步伐,推动了我国从传统社会向现代社会的转型。改革开放前剩余劳动力"呆滞"的年代,我国是典型的二元社会结构,乡下人种田务农而为专业农民,城里人做工经商而为专职"工人阶级",种田的社区是农村,做工经商的社区是城市,农村与城市、农民与工人构成了对立的两极。恰恰是这种天然而又人为的"分工",使得农村长期以来跳不出传统、落后的窠臼,城市也缺乏活力与朝气。城乡隔绝,产生了一系列政治、经济、社会、文化等问题,严重制约了整个社会的均衡发展。农村改革后,随着农业剩余劳动力的非农化转移,乡镇企业的异军突起,与乡镇企业相辅相成、互为条件的小城镇也星罗棋布地发展起来。全国 5 万个小城镇的崛起①，不仅如大多数研究者所指出的那样，成为农村剩余劳动力的蓄水池，更有意义的是，小城镇从根本上改变了我国城乡、工农对立的二元社会结构，形成了具有中国特色的三元社会结构，即在大中城市与广大农村之间，通过发展以乡镇企业、服务业为主体的小城镇，形成城市–城镇–乡村的整体格局。小城镇一头连接广大农村，一头连接大中城市，可谓城市之尾、农村之首，作为城乡交流的中介，小城镇在农村非农化、工业化、城镇化中起着至关重要的作用，对加快我国由传统型社会向现代型社会的转型具有深远的意义（周沛，1995）。

最后，农村剩余劳动力的转移促进了人的现代化。人的发展是社会发展中的重要内容，可以说没有人的现代化也就没有社会的现代化。数以亿计的农业、农村剩余劳动力在社会流动中开了眼界，换了脑子，长了见识，其中很多人成为城市文明的义务传播者。乡镇企业与小城镇的快速发展，一方面，与渐具现代意识的昔日农业剩余劳动力之努力分不开；另一方面，在这块新兴的沃土上又不断培养出一批批较高素质的社会群体，成为农村社会发展的生力军。

除推动农村社会的综合发展之外，农村剩余劳动力"离土又离乡"的异地转移还为大中城市的建设与发展立下了汗马功劳。虽然我国的第一次劳动力剩余及其转移还存在这样那样的问题，人们对其还有这样那样的认识、评价甚至指责，但是，农村剩余劳动力的转移流动打破了社会的封闭格局，激发了社会发展的活力，直接推动了我国农村、城市的发展，这是任何人都不能否定的。

二

20 世纪 90 年代中期，第一次劳动力剩余及其转移方兴未艾，我国又出现了第二次劳动力剩余及其转移——城市职工下岗，这是与第一次在各方面都有所不同，影响面更大的角色变化、群体互动的社会嬗变过程。

据有关资料，1997 年我国城镇失业率为 3.1%，预计还有上升的趋势，

---

① 数据来源于《报刊文摘》1994 年 6 月 23 日。

目前国有企业中富余人员有2200万人①，许多人对之彷徨、迷惘、怀疑、不安……这不仅仅是因为传统体制下国家负责人人有工作做的观念还未彻底转变，更为甚者，不少下岗职工遇到了生活上的种种困难。"冰冻三尺，非一日之寒"，第二次劳动力剩余的出现是有复杂的历史缘由与现实原因的。

第一，计划经济向市场经济转变中的必然伴生物。新中国成立以后，与计划经济体制相适应，我国的社会就业、企业用工完全由国家计划包揽，强调人人有工作做，个个有饭吃，实行高就业低工资政策，实际上是把维持一个较低水准的公平放在了比效率更优先的位置上。国有企业除了生产任务外，还有一个容纳社会劳动力，解决其就业的"非生产需要"的任务，以至于形成了"三个人的活五个人干，三个人的饭五个人吃"的局面。当一切走向市场，企业劳动力剩余由隐性转到显性，再不改革就没有出路时，减员增效、下岗分流就成为历史与现实的必然选择。

第二，产业结构调整"排挤"了部分劳动力。我们原来的企业行业分布不是适应市场需求，而是为了适应人为计划的需要，特别是在发展战略上，不顾资源的约束而推行超越发展阶段的重工业优先发展的"赶超"战略，全面排斥市场机制的作用（林义夫等，1994：27）。改革开放后，受短期利益的驱动，生产同类产品的企业雨后春笋般地建立起来，同构现象十分严重，致使国有企业垄断地位不断被削弱，产品市场占有率下降，各中小企业也开工不足，劳动力剩余现象日渐严峻。为了提高经济效益而做的产业结构调整，首先使大批传统意义上的"产业工人"转业，其次又使同构企业破产或转产，其过程必然要出现并裁减大批剩余劳动力。

第三，整个大环境使然。从总体上说，市场疲软、经济低迷，是一个比较"国际化"的问题。我国目前在力争经济增长速度达到8%的同时，有3.1%的失业率及2200万人的城市剩余劳动力，与国际经济大环境有关。

第四，技术密集型逐渐取代劳动密集型，使低技术型工人下岗。一般来说，工业化初期是劳动密集型的行业为主，在一段时间后，其必然为技术密集型的行业所渐次取代。随着资本有机构成的提高，劳动力的相对需求量也会大幅减少。从总体上看，我国已开始了从劳动密集型向技术密集型的转

① 数据来源于《瞭望》1998年第8、14、9期。

变，大多数年龄偏大、文化程度偏低、缺少技术的昔日"蓝领阶层"就成了城市下岗剩余劳动力的主流，他们的素质与条件更加大了再就业的难度。

此外，国家机关大刀阔斧的精简也使得行政管理部门的"劳动力剩余"显性化，下岗管理者与工程技术人员再就业的主战场是企业，这也必然直接"壮大"了城市下岗职工的队伍。

既然第二次劳动力剩余及其转移是改革之必需，那么也就具有一定的社会正功能。

其一，有利于减员增效，从根本上扭转国有企业长期效率低下的老大难问题。国有企业人浮于事、效率低下已成为掣肘我国经济、社会发展，影响改革的一大怪症，因此，党的十五大提出鼓励兼并、规范破产、下岗分流、减员增效，一场以提高效益，促进改革为目标的劳动力战略大转移在 20 世纪末全面展开。相信绝大多数人会明白，国企再不改革，剩余劳动力再不分流，我们的整个改革就会走进死胡同，社会就不可能健康发展。

其二，有利于形成市场竞争的社会机制。竞争是市场经济的基本规律，马克思在《资本论》中令人信服地指出竞争有利于劳动生产率的提高，有利于生产技术的改进。可惜，在很长一段时间里我们把竞争作为资本主义"不择手段"的工具而不予承认，只以"社会主义竞赛"代之，养成了吃"大锅饭"的坏习惯。即使改革开放之后引入竞争机制，但涉及单位、个人的利益、风险时，人们往往还是害怕竞争，宁愿在"僧多粥少"的"大锅饭"前徘徊而不愿另择门路。下岗成为不可逆转的大趋势，总体上造就了一种竞争上岗与下岗的氛围，这将使我们的市场经济更加具有生命力。

其三，有利于知识经济的加速发展。农业经济与工业经济主要取决于劳动力资源、资本资源等因素，而在全球经济活力正从物质经济向知识经济转变的今天，知识则成为极为重要的因素。我国虽然还处在农业与工业经济阶段，但知识经济作为一种趋势已见端倪。在减员增效，优化产业结构的条件下，必然会着重于非体力劳动生产率的提高，着重人才的培训、技术的更新，迎接挑战，尽快加入知识经济的行列。

其四，有利于促进社会保障体系的建立与完善。目前，我国社会保障制度还存在体制不合理、社会化程度低、保障面窄等问题，以至于在从来没有遇到过的大规模劳动力流动面前显得束手无策。但是从另一方面看,这种局面也产生了一种尽快建立和完善社会保障制度的内在要求与动力,使我国社会保障走上法治化、规范化的道路。

我们认为,如同第一次劳动力剩余及其转移一样,第二次劳动力剩余及其转移对推动社会转型必将起十分重要的作用,具有深远的历史意义和现实意义。但是,由于社会的、经济的、心理的准备不充分,其造成的负面影响与冲击力也是不能低估的。

首先是下岗职工人数多、涉及面广,造成社会心理紧张。本来市场经济就是由市场需求配置包括劳动力在内的资源,某行业、某部门的剩余劳动力流向其他行业或其他部门,或暂时失业,这都是正常的经济、社会现象。我国这次城市职工下岗是多年积累的问题在体制转换过程中的总释放,是迟早要发生的必然现象,而人多、涉及面广就是对社会造成压力。各行各业数以千万计的职工成为显性剩余劳动力而纷纷离岗——绝大多数人并不是自觉自愿的——这在长期抱有"铁饭碗"与稳定工作心态的民众中引起轩然大波是不言而喻的。

其次是社会不稳定因素增多,社会风险加大。上面已提及,绝大多数下岗职工并非自愿"转移""流动",更有甚者,由于社会保障体制的不完善及其他原因,许多下岗者很难在短期内重新上岗,基本上处于失业状态,情况严重者连基本生活都难以为继,有人借机闹事威胁社会的稳定,已引起有关方面的密切关注。

最后是在很大程度上影响了社会的均衡、综合发展。由于企业的不景气,下岗职工分流的艰难,生活水平提高的缓慢,市场很难走出低迷的怪圈;随着下岗人员的逐渐增多,社会贫富差距也在拉大,对社会有很大的负面影响。

三

综合观之,我国两次劳动力剩余及其转移具有各不相同的特点,对之稍做分析,将有助于我们认清其社会影响力,采取相应措施来加以引导,扬长避短,以利于社会的发展。

从社会学角度看，两次劳动力显性剩余后的转移都属于社会流动与社会角色变换，即挪了地方，换了工作，改了身份。但恰恰是这种流动与变化，具有不同的特征与不同的社会影响。

第一次劳动力剩余及其转移是农民离土、离农的"战略大转折"过程，他们的流动总体上说是垂直向上流动，即通过就地或异地转移，在身份、地位、收入等方面都比原来窝在"土""农"中要强得多，尽管吃尽千辛万苦，但他们的心情是愉悦的。与此相反，第二次劳动力剩余及其转移是城镇职工的"下岗"过程，总体上说是向下流动，即下岗后其身份、地位、收入等诸方面都不如原来当"国家工人"强，他们有一种失落感，很有一番"今不如昔"的感叹。

从"选择主体"看，两次转移明显不一样。第一次的"选择主体"是实行了家庭联产承包责任制后的农民，他们尝够了"大锅饭""大呼隆"的苦头，在条件许可及"无田可种""种田无利可图"的现实面前，他们必然选择一条能改变自身处境的道路——非农转移。无论是发达地区的就地转移兴办乡镇企业，还是欠发达地区的异地转移外出打工，他们都是自觉自愿的，是他们主动选择了这一条道路而非社会强迫他们去这样做。第二次转移则不是这样，职工往往吃惯了"大锅饭"，在乡下人想都不敢想的各种福利待遇面前，他们已心安理得。作为职工个体，并没有多少人会主动要求下岗，他们的转移实在是形势所迫的被动之举，因此可以认为"选择主体"是社会而非个人。

再从社会反响来看，第一次转移形成的"民工潮"往往在市民阶层得不到多大支持，因为其毕竟带来城市交通、环境、秩序等方面的问题，而其积极作用也往往与市民关系不大（尽管民工已渗透到城市的每个角落，但市民似仍对此不以为意）。而第二次转移的下岗高潮却在市民阶层引起极大反响，因为他们就生活在这个圈子里，下岗与他们的利益直接相关，他们同情、支持的是下岗工人。另外，民工即使盲目流动找不到工作，回去以后毕竟有地种而不至于失业，充其量再当一回剩余劳动力就是了；而城市职工下岗后，在社会保障不完善或无着落的情况下，他只能是真的失业了。"民工潮"的负面影响只是在交通、治安、环境等方面给社会造成一股压力，充其量只能说是破坏了原来社会不流动时的"秩序"；而城市职工下岗虽在交通、环境等方面并没有对社会造成压力，但在社会风险上远远大于农民工的流动，处理得不好，其危害不仅仅是破坏"社会秩序"，还要危及"社会稳定"，这就是问题的严重性之所在。

问题还不仅于此，社会所受的冲击力还有来自第一次和第二次劳动力剩余及其转移所产生的"合力"。

尽管第二次劳动力剩余及其转移晚于第一次十多年，但不幸的是，第二次转移是在第一次转移所形成的"民工潮"毫无"退潮"迹象的情况下发生的；尽管两次社会流动在主体、机制、功能上各不相同，但都是寻找工作机会，因而在工作岗位有限、劳动力供大于求的情况下，农民无田可种进城，工人无工可做下岗，两股潮流必然发生冲撞，最后形成"合力"而加压于社会，使城市职工下岗与农民工外流问题造成的负面影响雪上加霜，社会风险程度进一步提高。

四

在市场经济下，出现全局或局部的劳动力供大于求，有一部分人失业，是正常的社会现象。但是，我国的第二次劳动力剩余及其转移是在第一次劳动力剩余及其转移远未结束，人们对市场经济心理准备尚不充分的时候突然大面积发生的，这无疑加大了解决我国城乡就业问题的难度。我们认为，解决全局性的劳动力剩余应从两方面入手。

第一方面，采取各种应急措施，首先着力解决城市职工下岗后的再就业问题。之所以把下岗职工问题放在首要位置，是因为城市职工不像农民还可以退到最后的"一亩三分地"，在当前社会保障不完善的情况下，他们的失业就意味着失去生活来源，加之这次下岗涉及面广、影响很大，就比农民外流具有更大的社会风险。为此，目前应做好如下工作。

第一，把提高就业率作为一项重要的宏观调控目标，促进下岗职工再就业。无论发达国家还是发展中国家，也不管是经济高速增长还是经济萧条时期，各国政府都把提高就业率与降低失业率作为一项重要工作。我国各级政府也要把控制失业率与提高经济增长率联系起来，努力实现"就业最大化"的宏观调控目标。如山东省青岛市通过把实施再就业工程与优化资本结构、满足市场就业、推进城乡一体化及建立最低生活保障制度结合①，充分发挥了政府职能，积极推动了再就业工程。

第二，坚持思想教育与正确的舆论引导，树立劳动需求由市场调节的新意识。受计划经济传统观念的影响，不少职工不仅对下岗不理解，对一些新的上岗机会也不满意。为此，应加大宣传的力度，全方位树立市场经济的观念，以适应时代的要求。

第三，加强就业培训，提高下岗职工的技术适应性与竞争力。市场经济决定了技术竞争日益激烈，这就对劳动者个体提出了新的要求：对职工的培训应是社会管理中的重要内容。如香港特别行政区就设立了雇员再培训局，专司失业者、新来港定居者的职业再培训，有学校、宗教团体、社团、职工联合会等组织参与，在一定程度上纾解了失业者重新就业的不适。社会现实已表明，随着科技含量的增加，传统意义上的体力劳动者甚至脑力劳动者下岗后若不经过专门培训，是不可能胜任一些新行业的。

第二方面，从全局的角度系统解决劳动力过剩与转移的问题。不少理论工作者与实际工作者已提出了解决下岗问题的具体对策，但笔者认为，其出发点仅局限在城市职工的再就业上，这并不能从根本上解决问题，因为我们已分析过，中国近20年来经历的两次劳动力剩余及其转移既有区别，又有联系，因此，要把整个社会的劳动力转移作为一个统一的问题来认识和解决，才能有助于缓解矛盾，有助于社会健康发展。

第一，加快经济发展速度，为城乡剩余劳动力的转移提供重要条件。经济发展速度加快必然增加对劳动力的需求，而较高素质的劳动力又必然会提高劳动生产率，促进经济的发展，形成良好的互动。据有关资料测算，国内生产总值每增长一个百分点，就可新提供80多万个就业岗位，若全国平均经济增长速度能以目前的近8%的水平发展下去，城乡剩余劳动力转移的前景应该是乐观的。而且，经济发展达到一定阶段，城乡经济的融合度与依存度也必然提高，城乡劳动力的流动包括对流就成了一种正常的、有序的社会流动现象，任何人为的"堵"不仅无效而且也就没有必要了。

第二，积极培育和形成新的经济增长点，加快结构调整的步伐。传统的

---

① 参见《求是》1998年第9期。

工业、农业所需的劳动力极为有限，而结合新的市场要求，目前在城镇居民住宅建设、基础设施建设、农林水利、第三产业等方面都大有新的发展能力与市场潜力。如城镇居民住房长期紧张，而发展住宅业则可带动 50 多个相关产业的发展。再如，我国交通滞后的弊端明显，而加快铁路、高速公路的建设则可直接带动建筑、建材、原材料、机械、能源等多个行业的发展，这些行业必然会吸收大批农村、城市的剩余劳动力以及新生劳动力，推动的是整个社会全局而不是局部的发展。

第三，建立和完善统一的社会保障制度。第二次劳动力剩余后，为解决下岗职工的实际困难，各地都开展了"送温暖活动"，尽管此举能起到一定作用，但只是一种"社会救济"而非社会保障，而且只是对城市下岗职工而言。不少人已提及制定失业保险法等社会保障制度，但这似乎都是针对城市职工而言的。我们认为，社会安全网应无城市与农村之分、工人与农民之别，应该建立起统一的社会保障体系，不仅要解决其传统的"养老之忧"，更要解决其"失业之忧"。只有城乡都具备统一可行的社会保障体系，才能使剩余劳动力的转移走上良性循环的轨道。

第四，加快城市化步伐。城市是第二、第三产业集中地，是劳动力密集的社区，我国城市化水平目前还比较低，无疑限制了劳动力的有效转移。许多人已看到，发展小城镇是一条中国特色的城市化道路，若全国数以万计的小城镇平均每镇多吸收 1000 个劳动力，其绝对量应是可观的。同时，大中城市应该还可以继续发展，吸收更多的劳动力。单从多接收劳动力这一角度看，我们认为这是符合我国国情的。

参考文献

林义夫等，1994，《中国的奇迹：发展战略与经济改革》，上海人民出版社。

刘易斯，1989，《二元经济论》，施炜等译，北京经济学院出版社。

周沛，1995，《建立三元社会结构是促成"民工潮"有序流动的战略抉择——兼评"民工潮"问题上的若干论点》，《南京社会科学》第 10 期。

建立三元社会结构是促成"民工潮"有序流动的战略抉择[*]

——兼评"民工潮"问题上的若干论点

20 世纪 80 年代中后期，特别是进入 90 年代，由于我国南北、东西地区间的经济、社会发展不平衡性进一步扩大，在利益机制驱动下，农村剩余劳动力持续进行着跨省区、跨县市的地域性转移，由贫困乡村向大、中城市流动，其规模越来越大、范围越来越广、周期越来越长，涉及行业越来越多，形成了一股无法抗拒的潮流。这一被看作农民"又一创举"的"民工潮"，冲破了传统农村的堤坝，冲开了现代城市的大门，对扩大农村剩余劳动力的出路、促进城乡交流以及促进流入地区的经济、社会发展，都具有十分重要的理论意义与现实意义。

究竟怎样看待 20 世纪末乃至 21 世纪初仍会延续不短时间的"民工潮"呢？各种观点不可谓不多，不少见解不可谓不深。但总的来看，对"民工潮"的正功能、对民工为输入地区所做的贡献大加赞赏者较多，对其负功能、对民工大量外流给输出地区造成的影响深入揭示的较少，还很少有人从整个社会发展，特别是从农村社会综合发展的角度来对之加以系统考察。本文试图就此问题谈一点粗浅看法，以求教于理论工作者与实际工作者。

---

[*] 原文刊载于《南京社会科学》1995 年第 10 期，收入本书时做了文字修订。该文是笔者给社会学系本科生讲授"农村社会学"课程所思而作。人大复印报刊资料《社会学》1996 年第 1 期全文转载。

一 "民工潮"对社会发展具有积极的意义，但这一积极意义又是以社会秩序紊乱、农村社会发展滞后为代价的

事实已表明，自发形成的"民工潮"为输入城市与地区社会、经济的发展提供了大量廉价劳动力，从基本建设和第二、第三产业到日常生活服务，各行各业特别是苦、累、重、脏等行业，都离不开农民工的辛勤劳动。面对农民工的贡献，农民工输入地区的政府官员与居民都承认，一旦没有这些农民工，整个繁华的城市将陷入瘫痪。从这一中肯的评价中，足以看到农民工在当地建设与发展中不可替代的作用与重要地位。

但是，毋庸讳言，随着"民工潮"一浪推一浪地高涨，各种问题也纷至沓来。就城市而言，民工的涌入，给交通、市容、环卫、治安、能源、住房等带来了巨大压力，以至于各级政府不得不采取一些措施加以缓解；就农村而言，大量青壮年劳动力的离土与流失，不仅影响了农业这一基础产业的稳定，也极大地制约了农村社会的综合发展，阻碍了农村非农化、工业化、城镇化、现代化进程。"民工潮"利与弊孰大？政府在堵与疏之间如何选择？尽管利大弊小的观点越来越占多数，但对"民工潮"带来的许多问题，人们显得忧心忡忡；尽管"堵"的观点越来越占少数，但究竟采取什么办法才能使"民工潮"顺势畅流，人们似乎又显得无计可施。"民工潮"，这一特定历史时期的产物，已成为社会各阶层关注的热点问题。

"民工潮"是以行业流动与地域流动为主要形式的社会流动。社会流动是社会具有活力的直接表现，在一定的秩序范围内的常态社会流动是推动社会发展进步的积极因素。总体而言，目前涌向发达地区与大中城市的"民工潮"在一定程度上破坏了社会结构，冲击了社会秩序，特别是制约了农村社会的综合发展，可以认为是一种非常态流动，其表现与特点如下。

盲目性。作为民工个体，虽然其流动的目的与流动方向是明确的，即南下"求业""打工"式流动，但受制于自身素质与整个城市社区的接纳度、用工制度等因素，其目的很难得以实现，往往供大于求，形成了一种超需求无效性盲目流动。这种动机和效果无法统一的盲目流动不仅造成了大量劳动力的浪费，而且也由此滋生了许多社会问题。

无序性。除少数行业,如建筑、劳务输出等是有组织、有计划的流动外,绝大多数民工是自发地以亲缘、地缘关系为纽带联络的滚雪球式流动,社会对其尚缺乏有效的约束机制与调控手段,往往造成千军万马争过独木桥的混乱局面。如北京市1994年外来民工已达300万人,有些地方外来人口甚至高出常住人口的5倍,给社会造成的压力可想而知。

低层次性。民工中有文化、懂技术者毕竟是少数,绝大多数青壮年是靠干重、累、脏等体力活的"打工族"和"拾荒族",虽然他们对城市社区建设与发展能起到一定拾遗补阙的作用,但城市的综合发展是不可能建立在众多低素质外来劳动力的基础上的,城市对这类民工的需求毕竟是有限的。

帮派性。无论是"打工族"还是"老板族",事实上都存在帮派。帮派由地域划分,又以行业加以巩固,由此引发了不少社会问题。

季节性。民工大规模流动为每年春节前后,节前后撤回乡,节后挺进南下,造成"民工潮"的"大汛",此外,在夏秋农忙季节,亦有规模稍小的"小汛"。这种规律性的潮流潮涌,给社会秩序,特别是交通带来许多棘手的难题,使有关方面伤透了脑筋。

"民工潮"不仅给社会造成了很大的压力,而且对民工流出地区农村的综合发展形成了很大冲击。农村社会的发展,必然要走非农化、工业化、城镇化、现代化的道路,我国农村经济、社会发展的差距从很大意义上说,就是非农化、工业化、城镇化、现代化程度的差距。落后地区囿于许多条件,其发展本来就步履维艰,大量劳动力的外流,影响了农业的稳定、非农产业的开发以及工业化的步伐,最终必然影响由传统农村向现代化农村的发展,影响农村面貌的彻底改变。许多地区外流民工逐年增多而落后状况依旧,就可以说明这一点。

二 建立三元社会结构是社会协调发展、"民工潮"有序流动的战略抉择

如何使"民工潮"由非常态流动转为常态流动,由无序走向有序,变消极作用为积极作用,有关方面纷纷采取措施试图加以解决,但面对如此汹涌

的潮汛，堵又堵不住，疏亦疏不畅，短时期内恐很难奏效。笔者认为，从长远观点计，对"民工潮"问题的认识与解决，要跳出利弊之争、堵疏之辩，从另一个角度，即整个社会协调发展，特别是农村社会综合发展的角度来加以考察。

久涨不落的"民工潮"是我国二元社会结构在特定历史条件下的产物，是农村社会综合发展滞后的必然结果。一方面，我国80%以上的人口分布在农村，20%以下的人口集中在城市；另一方面，由于诸方面原因，农村经济、社会发展缓慢，收入少、地位低、就业机会少、文化生活贫乏，与城市形成了鲜明对比。这一基本状况决定了农村剩余劳动力流向外地、涌入城市具有必然性和长期性。因此，如果不从根本上改变城乡对立的二元社会结构，在宏观上确立建立三元社会结构的战略方针，不仅"民工潮"回落无望，由无序流动转为有序流动、变消极作用为积极作用将成空话，而且势必继续加剧城乡对立，促动社会畸形发展，农村的工业化、城镇化、现代化则难以实现，最终必将严重影响整个社会的协调发展与现代化进程。

所谓三元社会结构，就是在大中城市与广大农村之间，按实际情况与能力，积极发展以乡镇企业、服务业为主体的小城镇，形成城市-城镇-乡村的格局。按费孝通先生的观点，小城镇是一种比农村社区高一层次的社会实体，是以一批不从事农业生产劳动的人口为主体的社区。在地域、人口、经济、环境等方面，它既有与农村社区相异的特点，又与周围的乡村保持着不可缺少的联系。小城镇一头连接着广大乡村，一头连接着大中城市，可谓城市之尾、乡村之首，作为城乡双向交流的中介，小城镇在农村非农化、工业化、城镇化、现代化进程中起着至关重要的作用。十多年来，小城镇的建设与发展取得了很大成效，其量达到一定规模，其质达到一定水平。如苏南地区的小城镇不仅数量多而且实力强，与第二、第三产业的发展互为条件、互相促进，不仅吸纳了农村大量的农业剩余劳动力，减轻了城市的压力与负担，而且把大中城市的文明传播到农村，有力推动了农村社区的健康、协调发展，推动了农村现代化、工业化、城镇化的进程。

但是，就全国而言，小城镇发展是极为不平衡的。如果说发达地区小城镇是"星罗棋布"，落后地区则是"零零星星"，其主要原因是，小城镇的发展不是孤立的，它要和该地区的经济发展水平、自然历史条件，与大中城

市的辐射半径，特别是与乡镇企业、非农产业的发展状况联系在一起。正是
这些因素制约、延缓了落后地区小城镇建设的步伐，以至于农村剩余劳动力
无法就地、就近转移而大量外流；大量劳动力外流，又制约了以非农产业、
乡镇企业为基础的小城镇的发展，最终则必然制约农村社区的综合发展。可
以认为，当前以乡镇企业、非农产业为基础的小城镇发展的不平衡性，就是
我国农村社会发展不平衡性的主要标志，也是民工外流得以成潮流之势的重
要原因。这说明，不积极发展小城镇以建立三元社会结构，要推动整个社会
的协调发展，特别是加快农村社会的综合发展，从根本上改变民工无序流动
问题，几乎是不可能的。

诚然，小城镇建设已经历了一个不短时间的实践过程与理论探讨过程，
对发展小城镇的意义似乎并没有人怀疑。但是，正因为落后地区小城镇在短
时期内很难发展到一定水平与规模，人们或是把脱贫致富的途径放在通过劳
动力外流的"借地生财"上，或是把建设小城镇的眼光盯在发达地区上，这
无疑影响了三元社会结构战略思想的真正确立，影响了人们把小城镇建设问
题与农村社会的发展联系起来加以考虑，致使全社会并没有达成建立三元社
会结构是促成"民工潮"有序流动的战略抉择的共识。

三　为推动三元社会结构的确立，必须澄清几种提法
欠妥的理论观点

一段时间里，社会各界特别是理论界对"民工潮"的讨论大多局限在
"利"与"弊"、"堵"与"疏"之中，笔者认为，有几个颇为流行的论点是
片面的，提法是欠妥的，对建立三元社会结构、对农村社会的综合发展是不
利的。因此，有必要对之分析，予以澄清。

"推力与拉力"说。理论界流行着这样一种观点，即农村无事可做、农
业无利可图，对农民造成了一股离土离农的推力，城市就业打工机会多、收
入相对高，对农民进城形成了一股拉力，这一推一拉，导致农民工外流成为
潮涌之势。孤立地看，此说似有一定道理，但从宏观角度看，这一观点至少
会给人们带来这样的误导：一是农村发展不需要人才、不需要劳动力，城市
建设需要从农村大量吸纳劳动力、吸引人才；二是农民只有离土、离农才是

出路，只有外流、进城才是致富的唯一选择。事实是，一方面，农业、农村需要大力发展，需要劳动力，需要各种人才。若说推力，其主体应是外流农民个人而非农村社会本身，即由于利益机制的作用，农民推开农村而非农村推开农民，从长远的观点看，从农村社会综合发展的内在需要看，农村中潜在的与现实的拉力是存在的。另一方面，城市对低素质劳动力的接纳度是有限的，其发展需要较高层次的劳动者，应体现在高水平上。若说拉力，其主体亦为民工个人而非城市社区本身，即农民在对城市的"向往力"的作用下，必然被"拉向"城市。从城市社区看，更多的只是斥力而非拉力。这种"一厢情愿"的地域性流动，直接起因是农村的落后，直接后果是又将导致农村的进一步落后，它削弱了城市的功能，打乱了社会秩序。因此，很有必要对"推力与拉力"说加以科学的解释，以把注意力调整到加快农村社会的发展上来。

"劳动力外流、资金回流"有利于农村面貌改变论。在一些农业大省，农民外流已成为奔小康的一着重棋，如 1993 年四川省每年外出民工寄回的人民币达 60 多亿元，安徽省为 75 亿元。一些同志撰文对此大加赞赏，称之为"借地生财"，认为这种通过劳动力外流而取得的资金回流会极大地有利于农村面貌的改变。笔者认为，从一时一地看，这种外流与回流不失为脱贫致富的一条捷径，但从长远角度，从农村整体来看，这种双向流动方式只能给部分民工个人带来实惠，而无助于落后农村社区增强自身发展的能力。实际上，民工输出省份数十亿元的回流资金是分散在几百万、上千万民工的手中的，其中能有多少转为生产资金，对改变农村面貌能发挥多大作用，都不能加以乐观估计。把彻底改变农村面貌建立在资金回流的基础上，是很难成为现实的，其结果只能是继续拉大城乡差距。

"离土不离乡，进厂不进城"过时论。有的同志认为，"离土不离乡，进厂不进城"是 20 世纪 80 年代农村工业化的过渡模式，它是以分散形式的工业化为基础的，在 20 世纪 90 年代和 21 世纪初，这种分散的工业化模式必须由集中的工业化模式所替代。在他们看来，农村工业化发展要走集中化道路，劳动力必须离土离乡、进城进厂，建立有规模的城市，才具有规模效益。笔者认为，这种观点至少在目前是与中国的实际相脱离的。不要说落后地区农村在相当长时间内无法走上集中化道路，就是在发达地区，在代表着中国农村当今发展水平的苏南，其乡村工业、乡镇企业也没有真正走上集中化道路，其小城镇的发展规模也没有达到如城市经济学所界定的集聚效益所需的"30万"人口的标准，但其效益、对国家与社会的贡献、对农村面貌的改变与示范作用等，则是有目共睹、有口皆碑的。从总体上说，发达地区农民的离土，并没有离开农村社区，发展第二、第三产业，也并没有涌入大中城市。"离土不离乡，进厂不进城"是农民按照中国农村与城市的特殊性总结出来的经验，是他们的一个创举。随着农业劳动生产率的逐步提高与农村劳动力的不断增多，农业剩余劳动力也必将越来越多，他们若全部涌入大中城市，是不现实也是不可设想的。在相当长一段时间内，"离土不离乡，进厂不进城"不仅不会过时，而且应该继续坚持，作为建立三元社会结构，推动农村社会综合发展的基本原则之一。

当然，由于地区间经济、社会发展的不平衡性将始终存在，我们并不能机械、僵化地坚持"离土不离乡，进厂不进城"，而必须把此与"离土又离乡，进厂又进城"统一起来加以考虑，即一方面通过各种途径，大力发展以第二、第三产业为基础的小城镇，实行劳动力就近、就地转移；另一方面有计划地组织民工有序向外流动。在这两种不同的形式中，必须坚持就近、就地转移为主，向外地、向城市转移为辅，而不能反之。同时，我们还必须赋予"离土不离乡，进厂不进城"新的内涵，尽量扩大"乡"的区域范围，使之与"城镇化"联系在一起；避免重复性、低效益的"村村点火、户户冒烟"，使非农产业以及第二、第三产业上档次、上规模。总之，"离土不离乡，进厂不进城"的就地转移方式不仅仅是劳动力转移方向与民工有序流动、减缓对大中城市造成的压力问题，更重要的是一个战略选择问题。只有坚持这一点，才能确保农村社会三次产业协调并举，推动小城镇积极稳妥地发展，从而不仅改变农村的产业结构，而且也改变农村的社会结构，即由单一的农村社区发展为乡-镇并存的格局，彻底改变城乡对立的二元社会结构，这无疑是明智之举。

四 有重点、分层次建设小城镇，推动三元社会结构的最终确立

积极发展小城镇，是农村城镇化的重要保证，是建立三元社会结构，推

动社会协调发展的关键一着，是解决"民工潮"无序流动的根本措施。鉴于我国各地农村发展极不平衡的状况，小城镇建设应有重点、分步骤、分层次进行。

首先，完善发达地区小城镇建设，继续吸纳部分外来民工，加快三元社会结构功能的发挥。在发达地区，只存在农业剩余劳动力，而不存在农村剩余劳动力；只存在劳动力的跨行业流动，而不存在地下打工式的跨地区、跨省份的流动。其原因就是存在较多的具有一定发展水平的乡镇企业与小城镇，乡镇企业的发展得益于小城镇又发展了小城镇，二者相得益彰，这就为农民离土之后提供了充分的就业机会。苏州市 143 个建制镇已由单一的低层次的交换功能转变为融生产、交换、服务、消费、旅游为一体的综合功能，随着乡镇企业和第三产业的蓬勃兴起，农村劳动力结构与经济结构都发生了深刻的变化。农村人口和农房建设逐步向集镇和中心村镇聚集，打破了原来的村镇界限，乡镇城市化已开始起步。像有"华夏第一县"之称的无锡县，在 1994 年有 46 万人居住在 35 个小城镇中，占全县总人口的 42%，农业现代化、农村工业化为无锡县农村形成乡-镇格局奠定了基石。在这 46 万人口中，有 34 万属于非城镇户口，即传统意义上不吃商品粮的农民，但他们已摆脱了传统农民的劳作方式与生活方式，同样拥有城市居民的现代生活，他们安居乐业，并无意涌入大中城市。

发达地区小城镇与非农产业的发展规模不断扩大，所需劳动力也就越来越多，以至于本地劳动力供不应求。如苏南各县市平均都有十多万外地民工分布在乡镇从事各项工作，许多民工已获准迁入户口，成为该地区的固定成员。据苏北阜宁县不完全统计，1994 年举家南迁的农户有 60 户左右，在苏南长期居住不归的有 200 多户近千人。由于就业机会多，管理完善，民工为当地建设做出了很大贡献，非农产业与小城镇都处在良性发展的状态之中。以此为思路，若在苏、浙、沪、粤、鲁等沿海发达地区多发展具有一定规模的小城镇与相关产业，有组织地分流一部分民工，不仅会大为缓解对沿海大中城市的压力，而且会更有效地发挥人力资源优势，在全国人口密集区首先建成三元社会结构模式，以此逐步向中西部推进。

其次，分层次，按步骤推进落后地区的小城镇建设，加快其农村工业化、城镇化、现代化的步伐。落后地区受各方面因素制约，非农产业与小城镇发展困难重重、步履维艰，无力吸纳贫困地区大量存在的农村剩余劳动力，对青壮年劳动力也缺乏吸引力。如果说剩余劳动力到外乡打工对个人来说可能是一条脱贫之路，那么，对本就落后的农村社会综合发展与现代化进程来说，则必然是雪上加霜，其期遥遥，形成越是贫穷落后，农村剩余劳动力越多；剩余劳动力越多，外出打工者越多，落后农村则越是不能发展这样一种恶性循环的局面。为了彻底改变落后地区的面貌，当前首先要使全社会，特别是决策者深入理解、领会建立三元社会结构对农村社会发展，彻底解决无序"民工潮"的重大战略意义。同时，从重点抓起，采取各种行之有效的措施，发展好中西部落后地区的县城镇，抓紧抓好县城镇第二、第三产业，使其不仅能吸纳周边农村一定数量的农村剩余劳动力，还能增强自身的辐射能力，带动其他乡镇的发展。在具备一定条件后，再着力建设、发展县城镇以下的中心镇。这种与乡村、与农民更为接近的镇越多、越发达，则其辐射范围就越扩展、越深入广阔的乡村。可以认为，农村的工业化、城镇化最终将由"中心镇"来完成。

当然，在广大落后地区发展以农村非农产业为基础的小城镇，建立城市-城镇-乡村的三元社会结构，其困难是大的，路途是漫长的。就一乡一地来说，短时期内甚至不如走劳动力外流、资金回流的道路，但从战略观点来看，要使整个农村最终摆脱贫困，全面实现农村的工业化、城镇化、现代化，就要彻底解决"民工潮"无序流动与负效应问题，唯此才是正确抉择。

图书在版编目（CIP）数据

社会转型中的社区发展与民生福祉／周沛著 .
北京：社会科学文献出版社，2025.7（2025.9 重印）. --ISBN 978-7
-5228-5503-5

Ⅰ.D669.3

中国国家版本馆 CIP 数据核字第 2025GG4888 号

社会转型中的社区发展与民生福祉

著　　者／周　沛

出 版 人／冀祥德
责任编辑／杨桂凤
文稿编辑／张真真
责任印制／岳　阳

出　　版／社会科学文献出版社·群学分社（010）59367002
　　　　　　地址：北京市北三环中路甲 29 号院华龙大厦　邮编：100029
　　　　　　网址：www.ssap.com.cn
发　　行／社会科学文献出版社（010）59367028
印　　装／唐山玺诚印务有限公司

规　　格／开　本：787mm×1092mm　1/16
　　　　　　印　张：18.5　字　数：292 千字
版　　次／2025 年 7 月第 1 版　2025 年 9 月第 2 次印刷
书　　号／ISBN 978-7-5228-5503-5
定　　价／128.00 元

读者服务电话：4008918866